Marita Littauer & Betty Southard

**So wie wir sind**

Wie wir unsere Beziehung zu Gott
unserem Temperament gemäß leben können

Marita Littauer & Betty Southard

# So wie wir sind

Wie wir unsere Beziehung zu Gott
unserem Temperament gemäß leben können

SCHULTE & GERTH

Marita Littauer und Betty Southard können Sie unter folgender Adresse
kontaktieren:

CLASServices, Inc.
P.O. Box 66810
Albuquerque NM 87193

Tel. 001-800-433-6633
Internet: www.classervices.com

Die Bibelstellen wurden der „Gute Nachricht Bibel" entnommen.

Die amerikanische Originalausgabe erschien im Verlag
Bethany House Publishers, Minneapolis, Minnesota
unter dem Titel „Come As You Are".
© 1999 by Betty Southard/Marita Littauer
© der deutschen Ausgabe 2001 Gerth Medien, Asslar
Aus dem Amerikanischen übersetzt von Antje Balters

Best.-Nr. 815 706
ISBN 3-89437-706-2
1. Auflage 2001
Umschlaggestaltung: Ursula Stephan
Titelfotos: Stone/PhotoDisc
Satz: Typostudio Rücker
Druck und Verarbeitung: Schönbach-Druck
Printed in Germany

# Inhalt

# Kapitel 1

# Geistliches Leben – verzweifelt gesucht

Betty wäre beinah mit einer Frau zusammengestoßen, die einen riesigen Bücherstapel schleppte, als sie eines Tages durch die Gänge ihrer christlichen Lieblingsbuchhandlung schlenderte. Als Betty von dem Bücherstapel in das Gesicht der Frau blickte, sah sie darin einen Ausdruck äußerster Ratlosigkeit.

Betty stellte sich der Frau vor und fragte sie, ob sie ihr irgendwie helfen könne. Sharon, so hieß die Dame, war freudig überrascht von diesem Beratungsangebot und sagte: „Ich weiß nicht, welches Buch ich nehmen soll. Ich suche etwas mit täglichen Andachten für meine stille Zeit."

Betty sah sich die Bücher an, die Sharon herausgesucht hatte, und stellte staunend fest, dass sie sich eigentlich alles geholt hatte, was an Andachtsbüchern auf dem Markt war, von Emilie Barnes bis Oswald Chambers. Kein Wunder, dass sie ratlos war.

„Welche Art von Andachten gefällt Ihnen denn?", fragte Betty.

„Etwas Emotionales, Tröstliches. Es darf aber nicht oberflächlich sein, sondern muss mich auch herausfordern und geistlich weiterbringen."

Betty und Sharon sahen sich die Vorauswahl gemeinsam an und verglichen Richtungen und Grundaussagen der verschiedenen Autoren mit Sharons Bedürfnissen. Schließlich stellte Sharon alle Bücher bis auf eines, von dem sie überzeugt war, zurück ins Regal. Und nachdem sie sich herzlich bei Betty bedankt hatte, ging sie zur Kasse, um das Buch zu bezahlen.

# Auf der Suche nach geistlichem Leben

Wie oft haben Sie schon im Buchladen gestanden und versucht, ein Buch zu finden, das Ihnen Anreiz und Hilfe sein sollte, jeden Tag Zeit mit Gott zu verbringen? Wie oft waren Sie schon allein durch die Masse der in Frage kommenden Bücher so überwältigt, dass Sie das Geschäft unverrichteter Dinge wieder verließen? Haben Sie auf Ihrer Suche auch schon mal etwas ausgesucht, das Ihnen so wenig entsprach, dass Sie es schon nach kurzer Zeit frustriert wieder beiseite legten? Haben Sie sich schon einmal gefragt, welches Andachtsbuch, welche Bibellesehilfe oder auch welche Bibelübersetzung Ihnen so gefallen könnte, dass Sie gern dabei bleiben würden? Kein Wunder, wenn das nicht der Fall ist, denn jedes Jahr gibt es eine Flut von Neuerscheinungen auf dem christlichen Buchmarkt.

Sowohl christliche Buchhandlungen als auch allgemeine Sortimente sind voll gestopft mit Büchern, die unsere geistlichen Bedürfnisse im Blick haben. Es gibt verschiedenste Bibelausgaben: die unterschiedlichen Übersetzungen; Studienbibeln; Stille-Zeit-Bibeln für jeden Tag, Frauen-, Männer- und Kinderbibeln; Großdruckbibeln, kleine Taschenbibeln, sogar eine „Minuten-Bibel". Es gibt Gebetstagebücher und eine ganze Reihe von Büchern zum Thema Gebet in Theorie und Praxis. Es gibt die unterschiedlichsten Andachtsbücher für jedes Lebensalter und jede Lebenslage. Manche enthalten nur nette, hübsche Geschichten, die uns für den Tag aufmuntern sollen, andere sind eher wie theologische Lehrbücher, die wir schrittweise durcharbeiten müssen, um Gott (angeblich) näher zu kommen, vorausgesetzt, wir arbeiten regelmäßig darin. Manche sind tief schürfend und schwer zu verstehen.

Werfen Sie einen Blick in die Abteilung „Geistliches Leben". Dort finden Sie Bücher mit Anleitungen, wie man als Christ eine persönliche Beziehung zu Gott aufbauen und gestalten kann. Es kann durchaus sein, dass die verschiedenen Autoren völlig gegensätzliche Ratschläge erteilen, jeder aber den von ihm aufgezeigten Weg als den einzigen und besten darstellt. Welcher ist denn nun der „richtige" Weg, Gott näher zu kommen? Und plötzlich sind wir gar nicht mehr so sicher, dass wir Wahrheit von Irrtum unterscheiden können.

**Gibt es einen richtigen Weg, ein persönliches geistliches Leben aufzubauen und zu gestalten? Gott hat jeden von uns ganz einzigartig geschaffen, aber manche Autoren tun so, als verliefe die Suche nach Gott bei allen gleich und als reagierten wir alle gleich auf Gott. Wahr ist jedoch, dass wir das Leben alle aus unterschiedlichen Blickwinkeln betrachten, und genauso unterschiedlich ist die Art, wie wir Gottes Wort lesen und unsere Beziehung zu ihm gestalten.**

Wenn wir vor den unterschiedlichsten Gruppen und in verschiedenen Gemeinden aller möglichen Denominationen im ganzen Land Vorträge halten, machen wir immer wieder die Erfahrung, dass viele Leute es mit fertigen Plänen und Programmen probiert haben und damit kläglich gescheitert sind. Die Folge ist, dass sie es nicht nur nicht geschafft haben, Gott näher zu kommen, sondern im Gegenteil, er scheint ihnen ferner denn je! Nachdem sie Zeugnis um Zeugnis darüber gehört haben, wie spezielle Stille-Zeit-Hilfen sich bei anderen Leuten als sinnvoll und hilfreich erwiesen haben, kommen sie mit großer Wahrscheinlichkeit irgendwann zu dem Schluss, dass es wohl an ihnen liegen muss, wenn sie damit nicht klarkommen, und nicht an den besagten erprobten und bewährten Programmen. Weil das alles bei ihnen nicht funktioniert, haben sie das Gefühl, dass Gott sie als Person missbilligt, dass sie nicht genügen.

In ihrem Buch *Experiencing God* („Gott erfahren") schreiben Henry T. Blackaby und Claude V. King: „Gott möchte eine beständige, dauerhafte Liebesbeziehung mit Ihnen, die real und persönlich ist." Und weiter heißt es: „Dabei ist wahrscheinlich das Wichtigste, Gott kennen zu lernen und seinen Willen zu tun." *

Gott spricht die Einladung an uns aus: *„Begegnet mir. Lernt mich kennen."* Dieses Thema zieht sich durch die gesamte Bibel. Es ist, als ob er sagt: „ Ich liebe dich und möchte dein Freund sein,

---

\* Henry T. Blackaby and Claude V. King, Experiencing God: Knowing and Doing the Will of God (Nashville, Broadman, 1994)

der dich führt." Gott lädt uns zwar immer wieder in seine Gegenwart ein, akzeptiert aber auch, dass es unsere ureigenste Entscheidung ist, diese Einladung anzunehmen oder auszuschlagen. Gott wartet immer mit offenen Armen. Er ruft uns und wendet sich uns zu, aber er drängt sich nie auf.

Amy erzählte uns von ihren Erfahrungen auf der Suche nach einem persönlichen geistlichen Leben: „Ich hatte schon als ganz kleines Mädchen eine intensive Beziehung zu Gott. Mir wurde beigebracht: ‚Gott liebt dich.' Ich redete mit ihm, wenn ich auf dem Spielplatz war, so als säße er mit mir auf der Schaukel (was ja auch der Fall war!).

Mit 31 Jahren übergab ich Jesus mein Leben und lebte dann erst einmal allein als Christ vor mich hin. Dann kam ich in einen Hauskreis. Es war eine kleine Gruppe von Frauen, die es wirklich gut meinten, die Gott liebten und deren Anliegen es war, mir zu zeigen, wie ich ganz konkret mit Gott leben konnte. Ich liebte Gott und wollte ihm so gern gefallen. Ich schlabberte alles auf wie ein hungriges Kätzchen einen Teller voll Milch."

Drei Jahre später schrieb Amy, die inzwischen ziemlich einsam und traurig war, Folgendes in ihr Tagebuch: *Vater, erinnerst du dich noch daran, wie ich vor langer Zeit zu deinen Füßen gesessen habe, meinen Kopf auf deinem Schoß? Damals habe ich geweint, Vater, wenn mir etwas wehtat, und dann hast du mir deine starken, warmen Hände auf den Kopf gelegt und mir übers Haar gestreichelt. Du hast nie gesagt, dass ich aufhören soll zu weinen. Du hattest immer Zeit. Du hast immer gewartet, bis auch die letzte Träne geweint war. Ich habe deine Liebe und Fürsorge so intensiv gespürt. Du brauchtest nicht einmal über deine Liebe zu sprechen – ich wusste einfach, dass sie da war. Und ich wusste, dass du für mich sorgen und auf mich aufpassen würdest.*

*Und weißt du noch, wie ich manchmal mitten auf dem Spielplatz stehen geblieben bin und dich etwas gefragt habe? Ich wusste immer, dass du da bist. Ich habe nie auch nur in Betracht gezogen, dass du nicht da sein könntest.*

*Das war so einfach damals, Vater. Weißt du, vielleicht einfach deshalb, weil ich mir dich nie in einem Thronsaal vorgestellt habe. Ich habe nie das Gefühl gehabt, ich müsste mich erst irgendwie vorbereiten, um dir zu begegnen. Ich wusste nie, dass es einen*

„angemessenen" Weg gibt, mich dir zu nähern. Du warst ganz einfach mein Papa, „Abba". Ich konnte mich immer auf deinen Schoß kuscheln, wenn ich wollte. Bis dahin war mir nicht klar, dass ich nie einen Tag ohne ein Gespräch mit dir beginnen sollte. Ich hatte nie zuvor gehört, dass ich nicht weinen soll, weil das „Murren und Klagen" ist. Weißt du, ich habe nie den Eindruck gehabt, dass es bestimmte Regeln einzuhalten gilt, wenn man mit dir reden will.

Also hörte ich denen zu, die diese Regeln und Rituale lehrten, und ich habe sie alle gut gelernt. Und ich habe sie sogar an andere weitergegeben, habe oft stolz mein Wissen präsentiert: „So musst du es machen – so ist es richtig."

Aber weißt du was, Vater? Du fehlst mir. Ich vermisse dich so! Ich möchte wieder meinen Kopf auf deinen Schoß legen und deine Nähe spüren. Ja, ich weiß, dass du auf einem erhabenen Thron sitzt ... aber könnte ich nicht einfach in den Thronsaal hereinplatzen, wenn ich dir was Aufregendes zu erzählen habe? All diese Regeln haben meinen Kopf mit so viel Wissen voll gestopft und mich stolz gemacht. Jetzt kann ich Leute damit beeindrucken, wie gut ich die Regeln kenne. Aber das will ich gar nicht, Vater. Ich will dich! Ich möchte wieder deine Tochter sein. Ich liebe dich, Abba.

Amys Hunger nach einer intensiven, engen Beziehung zu Gott kommt von dieser Stelle tief in unserem Innern, die Blaise Pascal als „das Gottesvakuum" bezeichnet. Diese Sehnsucht, so erkannt, geliebt, angenommen, gehört und wertgeschätzt zu werden, wie wir sind, das Verlangen nach einer Beziehung, die nicht davon abhängt, was wir tun oder lassen.

Die Welt verlangt nach Antworten, und jeder hofft, sie im Spirituellen zu finden. Säkulare Zeitschriften widmen ganze Ausgaben geistlichen Fragen. Die Zeitschrift „Self" kommt mit dem Thema „Ihr geistliches Leben"* heraus. Und darunter sind dann Beiträge zu finden wie: „Innerlich zur Ruhe kommen: Eine Anleitung zur Meditation"; „Übungen zur inneren Beruhigung"; „Fasten – Erholung für Leib und Seele"; „Warum der Buddhismus so ‚angesagt' ist. Spiritualität für Anfänger"; „Die Zehn Gebote und ihre Bedeu-

---

* Self; Dezember 1997

tung für die heutige Zeit", und dann ganz klein gedruckt: „Und natürlich ‚Engel'".

Aber das sind keine Themen, die nur in Frauenzeitschriften behandelt werden. Auch andere Medien gehen auf diese universellen Sehnsüchte ein. Von Wochenzeitschriften bis hin zum *Wall Street Journal*, einem Wirtschaftsmagazin, werden Beiträge zum Thema Spiritualität abgedruckt.* Herausgeber von Tageszeitungen und Kolumnisten schreiben über ihre spirituellen Erfahrungen oder ihre Suche danach. Wir erleben, dass Spiritualität im Rundfunk ein Thema ist. Wir verfolgen im Fernsehen, in Zeitschriften und in Talkshows Interviews und Reportagen über Themen wie „Gibt es ein Leben nach dem Tod?" oder „Innerer Frieden – wie geht das?" Viele Menschen stellen Fragen über den Glauben. Larry King (ein bekannter Talkmaster) führt oft Interviews mit bekannten Geistlichen und stellt ihnen dabei wirklich schwierige Fragen.

Wir können den geistlichen Hunger der Menschen förmlich spüren, wenn sie versuchen, Antworten auf die großen Fragen des Lebens zu bekommen. Es besteht eine echte Sehnsucht und großer Hunger nach Sinn im Leben. Aber trotz der intensiven Suche finden nur wenige Menschen Antworten.

Die Suche geht weiter. Die Herausgeber der Zeitschrift „*Entrepreneur*" hat die 14 wichtigsten Trends des Jahres 1997 ermittelt. Einer dieser Trends war die Suche nach Spiritualität. Da stand: „Als Reaktion auf die materialistischen 80-er Jahre und die nüchternen frühen 90-er erlebt die Spiritualität ein Comeback." Und laut einer Umfrage der Zeitschrift „*Utne Reader*" waren die meisten der Befragten der Meinung, dass das wichtigste Thema in den Vereinigten Staaten „geistlicher und moralischer Verfall" sei.

Der Meinungsforscher George Gallup behauptet, dass unsere Gesellschaft am Ende ihrer emotionalen Reserven angekommen ist. „Wenn das passiert", sagt er, „wenden sich die Menschen Gott zu." Und wirklich geben 96 Prozent der erwachsenen Amerikaner an, dass sie an Gott glauben (oder einen universellen „Geist"). Aber vielleicht sollte man dieses gestiegene Interesse eher als „Light-Version" der Spiritualität betrachten. In Hollywood kommt Religion nur so lange gut an, wie die Bibel dabei nicht ins Spiel

---

* *Wall Street Journal* (24. Dezember 1997)

kommt, behauptet Paul McGuire in der Zeitschrift „*Christian American Newsletter*". Indizien dafür finden wir in allen möglichen oberflächlichen Hinweisen auf Gott in der Pop-Musik, in Fernsehsendungen und Filmen über den Himmel und Engel etc. Wir wollen Trost; wir wollen an den lieben, netten Gott glauben, der es gut meint. Wir möchten, dass sich jemand um uns kümmert, aber wir wollen deshalb noch lange nicht unser ganzes Leben ändern.

All dieses Suchen befriedigt jedoch nicht das heftige, intensive Bedürfnis des Menschen nach einem höheren Sinn. Der New-Age-Autor Mark Matousek wird in „*Context*" folgendermaßen zitiert: „Inzwischen verabscheue ich das Wort *Spiritualität*. Nachdem ich jahrelang in der so genannten *spirituellen Gemeinschaft* gearbeitet und über den Weg des Lebens geschrieben habe, habe ich die Nase voll von all diesem heiligen Firlefanz, von Begriffen wie ‚mystisch', ‚Erleuchtung', ‚Erwachen'. Es macht mich traurig, wie hohl diese Begriffe für mich klingen, wie sie durch Überstrapazierung zu Worthülsen verkommen sind. Es macht mich betroffen, was diese Worte inzwischen verdecken und verfälschen auf unserer Jagd nach einem höheren Bewusstsein."*

Wenn es doch anscheinend so schwierig ist, eine eigene Spiritualität zu entwickeln, warum sich dann damit belasten? Ändert sich denn in unserem Alltag überhaupt etwas, wenn wir eine Beziehung zu Gott bekommen?

Betty hat viel Gelegenheit gehabt zu entdecken, wie wichtig eine solche intensive, persönliche Beziehung zu Gott ist: „Als Mutter von drei Töchtern bin ich so manches Mal vor Gott auf die Knie gegangen, besonders als sich die ersten Freundschaften mit Jungen anbahnten. Ich habe sie in so manche Freundschaft hinein- und aus vielen auch wieder herausgebetet. Nun ja, gebetet, gebettelt, genörgelt, doziert, gefordert, bestraft, beraten – was eben gerade funktionierte.

Ich erinnere mich an eine sehr zerstörerische und kontrollierende Beziehung, in der eine meiner Töchter steckte. Meine Möglichkeiten, diese Beziehung zu lösen, waren erschöpft, einschließlich des Versuchs, meine Tochter den ganzen Sommer über

---

* *Context* (15. Oktober, 1997)

nach Australien auf einen missionarischen Einsatz zu schicken. Nichts wirkte! Ich hatte inzwischen nicht mehr nur Angst um meine Tochter, sondern ich war auch wütend auf Gott. Wenn doch mir so klar war, wie zerstörerisch diese Beziehung war, warum unternahm er dann nichts dagegen? Meine Gebetszeiten bestanden fast ausschließlich darin, meiner Angst und Frustration Luft zu machen.

Während dieser Zeit lag ich eines Tages nach einem besonders aufwühlenden Telefonat mit der Tochter vor Gott auf den Knien. Ich war mit meiner Weisheit am Ende. In meinem Schweigen (endlich) und meiner Erschöpfung begann ich, Gottes Gegenwart zu spüren. Ich erinnerte mich an die Bibelstelle Jeremia 29,11. Es war, als ob der Herr diese Stelle für mich zitierte und sagte: ‚Denn mein Plan mit Kristi steht fest: Ich will ihr Glück und nicht ihr Unglück. Ich habe im Sinn, ihr eine Zukunft zu schenken, wie sie sie sich erhofft.‘ Und er fuhr fort: ‚Vertraust du sie mir an? Hör auf zu versuchen, diese Beziehung zu beenden; überlass sie mir.‘

‚Aber Herr‘, argumentierte ich, ‚sie hört nicht auf mich, und ich glaube auch nicht, dass sie auf dich hören wird.‘ Alle möglichen Ängste und Zweifel hatten mich gepackt. Sie war schließlich meine kostbare, zarte, wunderschöne Tochter. Und sie meinte es so gut. Sie hatte mir gesagt, sie sei ganz sicher, dass sie dem jungen Mann helfen könne. ‚Oh Herr, sie ist so naiv und vertrauensselig.‘

Aber die einzige Antwort, die ich hörte, lautete: ‚Lass los; vertrau mir. Lass los, vertrau mir.‘

‚Ich möchte ja gerne, Herr, aber wie?‘, weinte ich. Alles, was ich bisher versucht hatte, war fehlgeschlagen. Die Situation verzehrte mich innerlich. In mir zog sich alles zusammen, wenn ich nur an sie dachte. Ich konnte nicht mehr schlafen vor lauter ‚Was, wenn ...‘. Bei jedem Anruf aus ihrem Studentenwohnheim wurde ich in inneren Aufruhr gestürzt. Ich war so verwickelt in Ängste um sie, dass ich weder in der Lage noch bereit war, mich über all das Positive zu freuen, was im Leben unserer anderen Töchter geschah. Es war wirklich dringend nötig, Kristi loszulassen, aber ich hatte solche Angst! Ich wusste, dass Gott Kristi nicht ihre Entscheidungsfreiheit nehmen würde. Aber ich, Närrin, die ich war, schreckte vor fast keinem Trick zurück, um sie dazu zu bringen, die Dinge so zu sehen wie ich. Wenn ich aufhörte, mich einzumischen, und auch der Heilige Geist nicht eingriff, was konnte dann alles passieren? Das waren meine Gedanken und Gefühle, in denen ich an jenem Tag versank, als ich zutiefst die Hoffnungslosigkeit der Situation empfand.

Aber ganz sanft, geduldig und behutsam wiederholte Gott in meinen Gedanken immer wieder die Worte aus Jesaja. Ich fing an, mich an diese Verheißung zu klammern, und eines Tages gab ich Kristi endlich an Jesus ab. Von dem Zeitpunkt an wiederholte ich einfach nur innerlich diese Verheißung Gottes, wenn die Ängste und Zweifel mich aufs Neue packten. Wenn ich in Versuchung geriet, ihr etwas zu raten oder einzugreifen, spürte ich die sanfte Ermahnung: *Vertrau mir, lass los.*

Langsam, aber sicher stellte ich fest, dass mein Magen sich entspannte, dass die Ängste abnahmen und die Wut verflog. Augenblick um Augenblick, dann Tag um Tag war ich in der Lage loszulassen, Stückchen für Stückchen. Nach ein paar Wochen war ich völlig verblüfft, als ich merkte, dass Kristi nicht mehr 24 Stunden am Tag mein gesamtes Denken und Fühlen beherrschte. Äußerlich hatte sich an der Situation rein gar nichts geändert, aber innerlich lernte ich zu vertrauen und loszulassen.

Irgendwann gab Gott Kristi dann die Kraft und Weisheit, die Beziehung zu beenden. Aber nicht auf Grund irgendwelcher Anstrengungen meinerseits. Ja, ich entdeckte sogar, dass Gott scheinbar weniger wirken konnte, je mehr ich versuchte, die Situation unter Kontrolle zu bekommen. Gott benutzte Kristis Situation, um mir etwas zu zeigen, das sich grundlegend und nachhaltig auf mein Leben auswirkte. Einen Großteil dieser Lektion habe ich gelernt, wenn ich mir die Zeit nahm, regelmäßig in der Bibel zu lesen und auf das zu hören, was Gott mir zu sagen hatte. Die regelmäßige Verständigung mit Gott ist nach wie vor der Schlüssel zu meinem Vertrauen auf Gott in Situationen in meinem Leben, an denen ich selbst nichts ändern kann.

An diesen Punkt bin ich nicht von einem Tag auf den anderen gekommen. Ich habe keine Zauberformel entdeckt, die, einmal befolgt, Erfolg und Heiligung sofort garantierte. Aber ich habe jahrelang in dem Irrtum gelebt, dass es eine solche Zauberformel gäbe. Dass ich sie nur zu entdecken, sie nur Schritt für Schritt zu befolgen bräuchte und voilá – alle meine Probleme wären gelöst.

An diesen Mythos zu glauben hat mich wirklich auf den ‚Holzweg' geführt."

Wir haben alle auf unserer Suche nach unserem persönlichen geistlichen Leben Erfahrungen gemacht, die uns das Gefühl geben, irgendetwas falsch zu machen, in die ganz falsche Richtung zu gehen. Unterwegs sind wir auch Leuten begegnet, die sich ebenfalls nach einer intensiven Beziehung zu Gott sehnten, und die ebenfalls das Gefühl hatten, mit ihnen stimme etwas nicht.

**Anscheinend hat sich jede(r) im Reich Gottes schon mal wie ein Bürger zweiter Klasse gefühlt.**

Im Laufe der Zeit haben wir, vielleicht genau wie Sie auch, Berichte und Zeugnisse von anderen Menschen darüber gehört, wie real Gott für sie war, wie persönlich und intensiv ihre Gebete abliefen und wie Gott ihnen immer persönliche Führung und Anleitung für den Alltag schenkte. Und unabhängig voneinander haben wir uns gefragt, warum wir nicht auch solche Erfahrungen machten. Wir hörten aufmerksam zu. Wir stellten viele Fragen. Dann versuchten wir einmal mehr, die richtigen Formeln zu befolgen in dem Glauben, dass wir es diesmal ja vielleicht richtig machen würden – richtig genug, dass Gott uns begegnen, mit uns reden würde und dass wir diese tiefe Vertrautheit mit ihm erleben würden, nach der wir uns so sehnten. Aber das geschah fast nie. Und wir versuchten es und versuchten es noch einmal ... und standen einmal mehr enttäuscht und entmutigt von unserer stillen Zeit auf und fragten uns, was denn wohl mit uns nicht stimmte.

Ja, es gab Zeiten, in denen Gott uns sehr real und nah schien, Zeiten, in denen wir seine Stimme hörten und seine Gegenwart spürten. Aber Betty merkte, dass sie so etwas am ehesten dann erlebte, wenn sie am wenigsten damit rechnete; wenn sie beispielsweise am Meer spazieren ging oder einfach mal einen Moment im Alltag innehielt. Manchmal war es mitten im Gespräch mit einer Freundin oder wenn sie sich eine Predigt auf Kassette anhörte oder ein Seminar besuchte. Gott benutzt oft Musik, um Betty in seine Gegenwart zu holen oder sie in eine neue Richtung zu schicken.

Maria stellte fest, dass sie ihre besten Zeiten mit Gott unter anderem auf langen, eintönigen Autofahrten hatte. Im Unterschied

16

zu Kalifornien, wo Betty lebt, gibt es in New Mexico massenhaft lange, schnurgerade Autobahnen, auf denen kaum Autos fahren. Wenn Betty unterwegs ist und den Kopf frei hat, um sich auf die unmittelbaren Nöte und Bedürfnisse zu konzentrieren, hört sie oft konkrete Anweisungen und Antworten von Gott. In New Mexico gibt es auch eine erstaunlich üppige und vielfältige Natur. Am Fuße eines Wasserfalls oder ganz oben auf einem schneebedeckten Berggipfel, an einer heißen Quelle oder auch nur im Sonnenschein auf dem Tennisplatz wird Maria plötzlich erfüllt von Ehrfurcht vor der Majestät, der Größe Gottes. Dann betet sie auf der Stelle Gott an und preist seine Größe. Kürzlich war Maria auf einem Kongress, wo die Musik so ergreifend war, dass sie von der Gegenwart Gottes erfüllt wurde. Maria ist zwar stimmlich nicht so begabt, aber sie sang voller Inbrunst mit, weil sie von der Musik so tief angerührt war.

Wir haben wahrscheinlich alle schon außerhalb unserer „offiziellen" stillen Zeit den Segen solcher ganz besonderen Momente intensiver Verbindung mit Gott erlebt, und das, obwohl wir doch gelernt haben, dass die tägliche stille Zeit unabdingbar ist, wenn wir uns als Christen weiterentwickeln wollen. War das trotzdem in Ordnung so? Waren denn dann solche intensiven, konkreten Begegnungen mit Gott auch außerhalb unserer täglichen stillen Zeit überhaupt „richtig"? „Zählen" solche Begegnungen überhaupt?

Das sind ein paar der Fragen, die wir gern beantworten möchten, indem wir Ihnen von Entdeckungen im Leben unterschiedlicher Menschen berichten, die uns gezeigt haben, dass der Gott, der uns so unterschiedlich geschaffen hat, sich freut, uns gemäß unserer ganz individuellen, typischen Art zu begegnen. **Wenn uns klar wird, dass wir wirklich einzigartig sind, gewinnen wir die Freiheit zu verstehen, dass unsere Art der Begegnung mit ihm ebenfalls einzigartig und speziell auf uns abgestimmt ist und dass das manchmal in die gängigen Vorstellungen passt und dann auch wieder nicht.**

Wir glauben, dass Gott zu jedem Menschen eine persönliche Beziehung haben möchte. Das vorliegende Buch möchte Erfahrungen und Erlebnisse vieler Menschen mit ihrem geistlichen Leben weitergeben. Es möchte Beispiele zeigen und Ideen vermitteln, die Ihnen möglicherweise dabei helfen können, dass Sie Ihre ganz persönliche Form der Begegnung mit Gott finden, Ihre eigene Art, ihn zu erleben – eine Art, wie Sie diesen Raum in Ihnen, der eigentlich Gott gehört, füllen können, und zwar so, wie es Ihren ganz individuellen Bedürfnissen entspricht. Es gibt viele Möglichkeiten, Gott zu erfahren, Möglichkeiten, die alle Unterschiede in Persönlichkeit, Lebensstil und Alter berücksichtigen.

Als Vorbereitung für das vorliegende Buch haben wir mehr als 500 Menschen im ganzen Land befragt, um herauszufinden, ob überhaupt so etwas wie ein geistlicher Hunger besteht. Nehmen Menschen diese Beziehung zu Gott auf, durch die sich ihr Leben und ihr Alltag wirklich verändern? Was empfinden sie auf der Suche nach einer intensiven persönlichen Beziehung zu Gott als frustrierend? Was hindert uns daran, uns die Zeit zu nehmen, jeden Tag Gott zu begegnen? Gibt es Möglichkeiten, Gott trotz unserer knapp bemessenen Zeit zu begegnen? Ist das all die Mühe wert? Was funktioniert bei welchen Typen? Erleben und erfahren die unterschiedlichen Persönlichkeitstypen Gott wirklich?

Die Resonanz auf unsere Fragen hat uns zu der Überzeugung gebracht, dass es wirklich eine tiefe Sehnsucht des Einzelnen nach einer persönlichen, erfüllenden Beziehung zu Gott gibt, und zwar in der Form, dass die meisten sich regelmäßige Begegnungen mit ihm wünschen. Es herrscht viel Frust und es gibt viele falsche Vorstellungen darüber, wie das vonstatten gehen kann. Und – es stimmt ja tatsächlich – die unterschiedlichen Persönlichkeitstypen erleben Gott auch unterschiedlich. Wir haben herausgefunden, dass diejenigen, die verstehen, warum sie anders reagieren als andere – und sich irgendwann so angenommen haben, wie Gott sie geschaffen hat –, eher eine für sie persönlich funktionierende Methode gefunden haben, mit Gott in Kontakt zu treten, als diejenigen, die nicht um diese Unterschiede wissen. Und oft hat diese Methode nichts zu tun mit den „Mythen" über die stille Zeit, an die sie bis dahin geglaubt hatten.

Diese Mythen und Missverständnisse werden wir im nächsten Kapitel ein wenig „entzaubern".

# Kapitel 2

# *Mythen und Missverständnisse*

In einer Stadt in Europa lebte einst ein berühmter Schneider, zu dem ein einflussreicher Unternehmer kam, um einen Anzug zu bestellen. Als er den Anzug nach ein paar Tagen abholen wollte, stellte er jedoch fest, dass ein Ärmel in die eine Richtung verdreht war, der andere in die andere Richtung. Die eine Schulter war ausgebeult, die andere eingedellt.

Der arme Mann zog und zerrte und mühte sich ab, bis es ihm schließlich unter vielen Mühen gelang, seinen Körper passend für den merkwürdigen Schnitt des Anzugs zurechtzubiegen. Weil er kein Aufsehen erregen wollte, dankte er dem Schneider, bezahlte und nahm den Bus zum Hotel.

Ein Fahrgast im Bus sah sich die merkwürdige Erscheinung des Geschäftsmannes lange an und fragte dann schließlich, ob Hans Schneider den Anzug gemacht habe. „Ja", erwiderte der Geschäftsmann.

„Erstaunlich", rief da der Mitfahrende, „dass Hans ein großartiger Schneider ist, wusste ich ja schon lange, aber dass er auch für jemanden einen perfekten Anzug schneidern kann, der so verkrüppelt ist wie Sie, das hätte ich nicht gedacht!"*

## *Mythen*

Und das Gleiche geschieht durch viele Mythen! Sie knöpfen sich Menschen vor und ziehen und zerren so lange an ihnen herum, bis sie ganz verzogen und entstellt sind und dann verkündet jemand ganz stolz: „Seht mal, wie gut sie jetzt passen!"

---

\* erzählt von Richard Foster

**In unseren Bemühungen, alle Persönlichkeitstypen in eine „Norm-Stille-Zeit" zu zwängen, in geistliche „Kleidung" in Einheitsgröße zu stecken, verzerren wir die natürlichen Gaben und Fähigkeiten, mit denen Gott jede(n) von uns einzigartig ausgestattet hat. Und wir machen Menschen dadurch zu geistlichen Außenseitern.**

Andere, die das mitbekommen und solche deformierten Menschen sehen, beschließen nicht selten für sich, doch lieber die Finger von jeder Art eines Glaubens zu lassen, wenn das so aussieht und solche Folgen hat.

Vielleicht haben Sie ja auch schon selbst versucht, sich in irgendeine Form zu pressen, von der jemand anders behauptet hat, es sei die „richtige" Art, mit Gott in Verbindung zu stehen. Vielleicht haben ja ein paar solcher Methoden, die auch andere Menschen schon gelähmt haben, bei Ihnen ebenfalls verhindert, dass Sie mit Gott in Verbindung treten konnten. Wir wollen ein paar der Gründe etwas genauer betrachten, weshalb Menschen aufhören, Gottes Nähe anzustreben.

### Ich weiß nicht genug

Anne gestand: „Ich habe mein Leben lang Angst gehabt, in der Bibel zu lesen, weil ich immer gedacht habe, dass ich nicht genug weiß und sie falsch auslegen würde. Und davor habe ich bis heute Angst."

Vielen Menschen wird vermittelt, dass sie nicht in der Lage sind, die Bibel allein und ohne Hilfestellung zu lesen und zu verstehen. Deshalb sind sie oft nicht in der Lage, sich einfach darauf zu verlassen, dass Gott durch die Bibel wirklich direkt und persönlich zu ihnen spricht.

### Ich genüge den Ansprüchen nicht

In der Zeitschrift *„Christianity Today"* schreibt Kathleen Norris: „Mir ist in letzter Zeit klar geworden, dass das, was in meiner christlichen Erziehung falsch gelaufen ist, sich um die Überzeugung dreht, man müsse sich erst äußerlich wie innerlich schön machen, um sich vor Gott sehen lassen zu können."*

Wie viele Menschen gibt es, die das Gefühl haben, ihre Persönlichkeit, ihre Art sich zu kleiden oder sich zu geben, könnte für Gott ein Grund sein, sie nicht anzunehmen! Mary zum Beispiel wurde christlich erzogen, betrachtet sich aber nicht mehr als Christin. Sie vergleicht ihre Vorstellung von Gott mit dem Bild von ihrem Vater, der vor über 20 Jahren gestorben ist: „Ich glaube, er wäre stolz auf mich, aber ich habe immer das Gefühl, er würde sagen, dass es doch noch ein bisschen besser geht. Ich glaube, dass Gott so ähnlich ist." Mary glaubt an den Mythos, dass sie nicht an das heranreicht, was Gott von ihr erwartet, und deshalb bekommt sie keinen Zugang zu ihm. Die Folge ist natürlich, dass Mary es aufgegeben hat, Verbindung mit Gott aufzunehmen.

Unsere eigene Wahrnehmung von dem, was Gott und andere von uns erwarten, bewirkt häufig, dass wir aufgeben, bevor wir überhaupt angefangen haben. Beziehungen in unserer Ursprungsfamilie oder vielleicht auch mit Leuten, die uns in erster Linie kritisch sehen, hindern uns häufig daran zu glauben, dass Gott uns wirklich bedingungslos liebt und annimmt.

### Ich kann nicht früher aufstehen

Dann gibt es Menschen, die meinen, dass man morgens sehr früh aufstehen muss, um Zeit mit Gott zu verbringen. Sie glauben, dass man eine ganz bestimmte Zeit in der Bibel lesen und dass man in dem betreffenden Text auch immer etwas ganz Besonderes finden muss, das auf einen ganz persönlich zutrifft, damit es auch wirklich als stille Zeit „zählt".

### Bei mir funktioniert das nicht

Ein weiteres Hindernis ist das Vergleichen der eigenen Beziehung zu Gott mit der von anderen Leuten, besonders von solchen, die stolz erzählen, wie sie Gott jeden Tag begegnen und wie er ihnen

---

* *Christianity Today* (Juli 1996)

jeden Tag Weisungen gibt und sie führt. So oft fühlt Betty sich übergangen, wenn eine Freundin erzählt, dass Gott jeden Tag persönlich zu ihr spricht, wenn sie in der Bibel liest.

Anita hat gelernt, dass man ganz bestimmte Regeln befolgen muss. Durch diese Regeln wurde unter anderem auch festgelegt, wie viel sie täglich in der Bibel lesen sollte, wie lange sie dazu brauchen durfte und wie ihr Gebet aufgebaut sein musste. Je nach der Quelle dieser Regeln bekam sie natürlich auch widersprüchliche Anweisungen.

### Ich mag nichts aufschreiben

Viele Stille-Zeit-Spezialisten schlagen vor, dass man seine Gebete und Gedanken aufschreiben soll, und es gibt auch einige beliebte und bekannte Bücher, in denen dazu geraten wird. Diese Methode ist für manche Leute wirklich hilfreich. Andere sagen, dass das Tagebuchschreiben ein wesentlicher Bestandteil ihrer stillen Zeit ist (wir haben beide diese Methode ausprobiert und sie eher als Übung denn als Andacht empfunden.)

### Ich habe einfach keine Zeit

Ständige Geschäftigkeit ist ein weiteres Hindernis, Zeit mit Gott zu verbringen. Aber wie viel Zeit muss man denn eigentlich in Bibellesen, Gebet, Meditation und Tagebuchschreiben investieren? Gibt es da ein bestimmtes Maß, das den Schlüssel zum „Erfolg" darstellt? Wenn Sie nicht regelmäßig Zeit mit Gott haben, sind Sie dann trotzdem von ihm geliebt und angenommen? Das sind Fragen, über die ich zusammen mit meiner Freundin Connie rätselte, als wir darüber sprachen, wie wir uns beide abmühten, die richtige „Methode" zu finden, mit Gott in Kontakt zu treten.

### Missverständnisse

Connie stellte fest: „Unser Gespräch heute Morgen hat mir geholfen, einmal neu über meine Vorstellungen von Zeit mit Gott und vom persönlichen Bibellesen nachzudenken. Ich bin irgendwo an der Oberfläche der ‚Alltagspflichten in meiner Welt' herumgedümpelt oder ich bin bei irgendeiner Formel oder Regel vor Anker gegangen, wobei aber das Ankerseil immer gleich bei den ersten ernsthaften Turbulenzen gerissen ist. Neben meinem falschen Ansatz waren es diese falschen Vorstellungen, durch die im Grunde mein Scheitern bereits vorprogrammiert war."

### *„Eigentlich sollte ich ..." und „Aber die anderen ..."*

Welche falschen Vorstellungen, Ansätze oder Erwartungen sorgen bei Ihnen dafür, dass ein Scheitern der guten Vorsätze bereits vorprogrammiert ist? Im ersten Kapitel hat Amy über all die „Eigentlich sollte ich"'s gesprochen, durch die die intensive Beziehung, die sie als Kind zu Gott hatte, zu einer frustrierenden, sinnlosen Übung verkam, als sie anfing, Regeln und Vorschriften wohlmeinender christlicher Freunde zu befolgen.

Sie sagt: „Wie aufdringlich dieses ‚Eigentlich sollte ich...' ist, welch ein Maß an Einmischung. Ich habe nie so richtig bemerkt, wie eng dieses ‚Eigentlich sollte ich...' verknüpft ist mit ‚Aber die anderen...'. Ich habe immer gemeint, ‚die anderen' sprächen in Gottes Namen. Ich glaube, dass es in Gottes Wortschatz kein ‚sollte' gibt, sondern dass jede Anweisung ein klares Gebot ist. ‚Du sollst dies oder das tun!', sagt er immer. Es sind ‚die anderen', die das ‚sollte' hinzufügen. Was für ein befreiender Gedanke. Er trennt Gott vom ‚sollte' und klärt die Reinheit und Liebe seiner Gebote."

Amy hat heute die Freiheit, den Weg „zurück auf Gottes Schoß" zu finden und ihm dort zu begegnen, wo ihr Bedürfnis ist, und zwar jetzt nicht mehr als kleines Mädchen, sondern als die einzigartige, erwachsene Tochter, als die er sie geschaffen hat.

## *Ausflüchte*

Aber es sind nicht nur diese Mythen, die uns an unserer Begegnung mit Gott hindern. Es gibt Millionen von Gründen (oder eigentlich eher Ausflüchten), warum diese Begegnung nicht zustande kommt. Im Folgenden nur ein paar davon, die wir in unseren Umfragen gefunden haben.

### Falsche Erwartungen

„Ich muss in unserer noch jungen Familie Frieden und Harmonie aufrechterhalten. Das ist ein Fulltimejob, und deshalb habe ich keine Zeit für so was." Und dann fügt Mary noch hinzu: „In meinem Hauskreis sind zu viele Leute, die mir sagen, wie ich alles Mögliche machen sollte, und das entmutigt mich völlig."

Viele junge Frauen erleben Frustration und Entmutigung. Zu den eigenen Schuldgefühlen kommen dann häufig auch noch die Erwartungen hinzu, die man bei anderen vermutet. Viele junge Mütter schaffen einfach nicht mehr, als ihren Alltag mit kleinen Kindern zu leben und dabei noch den Kopf über Wasser zu halten. Zu mehr reicht einfach die Kraft nicht.

### Zu viel zu tun, zu müde

„Ich habe so viel damit zu tun, meine diversen ‚Christenpflichten' zu erfüllen, dass meine persönliche Zeit mit Gott der Gottesdienst ist. Ich bin so müde davon, mich um andere zu kümmern, dass ich mich nicht auch noch um mich selbst kümmern kann." Das war der Grund, den Ellen dafür angab, dass sie keine stille Zeit hielt. Manchmal scheint es einfacher, alle Hände voll zu tun zu haben mit dem „Machen", mit christlichen Werken, als sich die Zeit zu nehmen, auf Gott zu hören und sich von ihm leiten zu lassen.

### Nicht relevant

Jane schrieb: „Wenn es für meinen Alltag anwendbar und sinnvoll wäre, wenn es Frieden und Inspiration brächte, würde ich es ja versuchen, aber ehrlich gesagt, fehlt mir auch das Interesse daran." Interessanterweise ging aus den Antworten auf ihrem Fragebogen hervor, dass sie noch nie den Versuch unternommen hatte, eine persönliche stille Zeit zu halten. Es gibt sicher unterschiedliche Gründe, weshalb jemand noch nicht einmal den Versuch unternimmt, Zeit allein mit Gott zu verbringen.

## Ich brauche mehr Informationen

Lily sagte: „Wenn ich keine stille Zeit halte, dann deshalb, weil ich erst zwei Sekunden bevor ich aus dem Haus gehen muss, aufstehe. Ich fühle mich weit weg von Gott, einsam. Meine Bibel liegt nicht in der Nähe vom Bett, und wenn ich aufstehe, denke ich einfach nicht daran, darin zu lesen. Mir fehlen Informationen, die ich eigentlich brauche." Sie gibt echte Gründe an, aber was ist die eigentliche Wahrheit? Was könnte hinter ihrer Entschuldigung stecken? Hat Lily vielleicht Angst, dass Gott bestimmte Änderungen in ihrem Leben wollen könnte, falls sie sich darauf einlässt, auf ihn zu hören und mit ihm zu reden? Fühlt sie sich fern und verlassen, weil Gott sie im Stich gelassen hat, oder hat sie sich vielleicht selbst von ihm entfernt? Wie viel Mühe würde es denn wirklich kosten, die Bibel auf den Nachttisch zu legen? Welche Art von Information fehlt ihr eigentlich?

## Angst vorm Versagen

Marsha äußerte ganz offen ihre Gefühle auf die Frage, was sie eigentlich von einer persönlichen stillen Zeit abhält. „Eigentlich möchte ich das schon seit einer ganzen Weile", sagte sie, „aber irgendwie habe ich Angst, dass ich gar nicht würdig bin oder dass ich es nicht richtig mache." Außerdem berichtete sie von einer schlechten Erfahrung, durch die sie vorsichtig geworden ist. „Ich habe Angst, in einen Bibelkreis zu geraten, in dem ein paar Klatschtanten zusammenkommen, eigentlich nur um zu tratschen. Das habe ich vor langer Zeit einmal erlebt, und ich habe mich da schrecklich unwohl gefühlt. Ich habe damals zu mir gesagt: ‚Vergiss das hier! Das ist nichts für dich.' Aber eigentlich habe ich immer noch Sehnsucht nach einer richtigen Beziehung zu Gott."
Aus Marshas Antworten auf dem gesamten Fragebogen ging eigentlich ein Herzensschrei nach echtem geistlichem Leben hervor. Der Gedanke, dass Gott eine persönliche Beziehung zu ihr haben möchte, schien ihr unvorstellbar. Sie hatte noch viele andere Gründe angeführt, die sie an einer stillen Zeit hinderten. „Ich habe eigentlich nach der Arbeit keine Zeit. Ich weiß nicht, wie ich anfangen soll. Es ist mir peinlich, dass ich, wenn ich ver-

suche mit Gott zu reden (auf ihrem fünfminütigen Weg mit dem Auto zur Arbeit), gedanklich abschweife und alles ganz falsch rauskommt. Wenn ich eigentlich immer nur um Hilfe bitte, ist mir das wirklich peinlich."

### Ich hasse jede Art von Routine

Judy gab bereitwillig zu: „Ich bin ziemlich unstrukturiert. Ich tue fast nichts regelmäßig oder systematisch. Wenn man drei Geschäfte hat, acht Kinder und 20 Enkel, dann ist Zeit ein Problem. Ich bin keine große Leserin, und das Buch, in dem ich am allerwenigsten lese, ist die Bibel. Ich schäme mich, das so zu sagen. Ich lese in der Bibelstunde darin und auch viel Sekundärliteratur, aber ich lese kaum in der Bibel selbst."

### Negative Erfahrungen

Sandys Begründung war da schon kreativer: „Mein Mann will nicht, dass ich morgens vor ihm aufstehe. Abends bin ich zu müde." Lucy dagegen sagte: „Ich finde es schwierig, mein Interesse für das, was ich da lese, wach zu halten." Andrea wollte „einen ruhigen, gemütlichen Platz", an den sie sich zurückziehen konnte. Dottie, die allein lebt, sagte: „Ich fand die Bibel schwer zu lesen und zu verstehen. Ich war in einem Bibelkreis in der Gemeinde, in der Frauen, die keinen Mann hatten, dem sie dienen konnten, immer nur als Fußabtreter dargestellt wurden und nicht als vollwertige Menschen."

### Ich vergesse es immer

„Wir haben doch alle unsere Hochs und Tiefs. Ich vergesse das Beten einfach, wenn es mir gut geht. Wenn ich in einem Tief stecke, vergesse ich allerdings nie, Gott um Hilfe zu bitten! Deshalb ist mein Gebetsleben intensiver und ich bete regelmäßiger, wenn ich schwere Zeiten durchmache, und irgendwie möchte ich dann doch lieber, dass alles gut läuft, als Zeit mit Gott zu verbringen." Das war Donnas Schilderung ihrer Situation.

### Es ändert nichts

„Ich habe es schon mal versucht, aber es hat sich in meinem Leben dadurch nichts geändert", erklärte Liz. Viele Frauen äußerten ganz ähnliche Gefühle. Kommen Ihnen irgendwelche von diesen Entschuldigungen bekannt vor? Was hält Sie ab, Zeit allein und in der Stille mit Gott zu verbringen?

## Ehrliche Einwände

Vielleicht fasst Norma alles am besten zusammen, wenn sie folgende Gründe aufzählt, weshalb sie keine stille Zeit hält:

1. Andere Dinge sind mir wichtiger.
2. Ich habe kein Material, das mich anregt oder mir hilft, die Bibel und ihre Bedeutung für die heutige Zeit zu verstehen.
3. Ich habe kein Andachtsbuch, nach dem ich vorgehen könnte.
4. Ich bin keine große Leserin, denn es fällt mir schwer zu behalten, was ich gelesen habe.

In einer Fußnote schrieb sie noch: „Ich hoffe, das klingt nicht so, als suchte ich nach Ausreden. Ich bin einfach nur ehrlich."

## Tiefes Verlangen

Wir hatten um Ehrlichkeit bei der Beantwortung der Fragen gebeten, und die bekamen wir auch. Aber in jeder Antwort spürten wir auch unterschwellig den Wunsch und die Sehnsucht nach Zeit allein mit Gott. Die Menschen sehnen sich wirklich nach einer persönlichen Verbindung mit ihm. Selbst den Begründern der weltweit bekannten Post- und Glückwunschkartenfirma „Hallmark" ist das nicht entgangen. Ein Firmensprecher stellte kürzlich fest: „Je näher die Jahrtausendwende rückt, desto deutlicher wird, dass das Geistliche, Spirituelle den Menschen sehr wichtig ist." *

Wir persönlich haben uns in den vergangenen Jahren so ähnlich gefühlt wie die Frauen in der Umfrage, wenn wir uns hingesetzt

---

\* *Los Angeles Times*

und „pflichtbewusst" in der Bibel gelesen und gebetet haben. Wenn wir es uns aber zugestanden, so zu sein, wie Gott uns eben geschaffen hat, auch in der Gestaltung unserer stillen Zeit, dann haben wir gemerkt, wie viel Freude es macht, Gott zu begegnen. Das kann in einem Bibelkreis geschehen, in dem alles genau nach Plan läuft, oder auch in Form einer Bibelarbeit oder durch das Aufschreiben unserer Gebete. Was aber unseren eigenen Persönlichkeitstypus betrifft, so haben wir festgestellt, dass die herkömmlichen Methoden, mit Gott in Kontakt zu treten, bei uns eher nicht funktionierten und uns ihm auch nicht näher gebracht haben. Am einen Tag schien ein Ansatz gut und angemessen, am nächsten, je nach unseren Bedürfnissen und unserem Zeitplan, funktionierte etwas ganz anderes gut. Diese Freiheit zur Vielfalt hat unser Leben verändert!

## Es gibt einen Weg

Gibt es einen Weg, den ewigen Zeitdruck des modernen Lebensstils von heute zu überwinden? Gibt es eine Methode, mit deren Hilfe ich Gott begegne und auch Interesse an einer solchen Begegnung behalte? Wird Gott mir persönlich begegnen – genau so wie ich bin? Wir beantworten diese Fragen alle mit einem klaren JA.

Unsere Umfrageergebnisse zeigen, dass viele Frauen hier zu Antworten gefunden haben, an denen wir Sie teilhaben lassen möchten. Der Schlüssel liegt jedoch darin zu erkennen, wie unterschiedlich wir von der Persönlichkeit her sind. Wenn wir die Freiheit bekommen, die zu sein, als die Gott uns geschaffen hat, dann entdecken wir auch, was für eine Freude es ist, ihm genau da zu begegnen, wo wir gerade stehen.

In den folgenden beiden Kapiteln soll gezeigt werden, wie vielfältig und unterschiedlich uns Gott geschaffen hat, damit wir verstehen, wer wir ganz individuell sind. Wenn wir uns selbst verstehen und dann auch die Menschen in unserem Umfeld, werden wir die Freiheit bekommen, uns gemäß unserer eigenen, ganz persönlichen Art – so, wie Gott uns geschaffen hat – Kontakt mit ihm zu pflegen.

# Kapitel 3

# Gottgewollte Unterschiede

Genauso unterschiedlich wie die Gründe für die Suche nach einer Begegnung mit Gott ist auch die Art der Suche.

Lassen Sie uns einmal die fiktive „Sonshine"-Gemeinde betrachten. Kennen Sie irgendwelche der beschriebenen Figuren? Sind Sie selbst dabei oder jemand, den/die Sie kennen? Pastoren und Mitarbeiter haben uns gesagt, dass das folgende Szenario zwar übertrieben dargestellt ist, aber durchaus zutreffend, vielleicht an manchen Stellen sogar noch untertrieben.

## Die „Sonshine"-Gemeinde

Sally war neu in der Stadt und kannte kaum Leute. Weil sie gehört hatte, dass man in Kirchengemeinden nette Leute kennen lernen kann, fing sie an, nach einer Gemeinde zu suchen. Eines Tages sah sie auf dem Weg zur Post ein Plakat, das auf eine neue Gemeinde hinwies, die in der Schule am Ort zusammenkam. Das Schild war leuchtend gelb und grafisch modern gestaltet, also beschloss sie, sich die „Sonshine"-Gemeinde einmal anzuschauen.

Am folgenden Sonntag zog sich Sally leger an und machte sich auf den Weg zur Aula der Schule. Weil die Gemeinde noch neu war, war sie relativ klein. Die Menschen, auf die Sally traf, waren alle sehr freundlich. Es schien dort die sonst üblichen kleinen Grüppchen und Cliquen nicht zu geben, die sie aus anderen Gemeinden kannte. Der Gottesdienst fing ganz locker mit gemeinsamem Singen an, das von einem leger gekleideten Mann geleitet wurde. Er hatte lauter flotte, moderne Lieder ausgesucht, schnelle, rhythmische Chorusse, deren Texte per Overheadprojektor an die Wand geworfen wurden. Die Menschen wippten zum Takt der Musik und klatschten in die Hände. Nach ein paar Liedern folgte eine kurze Zeit, in der sich die Gottesdienstbesucher miteinander bekannt machen konnten.

Ein junger Pastor in Hemdsärmeln stand auf, um zu predigen. Es war eine kurze Predigt, in der viel die Rede von der Freude an Jesus und dem Leben als Christ war. Der Pastor war ein großartiger Geschichtenerzähler, und während der Predigt wurde mehrmals laut gelacht. Diese Gemeinde war anders als alle Gemeinden, die Sally bisher erlebt hatte. Nach dem Gottesdienst wurde sie von fast allen Gottesdienstbesuchern eingeladen, doch noch in ein Restaurant in der Nähe mitzukommen.

Schon nach diesem ersten Gottesdienst in der „Sonshine"-Gemeinde wusste Sally, dass sie ein neues Zuhause gefunden hatte, und von da an ging sie regelmäßig hin. Es dauerte nicht lange, bis Sally für die Geburtstage in der Gemeinde zuständig war und bei sich zu Hause Treffen zur Wochenmitte abhielt. Für diese Treffen richtete sie jedes Mal ihre Wohnung schön her, backte Plätzchen und bereitete alles vor wie für eine Party mit Freunden. Die Gruppe lobte sie für ihre Gastfreundschaft und schien sie vorbehalt- und bedingungslos zu mögen. In diesem positiven Umfeld merkte Sally, dass sie Gott so kennen lernen wollte, wie ihn die anderen offenbar kannten.

Eines Sonntags ging sie nach vorn, betete mit dem Pastor und übergab ihr Leben Jesus. Sie entwickelte sich Woche für Woche geistlich weiter, und ihr Gesicht strahlte Liebe und große Freude aus. Ihre Arbeitskollegen bemerkten die Veränderung, und ein paar von ihnen kamen schon bald sonntags mit in die „Sonshine"-Gemeinde.

Einige Wochen später entdeckte Sally eine Frau in der Gemeinde, die sie bisher noch nie dort gesehen hatte. Die Frau schien nicht so recht in die Gruppe zu passen und stand ein bisschen abseits. Weil sie ein freundlicher Mensch war, machte Sally sich die Mühe, die Frau zu begrüßen.

Marianne war älter als die meisten anderen Leute aus der Gemeinde. Sie war konservativ gekleidet und wirkte sehr zurückhaltend. Schon bald erfuhr Sally, dass Marianne die Mutter von Chuck war, einem jungen Mann aus der Gemeinde. Mariannes Mann war vor kurzem gestorben, und sie war aus dem mittleren Westen hierher gezogen, um bei Chuck und seiner Frau Candi zu leben und bei der Betreuung von deren beiden Kindern zu helfen. Weil sie offensichtlich älter war als die meisten anderen Gemeindemitglieder, glaubte sie, Gott habe sie möglicherweise gerade in diese Gemeinde geschickt, damit sie so etwas sei wie die Frau, die in Titus 2 beschrieben wird. Das vertraute sie Sally an. Um nicht unwissend zu scheinen, hörte Sally lächelnd zu und ging dann zu ihrem Platz, um nachzuschauen, was bei Titus 2 stand – zumindest wusste sie schon, dass es sich dabei um ein Buch der Bibel handelte!

Marianne war enttäuscht von der „oberflächlichen" Gemeinde, zu der ihr Sohn und dessen Familie gehörte, auch wenn sie froh war, dass er überhaupt in eine Gemeinde ging. Vielleicht hatte Gott sie ja hierher geschickt, damit ihre Enkelkinder täglich eine Andacht bekamen und mit „richtiger" christlicher Kinderliteratur versorgt wurden. Sie würde mit ihnen zu „richtigen" Kinderveranstaltungen gehen, wie beispielsweise zu Ferienbibelkursen in „richtige" Kirchen (den traditionellen mit einer Kanzel und bunten Glasfenstern). Sie betete: „Herr, ich werde hier alle Hände voll zu tun haben. Es gibt so viel zu tun in der ‚Sonshine'-Gemeinde: so viele Leute brauchen richtige Lehre und Schulung. Ich könnte mit einem Bibelkurs für junge Frauen wie Sally anfangen."

Marianne verbrachte Stunden in der christlichen Buchhandlung des Ortes und stellte Arbeitsmaterial für ihre kleine Schar zusammen. Sie verlor sich völlig in Kommentaren und anderer Sekundärliteratur, so dass sie beinah zu spät gekommen wäre, um die Kinder nach der Schule in Empfang zu nehmen.

Marge arbeitete in der besagten christlichen Buchhandlung, und sie freute sich immer schon auf Mariannes Besuche. Es gab nicht so viele Leute, die nach einer tieferen Erkenntnis suchten. Nach zwanzig Jahren Tätigkeit in der christlichen Buchhandlung kannte Marge sich mit christlicher Literatur hervorragend aus und half gern jedem weiter.

Marianne und Marge freundeten sich schnell an. Marge gehörte zu der großen eher traditionellen Gemeinde, die sich in der Backsteinkirche im Stadtzentrum traf, und sie lud Marianne zu den Orgelkonzerten ein, die dort immer sonntagabends stattfanden. Marianne kaufte sich CDs von der Orgelmusik und hörte sie während ihrer täglichen Bibelarbeit.

Mit ihrem klar umrissenen Auftrag vor Augen begann Marianne einen Bibelkreis für berufstätige junge Frauen, immer dienstagabends. Als Erstes ermutigte sie die Frauen, von jetzt an nach einem Bibelleseplan täglich in der Bibel zu lesen, und zwar in einer inhaltlich genau geregelten stillen Zeit. Wie sollte sie auch schließlich einen Bibelkreis leiten mit Teilnehmerinnen, die sich in der Bibel überhaupt nicht auskannten? Die Gruppe traf sich bei Sally zu Hause, denn es war ja für das Mittwochstreffen ohnehin schon alles vorbereitet. Sally hatte es gern, wenn ihre Wohnung voll war, und außerdem würde es die Nachbarn bestimmt beeindrucken, wenn so oft so viele Autos vor ihrem Haus parkten. Bestimmt hielt man sie für besonders beliebt.

Chuck hatte den Pastor der „Sonshine"-Gemeinde auf einem Managementseminar kennen gelernt. Er hatte den Eindruck, dass der Pastor seine Gemeinde wie eine Firma betrachtete. Er redete nicht wie die alte Lutherbibel, und er konnte seinen Auftrag klar benennen und umreißen. Es gefiel Chuck, dass es noch nicht so viele Gemeindeveranstaltungen gab, an denen man teilnehmen musste, weil die Gemeinde noch so neu war. Er war ziemlich beschäftigt und hatte keine Zeit für viele Veranstaltungen – oder für Schuldgefühle, weil er nicht daran teilgenommen hatte. Als Chuck dann zu den regelmäßigen Gottesdienstbesuchern gehörte, berief der Pastor ihn in den Vorstand. Chuck hatte eine eigene Firma, konnte repräsentieren, war immer gut angezogen – er würde ein Gewinn für die Gemeinde sein. Chuck wusste zu schätzen, dass der Pastor ein so gesundes Urteilsvermögen hatte, denn schließlich hatte er Chucks Fähigkeiten als Leiter sofort erkannt und ihm eine entsprechende Aufgabe und Position gegeben.

Chuck kam jeden Sonntag etwas früher, um die Stühle aufzustellen und die Tonanlage aufzubauen. Von seiner Mutter hatte er schon frühzeitig gelernt, wie wichtig eine gute Organisation ist. Chuck zählte die Kollekte und brachte später das Geld auch zur Bank. Er wurde von allen anerkannt. Seine Firma entwickelte sich sprunghaft weiter, so dass er es sich leisten konnte, für seine Mutter eine Wohnung an sein Haus anzubauen, und er war ganz sicher, dass Gott ihn wegen seiner engagierten Mitarbeit in der Gemeinde segnete.

Eines Sonntags predigte der Pastor über die Macht der Gegenwart Gottes im Leben von Christen. Er sprach über die Tatsache, dass mit dieser Macht ein Christ positiv Einfluss nehmen könne auf seine Familie und auch auf sein kommunales Umfeld. Chuck gefiel die Vorstellung von Macht und Einfluss im Ort. Die Predigt sprach ihn sehr an, und ihm wurde klar, dass das, was er am dringendsten brauchte, Jesus war. Er musste unbedingt mit dem Pastor sprechen. Ein paar Tage später traf er sich mit dem Pastor und übergab sein Leben Jesus Christus.

Jetzt freute sich Chuck noch mehr auf den Sonntagsgottesdienst. Die Predigten ergaben einen Sinn, und mit der Kraft des Heiligen Geistes in seinem Leben fühlte er sich noch sicherer und zuversichtlicher.

Fran war eine geborene Mitläuferin. Sie war glücklich, als Sally zu ihrer Arbeitsgruppe im Büro dazustieß. Irgendwie wurde es durch sie ein bisschen fröhlicher und heller am Arbeitsplatz, und als sie und Fran sich anfreundeten, wurde auch ihr Privatleben heiterer. Sally war immer fröhlich und steckte alle in ihrem Umfeld mit dieser Fröhlichkeit an. Eines Tages bemerkte Fran jedoch, dass Sally ein ganz besonderes Strahlen hatte. Das musste eine neue Tagescreme sein, also fragte sie Sally, ob sie sich anders geschminkt hätte. Sally schüttelte den Kopf.

Etwas irritiert fragte Fran: „Hat sich denn irgendetwas verändert?"

„Ich bin Jesus begegnet", erwiderte Sally strahlend. „Komm doch mal mit in meine Gemeinde!"

Aber Sallys Energie und Begeisterung schreckten Fran eher ab. Sie konnte sich nicht auch noch mit Religion herumschlagen, und außerdem waren ihr die freien Sonntage wichtig, weil sie da Schlaf nachholen und lesen konnte.

Fran schien zwar uninteressiert, beobachtete Sally jedoch sehr genau. Sie sah, dass Sally in der Mittagspause vor dem Essen betete, und sie erfuhr, dass inzwischen auch andere Kollegen zur „Sonshine"- Gemeinde gehörten, nachdem sie von Sally ein paar Mal dorthin mitgenommen worden waren. Immer mehr Leute auf der Arbeit bezeichneten sich als „Christen" und gleichzeitig empfand Fran die Atmosphäre am Arbeitsplatz als zunehmend friedlich und harmonisch. Es herrschte ein freundlicher Umgangston, was wiederum für weniger Stress sorgte. Ganz langsam bekam auch Fran Interesse. Sie fragte Sally nach den Gottesdienstzeiten, und bevor sie es sich anders überlegen konnte, hatte Sally schon alles arrangiert. Sie würde sie am Sonntagmorgen abholen.

„Du brauchst dich nicht extra fein zu machen, es ist ganz locker dort", sagte Sally. „Ich lade dich hinterher zum gemeinsamen Essen ein – das ist meine Belohnung!"

Das klang einfach zu gut, um nicht zuzugreifen.

In der „Sonshine"-Gemeinde schienen die Leute sich darüber zu freuen, dass Fran gekommen war. Sie stellten keine Forderungen, sondern nahmen sie herzlich in ihre Gruppe auf. Es gefiel ihr, dass es nach dem Gottesdienst Kaffee und Plätzchen gab, und sie kam wieder – Sonntag für Sonntag. Sally bemerkte, dass Fran keine Bibel hatte, also ging sie in den christlichen Buchladen, um eine zu kaufen. Marge riet Sally zu einer burgunderfarbenen Lederausgabe mit Verweisstellen und Anmerkungen und mit einem Umschlag, in dem eine Vorrichtung für Stift, Textmarker und Notizblock war. Aber Sally kaufte, sehr zu Marges Enttäuschung, eine Taschenbuchausgabe in moderner Übersetzung mit schönen Bildern.

Fran war gerührt über Sallys umsichtige Geste, und sie brachte die neue Bibel jetzt jeden Sonntag mit in den Gottesdienst. Sie war erstaunt, dass sie verstand, was sie dort las, und manchmal las sie sogar einfach so darin, ganz für sich allein.

Eines Tages predigte der Pastor über Johannes 14, 27: „Auch wenn ich nicht bei euch bleibe, sollt ihr doch Frieden haben. Es ist mein Friede, den ich euch gebe; ein Friede, den sonst keiner geben kann. Seid deshalb ohne Sorge und Furcht." Diese Worte berührten sie zutiefst, und sie unterstrich sie in ihrer Bibel. Ihr gefiel dieser Gedanke, etwas geschenkt zu bekommen – es erinnerte sie an das Geschenk von Sally. Innerer Friede, die Chance, sich keine Sorgen machen zu brauchen oder Angst zu haben, schien ihr sehr verlockend.

Am Ende der Predigt fragte der Pastor, ob jemand nach vorn kommen und sein Leben Jesus übergeben wolle. Fran rührte sich nicht. Der Gedanke, da vorne vor allen anderen zu stehen, erschreckte sie. Sie blieb nach dem Gottesdienst zurück, und als fast alle gegangen waren, zupfte sie den Pastor ganz leicht am Ärmel und flüsterte, sie wolle ihr Leben Jesus übergeben. Sally war begeistert. Sie ließ das übliche gemeinsame Mittagessen mit den anderen aus der Gemeinde sausen und blieb, bis Fran mit dem Pastor gebetet hatte.

Von dem Tag an fand Fran täglichen Trost in den Psalmen. Marianne zeigte ihr, wie sie sie in ihrem Tagebuch in ihren eigenen Worten umformulieren konnte, indem sie ihren eigenen Namen einsetzte. Das tröstete sie und gab ihr ein starkes Zugehörigkeitsgefühl. Sie fuhr jetzt häufig samstags in die Berge und hörte unterwegs laut Kassetten mit Lobpreismusik. Sie fand einen wunderbaren Aussichtspunkt. Stundenlang konnte sie dort auf einem Felsen sitzen, in der Bibel lesen und über dem Wort Gottes meditieren, über die Schönheit der Natur und über ihr neues Leben.

Fran erzählte Sally von ihren Ausflügen und was sie dort erlebte und schlug Sally vor, sie solle es doch auch einmal mit dieser Methode probieren. Sally freute sich zwar sehr für ihre Freundin, aber für sie war schon allein die Vorstellung undenkbar, stundenlang auf einem Felsen zu sitzen. Sie verbrachte ihre Samstage lieber mit Einkaufen und Bummeln. Zu Hause hörte sie den Radiosender mit moderner christlicher Musik und sang dabei lautstark mit. Sie hielt sich auch gern auf dem Laufenden über das Leben der Künstler, die sie da hörte. Zwar war sie nicht besonders musikalisch, aber sie fühlte sich Gott besonders nah, wenn sie flotte, rhythmische Musik hörte und Texte, die etwas mit ihrem Leben zu tun hatten.

Marianne machte sich Gedanken darüber, dass Chuck und Candi anscheinend keine regelmäßigen Gebets- und Bibellesezeiten hatten. Wie konnten sie erwarten, dass ihre Kinder sich für Jesus entscheiden und mit ihm leben würden, wenn sie nicht mit gutem Beispiel vorangingen und jeden Tag im Wort Gottes lasen? Eines Tages sprach Marianne Chuck und Candi auf diese Sorge an. In ihrer früheren Gemeinde hatten alle Mitglieder jeden Tag denselben Bibeltext in einer fortlaufenden Bibellesereihe gelesen. Marianne war der Meinung, dass Chuck als Ältester in der „Sonshine"- Gemeinde das ebenfalls so praktizieren und die Methode in der Gemeinde einführen müsse.

Ihre Vorschläge wurden nicht besonders positiv aufgenommen. Weil Chucks und Candis Firma sehr gut lief, mussten beide viel arbeiten. Sie waren dankbar, dass Marianne bei der Versorgung und Betreuung der Kinder half, aber sie als Eltern hatten ohnehin schon wenig Zeit, die sie zusammen mit den Kindern verbringen konnten, da blieb ganz sicher nicht auch noch Zeit für eine Stunde stille Zeit pro Tag. Zwischen geschäftlichen Telefonaten betete Chuck im Auto. Manchmal hörte er sich Kassetten mit Predigten oder Bibelarbeiten an, aus denen er etwas über das Leben als Christ erfuhr. Candi hörte im Büro immer einen christlichen Sender, der auch Bibelarbeiten und biblische Lehre im Programm hatte, und sie genoss die Bröckchen davon, die sie zwischen den einzelnen Arbeitsprojekten aufschnappte.

Als Ehepaar sprachen sie oft über das, was sie auf diese Weise gelernt hatten, und diskutierten über die Punkte, an denen sie unterschiedlicher Meinung waren. Wenn Chuck an der Reihe war, die Bibelstunde am Mittwoch zu halten, machte er sich im Büro einige Zeit frei und sah sich am Computer Software mit biblischen Inhalten und biblischer Lehre an. Er hatte den Eindruck, dass er dabei am allermeisten lernte. Er hatte dann ein konkretes Ziel und ein klar umrissenes Thema, aber sein Terminkalender gestattete ihm nur selten eine so intensive Beschäftigung mit einem Thema.

Chuck und Candi empfanden ihren Glauben als das, was sie in ihrem hektischen und zeitlich angespannten Leben durchtrug, auch wenn Marianne sich Sorgen um ihr geistliches Leben machte.

## Gottes Schöpfung

Diese Geschichte fasst ziemlich gut zusammen, wie unterschiedlich Menschen sind. Wir akzeptieren, dass manche Menschen offen und optimistisch sind, andere dagegen eher ernst und in sich gekehrt. Wir wissen, dass manche Leute sich unter Menschen ausgesprochen wohl fühlen und Beziehungen einen hohen Stellenwert beimessen, während andere lieber ungestört und für sich sind. **Wir akzeptieren solche Unterschiede zwar und verstehen sie sogar oft, aber nur sehr wenigen Leuten ist klar, dass eben diese Eigenarten, die uns zu so einzigartigen In-**

**dividuen machen, auch Einfluss auf unser Gottesbild und unsere Beziehung zu ihm haben.**

Gott hat uns mit diesen Unterschieden geschaffen. Die moderne Wissenschaft hat jahrelang versucht zu beweisen, dass die Unterschiede zwischen Menschen durch das Umfeld hervorgerufen werden, aber jüngste Forschungsergebnisse sprechen eher für das, was jede Mutter von mehr als einem Kind weiß: Man wird als einzigartiges Individuum geboren. Die Wissenschaft sagt inzwischen, dass unsere Persönlichkeit Teil unserer genetischen Ausstattung ist.

In der Zeitschrift *Life* heißt es: „In einer der erbittertsten wissenschaftlichen Kontroversen des zwanzigsten Jahrhunderts – dem Streit um angeborenes oder anerzogenes Verhalten – hat eine Fülle neuer Forschungsergebnisse die Waagschale überwältigend stark in Richtung des ‚Angeborenen' ausschlagen lassen. Zwillingsforschung und Fortschritte in der Molekularbiologie haben mehr signifikante genetische Komponenten für die Persönlichkeit aufgedeckt, als bisher bekannt war. Biologen sagen also, meine Tochter ist weit entfernt von der formbaren Tonmasse, sondern eher wie die Festplatte eines Computers; ihre grundsätzliche Persönlichkeitsstruktur ist festgelegt in den unzähligen Schnörkeln der DNA."*

Diese neuen Forschungsergebnisse bestätigen nur, was für viele Leute ohnehin feststeht: Gott hat jeden Menschen einzigartig und als etwas ganz Besonderes geschaffen. Wir sind kein unbeschriebenes Blatt, auf das die Gesellschaft ihre Pläne für unser Leben schreibt.

## Persönlichkeiten der Bibel

Wenn wir uns in der Bibel umschauen, wird schnell deutlich, welch ausgeprägte Persönlichkeiten die Schlüsselgestalten darin sind und wie unterschiedlich sie auf Gottes Eingreifen in ihr

---

* George Howe Colt, „Were You Born That Way", in: *Life* (April 1998), S. 40.

Leben reagieren. Wir wollen uns einige der wichtigen, aber sehr unterschiedlichen Gestalten der Bibel etwas genauer ansehen.*

### Petrus

„Du bist Petrus, und auf diesen Felsen werde ich meine Gemeinde bauen! Nicht einmal die Macht des Todes wird sie vernichten können!" (Mt 16,18)

Petrus war als aufbrausend und impulsiv bekannt. Es heißt, dass er oft geredet habe, ohne vorher zu überlegen.

Vielleicht fragen wir uns, was Jesus wohl in Petrus gesehen haben mag, dass er diesem potentiellen Jünger einen neuen Namen gibt: Petrus – „der Fels". Der impulsive Petrus benahm sich oft ganz und gar nicht beständig wie ein Fels, aber Jesus nahm ihn mit seinen Stärken und Schwächen an. Als Jesus seine Jünger aussuchte, hielt er nach Vorbildern Ausschau, er suchte nach Menschen, die echt waren. Er wählte Leute aus, die sich durch seine Liebe verändern ließen, und dann sandte er sie aus, damit sie anderen weitersagten und vermittelten, dass auch sie Zugang zu diesem Angenommensein bekommen konnten – selbst diejenigen, die immer wieder versagen oder scheitern.

### Paulus

„Denn Sterben, das ist für mich Christus; darum bringt Sterben für mich nur Gewinn. Aber wenn ich am Leben bleibe, kann ich noch weiter für Christus wirken... Es zieht mich nach beiden Seiten: Ich möchte am liebsten aus diesem Leben scheiden und bei Christus bleiben; das wäre bei weitem das Beste. Aber es ist wichtiger, dass ich noch hier ausharre, weil ihr mich braucht." (Philipper 1,21-24)

Außer von Jesus selbst ist die Geschichte des Christentums von niemandem so stark mitgestaltet worden wie vom Apostel Paulus. Schon bevor er zum Glauben an Jesus kam, war sein Handeln von großer Bedeutung. Seine fanatische Christenverfolgung führte

---

\* Diese Zusammenfassungen sind übernommen aus dem Persönlichkeitsprofil der *Life Application Bible.*

dazu, dass die Urgemeinde anfing, den Befehl Jesu auszuführen, das Evangelium weltweit zu verbreiten. Als Paulus dann persönlich Jesus begegnete, stellte das sein Leben völlig auf den Kopf. Seine grimmige Entschlossenheit verlor er nie, aber von diesem Augenblick an war sie ausschließlich auf die Verbreitung des Evangeliums ausgerichtet. Begriffe wie „heftig" und „intensiv" oder „stark" passen zu der Persönlichkeit des Paulus. Es heißt, dass er nie Angst hatte, sich einem Thema zu stellen und es anzugehen.

## Mose

„In solchem Vertrauen wehrte sich Mose, als er erwachsen war dagegen, daß die Leute ihn ‚Sohn der Königstochter' nannten. Er zog es vor, mit dem Volk Gottes mißhandelt zu werden, anstatt für kurze Zeit gut zu leben und dabei Schuld auf sich zu laden" (Hebr. 11, 24-25).

Mose schien sich zu allem hingezogen zu fühlen, was richtig gestellt werden musste. Sein Leben lang wurden seine besten und auch seine übelsten Seiten in Situationen deutlich, in denen er auf Konflikte in seinem Umfeld reagieren musste. Selbst das Erlebnis mit dem brennenden Dornbusch war eine Veranschaulichung seines Charakters. Nachdem er das Feuer entdeckt hatte und merkte, dass der Dornbusch nicht verbrannte, musste er der Sache auf den Grund gehen. Ob er sich auf einen Kampf einließ, um einen hebräischen Sklaven zu verteidigen, oder als Schiedsrichter im Streit zwischen zwei Verwandten fungierte – wenn Mose einen Konflikt sah, reagierte er prompt. Beachten Sie, dass Mose sich für das Leiden entschied und dass er das Bedürfnis hatte, Konflikte zu korrigieren und Dingen auf den Grund zu gehen.

## Abraham

„Abram glaubte der Zusage des Herrn, und der Herr rechnete ihm dies als Beweis der Treue an" (1 Mose 15,6).

Während Paulus als Mann der Tat bekannt ist, gilt Abraham als Mann des Glaubens. Trotzdem bereitete es ihm jedoch immer

Probleme, Entscheidungen zu treffen. Er musste die Entscheidung treffen, entweder zusammen mit seiner Familie in ein unbekanntes Land zu ziehen oder zu bleiben, wo er war. Er musste sich entscheiden zwischen der Sicherheit dessen, was er bereits hatte, und der Unsicherheit, unter der Führung Gottes zu reisen. Auf Grund seines Glaubens traf er die richtige Entscheidung, die dann die gesamte Geschichte beeinflusste. Man beachte jedoch, dass die Schwierigkeit bei der Entscheidung mit Sicherheit zu tun hatte. Normalerweise mied Abraham Konflikte, aber wenn sie unvermeidbar waren, ließ er den Gegner die Bedingungen für die Beilegung des Konfliktes diktieren. Weil er Sicherheit und Frieden wollte, verzerrte er die Wahrheit, wenn er unter Druck geriet.

Wenn wir uns diese Persönlichkeitsprofile einiger der bekanntesten biblischen Gestalten noch einmal kurz anschauen, wird gleich deutlich, dass sie sehr unterschiedlich sind – so wie die Menschen eben generell unterschiedlich sind. Aber bei all unseren Eigenheiten gibt es auch einige gemeinsame Faktoren. Manche von uns sind eher wie Petrus „aufbrausend und impulsiv"; sie reden, ohne nachzudenken. Zwar können die meisten Menschen sicher Gelegenheiten nennen, in denen sie den Mund aufgemacht haben, ohne vorher nachzudenken, aber für manche Menschen ist das ein wahrer Lebensstil.

Manche Leute sind eher so wie Paulus, haben diese „heftige Entschlossenheit", andere eher wie Mose. Sie fühlen sich hingezogen zu den Situationen, in denen „etwas richtig gestellt werden muss." Vielleicht sind sie überwältigt und frustriert von all dem Unrecht auf der Welt. Oder vielleicht sind sie auch wie Abraham, der Konflikte scheute und Frieden und Sicherheit wollte.

Diese vier biblischen Charaktere stehen ebenso wie die fiktiven aus der „Sonshine"-Gemeinde für die vier grundlegenden Persönlichkeitstypen, die schon lange bekannt sind. Wenn wir unser eigenes Temperament erkennen, können wir sehen, wie Gott uns geschaffen hat und wie es auch von diesem Temperament abhängt, welche Hilfsmittel und Methoden auf unserer Suche nach unserem ganz persönlichen geistlichen Lebensstil am effektivsten sind.

Das Temperament von Petrus (in der „Sonshine"-Gemeinde entspricht ihm Sally) bezeichnen wir als den „Sanguiniker". Den Typ des Paulus (in der „Sonshine"- Gemeinde stehen dafür Chuck und Candi) nennen wir „Choleriker". Menschen, die Ähnlichkeit mit Mose haben (Marianne und Marge in der „Sonshine"-Gemeinde), sind die „Melancholiker", und der Persönlichkeitstypus, der wie Abraham ist, wird als „Phlegmatiker" bezeichnet. Es gibt zwar keine zwei Menschen, die völlig gleich sind, aber die meisten lassen sich in eine dieser vier Hauptkategorien von Persönlichkeitsprofilen einordnen.

Die Bezeichnungen der Persönlichkeitstypen oder Temperamente stammen von den ursprünglichen griechischen Bezeichnungen, die Hippokrates, ein griechischer Arzt und Philosoph, vor über 2.400 Jahren prägte, als er die Persönlichkeitsmerkmale der Menschen beobachtete, mit denen er lebte und arbeitete. Seit damals sind diese Typen oder Temperamente, die von ihm identifiziert wurden, immer wieder hinterfragt und geprüft, verbessert und erweitert worden.

Wenn Sie mit den Grundstrukturen der vier Temperamente nicht vertraut sind, bieten wir Ihnen im folgenden Kapitel einen kurzen Überblick. Ansonsten empfehlen wir die Lektüre des Buches „Einfach typisch!" von Florence Littauer, erschienen im Verlag Schulte & Gerth 1994, 11. Auflage 2000.

Kapitel 4

# Verschiedene Türen

Weil Gott uns alle unterschiedlich geschaffen hat, gefällt es ihm, wenn wir alle durch unterschiedliche Türen vor ihn treten, frei nach dem Motto: „Viele Wege führen nach Rom." Solange wir Gott durch Jesus Christus kennen, ist die Frage, wie wir ihn konkret anbeten und Gemeinschaft mit ihm haben sollen, nicht das Thema. Wenn wir anfangen, unser eigenes Persönlichkeitsprofil zu verstehen, können wir mehr Freiheit in der Beziehung zu ihm erleben. Wir können die Art, wie er uns geschaffen hat, als wichtiges Hilfsmittel sehen, um in seine Gegenwart zu kommen.

Auf den folgenden Seiten finden Sie eine Zusammenfassung der grundlegenden Persönlichkeitstypen und das jeweilige Persönlichkeitsprofil.* Die Zusammenfassungen sollen eine Hilfe sein, die einzelnen Persönlichkeitstypen zu verstehen, und das Profil bestätigt noch einmal, welcher Persönlichkeitstyp – oder welche Kombination von Typen – Sie sind.

## Ihr Persönlichkeitsprofil

Kreuzen Sie auf dem Auswertungsbogen auf Seite 53 in jeder Reihe mit vier Eigenschaften das Kästchen vor dem einen oder den beiden Begriffen an, die am ehesten auf Sie zutreffen. Machen Sie nach diesem Schema weiter bis zur vierzigsten Zeile. Wenn Sie nicht ganz sicher sind, welche der genannten Eigenschaften „am ehesten zutrifft", fragen Sie Ihren Ehepartner oder eine(n) Freund(in) oder fragen Sie sich, wie die Antwort gelautet hätte, als Sie noch klein waren. Damit die Angaben möglichst

---

\* Das Persönlichkeitsprofil wurde von Fred Littauer entwickelt und stammt aus Florence Littauers Buch „Einfach typisch!"

genau sind, lesen Sie sich bitte zunächst die Definitionen der aufgezählten Eigenschaften durch:

## Definitionen der Stärken

1. *Abenteuerlustig:* Geht Wagnisse und Unternehmungen an und ist dabei entschlossen, sie zu meistern.
   *Anpassungsfähig:* Jemand, der sich schnell und leicht zurechtfindet und sich in fast jeder beliebigen Situationen wohl fühlt.
   *Lebhaft:* mit beredter Gestik und Mimik.
   *Analytisch:* Untersucht gern einzelne Aspekte von Situationen oder Dingen auf ihre logische und folgerichtige Beziehung zueinander.

2. *Hartnäckig:* Achtet darauf, dass ein Projekt abgeschlossen ist, bevor das nächste in Angriff genommen wird.
   *Verspielt:* Immer zu Scherzen aufgelegt, humorvoll.
   *Überzeugend:* Überzeugt eher durch Logik und Tatsachen als durch Charme oder Macht.
   *Friedlich:* Wirkt gelassen und ruhig, hält sich gern aus Streit oder aus Konflikten heraus.

3. *Unterwürfig:* Akzeptiert leicht den Standpunkt oder Wunsch anderer, hat wenig Bedürfnis nach Bestätigung der eigenen Position durch andere.
   *Aufopferungsvoll:* Ist bereit, eigene Bedürfnisse zurückzustellen, um die anderer zu erfüllen.
   *Gesellig:* Betrachtet das Zusammensein mit anderen als netten Zeitvertreib, setzt es nicht zu dem Zweck ein, etwas für sich selbst zu erreichen.
   *Willensstark:* Entschlossen, die eigenen Vorstellungen durchzusetzen.

4. *Rücksichtsvoll:* Achtet die Bedürfnisse und Gefühle anderer.
   *Beherrscht:* Hat zwar Gefühle, zeigt sie aber nicht.
   *Ehrgeizig:* Macht aus jeder Situation, jedem Ereignis und jedem Spiel einen Wettkampf; spielt nur, um zu gewinnen.

*Überzeugend:* Kann andere für alles nur Denkbare gewinnen, und zwar allein durch seine/ihre Persönlichkeit.

5. *Erfrischend:* Stimuliert andere, regt sie an. Mensch, in dessen Nähe sich andere wohl fühlen.
*Respektvoll:* Behandelt andere mit Anerkennung und Wertschätzung.
*Zurückhaltend:* Nimmt sich selbst im Ausdrücken von Gefühlen oder Begeisterung sehr zurück.
*Einfallsreich:* Kann in praktisch allen Situationen schnell und wirkungsvoll handeln.

6. *Zufrieden:* Ein Mensch, dem es leicht fällt, alle Umstände und Situationen anzunehmen.
*Sensibel:* Hat ein Gespür für das Befinden anderer Menschen.
*Selbstständig:* Unabhängig, kann sich völlig auf die eigenen Fähigkeiten verlassen.
*Temperamentvoll:* Sprühend lebendig.

7. *Vorausplanend:* Erstellt gern ausgefeilte Pläne, bevor er/sie eine Aufgabe in Angriff nimmt, ein Ziel verfolgt oder sich einer Herausforderung stellt, hat selbst lieber mit der Planung zu tun als mit der Durchführung.
*Geduldig:* Lässt sich nicht so schnell aus der Ruhe bringen, bleibt ruhig und tolerant.
*Positiv:* Erwartet grundsätzlich, dass alles gut gehen wird.
*Fördernd:* Bringt andere durch seinen/ihren Charme dazu, weiterzumachen, mitzugehen, etwas zu investieren, nicht aufzugeben.

8. *Sicher:* Hat Selbstvertrauen, schwankt oder zögert selten.
*Spontan:* Hat es gern, wenn das Leben aus unvorhergesehenen, nicht geplanten Aktivitäten besteht, liebt alles, was nicht durch Planung eingeschränkt ist.
*Organisiert:* Lebt und arbeitet nach einem täglichen Plan; kann es nicht leiden, wenn diese Pläne gestört oder durchkreuzt werden.
*Schüchtern:* Still, bringt nicht so leicht ein Gespräch in Gang.

9. *Ordentlich:* Ordnet die Umgebung systematisch.
*Verbindlich:* Zuverlässig, entgegenkommend.
*Direkt:* Redet nicht um den heißen Brei herum.
*Optimistisch:* Jemand mit einer sonnigen, positiven Grundhaltung, der andere leicht mitreißen kann.

10. *Freundlich:* Jemand, der von Natur aus nett und zuvorkommend mit anderen umgeht.
*Treu:* Zuverlässig, loyal, ergeben – manchmal über alles Verstehen hinaus.
*Lustig:* Voll sprühenden Witzes. Kann aus praktisch jeder Gelegenheit ein ausgelassenes Ereignis machen.
*Energisch:* Dominante Persönlichkeit. Jemand, gegen den sich so leicht niemand stellen mag.

11. *Kühn:* Bereit, Risiken einzugehen, furchtlos, mutig.
*Reizvoll:* Ein Mensch, der charmant und interessant ist und mit dem man gern zusammen ist.
*Diplomatisch:* Sensibel, taktvoll und geduldig im Umgang mit anderen Menschen.
*Genau:* Geht nach einer bestimmten Ordnung vor, erinnert sich exakt an alles.

12. *Fröhlich:* Immer guter Laune. Weckt Heiterkeit bei anderen.
*Beständig:* Emotional gleich bleibend, reagiert kaum unvorhergesehen.
*Kultiviert:* gebildet, liebt Wissen, interessiert sich für kulturelle Dinge wie Theater, Ballett, Konzerte.
*Selbstbewusst:* Weiß um seine Fähigkeiten, ist sich seines Erfolges sicher.

13. *Idealistisch:* Stellt sich Dinge in ihrer perfekten Form bildlich vor und hat das Bedürfnis, auch selbst diesem Maßstab gerecht zu werden.
*Unabhängig:* Genügt sich selbst, ist selbstsicher, hilft sich selbst, braucht scheinbar kaum Hilfe von außen.
*Harmlos:* Sagt nie etwas Schlimmes oder verursacht nie Unannehmlichkeiten.

*Anregend:* Macht anderen Mut mitzumachen, sich zu beteiligen und sorgt dafür, dass jedes Projekt Spaß macht.

14. *Überschwänglich:* Bringt Gefühle offen und deutlich zum Ausdruck, besonders Zuneigung, hat auch keine Scheu, andere zu berühren.
*Entscheidungsfreudig:* Jemand, der schnell und sachlich Situationen beurteilen und Entscheidungen treffen kann.
*Humorvoll:* Zeigt „trockenen Witz", normalerweise kurze Bemerkungen sarkastischer oder ironischer Art.
*Tiefgründig:* Intensiv, oft eher in sich gekehrt, mag in der Regel keine oberflächlichen Gespräche und Themen.

15. *Vermittelnd:* Hat ständig die Rolle, bei Differenzen auszugleichen, um Konflikte zu vermeiden.
*Musikalisch:* Macht selbst Musik oder aber hat großes Interesse daran; mag Musik eher als Kunstform statt als aktive Ausdrucksform für sich selbst.
*Antreibend:* Getrieben von dem Bedürfnis, produktiv zu sein; Leitwolf; es fällt einer solchen Persönlichkeit schwer, still zu sitzen.
*Kontaktfreudig:* Liebt Feste und kann es gar nicht erwarten, alle Anwesenden kennen zu lernen; niemand ist für ihn/sie ein(e) Fremde(r).

16. *Aufmerksam:* Denkt an besondere Anlässe und reagiert häufig mit einer kleinen Aufmerksamkeit.
*Hartnäckig:* Hält ausdauernd an einem gesetzten Ziel fest und gibt nicht auf, bevor es erreicht ist.
*Gesprächig:* Redet ständig; normalerweise lustige, unterhaltsame Geschichten. Hat das Gefühl, keine Pausen im Gespräch aufkommen lassen zu dürfen, damit alle sich wohl fühlen.
*Tolerant:* Akzeptiert ohne Probleme die Gedanken und Wesensart anderer, ohne das Bedürfnis zu widersprechen oder den anderen zu ändern.

17. *Geduldig:* scheinbar immer bereit, sich anzuhören, was andere zu sagen haben.

*Loyal:* Ist einem Menschen, einem Ideal oder einer Aufgabe treu, manchmal über alles Verstehen hinaus.

*Führend:* Ein geborener Leiter, der unbedingt die Verantwortung haben muss und dem/der es oft schwer fällt zu glauben, dass es jemanden geben könnte, der/die die betreffende Aufgaben ebenso gut bewältigen könnte.

*Lebhaft:* Sprühend vor Leben, kraftvoll, schwungvoll, mitreißend.

18. *Genügsam:* Zufrieden mit dem, was vorhanden ist, fast nie neidisch.

*Bestimmt:* Übernimmt das Kommando und erwartet, dass die anderen folgen.

*Planend:* Organisiert den Lebensalltag und löst Probleme mit Hilfe von Listen, Skizzen oder Formularen.

*Nett:* Angenehm, Mittelpunkt der Aufmerksamkeit, charmant.

19. *Genau:* Legt hohen Maßstab an sich selbst und oft auch an andere an, aus dem Wunsch heraus, dass alles richtig und in Ordnung ist.

*Angenehm:* „Pflegeleicht", umgänglich, jemand, mit dem man leicht reden kann.

*Produktiv:* Fleißig und tüchtig, kann schlecht zur Ruhe kommen.

*Beliebt:* Mittelpunkt jeder Party, deshalb als Stimmungsmacher bekannt.

20. *Munter:* Lebhaft, quirlig, voller Energie.

*Mutig:* Furchtlos, wagemutig, keine Angst vor Risiken.

*Wohlerzogen:* Hat ständig den Wunsch, sich in den Grenzen dessen zu bewegen, was sich gehört.

*Ausgeglichen:* Stabile Persönlichkeit ohne besondere Hochs und Tiefs.

### Definitionen der Schwächen

21. *Unauffällig:* Zurückhaltend, verwendet wenig Mimik und Gestik.
    *Schüchtern:* Mag auf Grund von Befangenheit nicht die Aufmerksamkeit auf sich ziehen.
    *Unverschämt:* Zu laut, schrill, zu direkt.
    *Herrisch:* Kommandierend, dominierend, kontrollierend.

22. *Undiszipliniert:* Mensch, in dessen Leben in fast allen Bereichen die Ordnung fehlt.
    *Unsympathisch:* Hat Schwierigkeiten, sich auf Menschen einzulassen; negative Ausstrahlung.
    *Begeisterungslos:* Findet es schwer, für etwas Enthusiasmus zu empfinden, hat oft das Gefühl, dass es sowieso nichts wird.
    *Unversöhnlich:* Jemand, dem es schwer fällt, ein Unrecht oder eine Verletzung zu vergeben oder zu vergessen.

23. *Starr:* Kämpft dagegen an, sich zu verändern und Neues zu probieren.
    *Ärgerlich:* Leicht erregbar, hält oft an negativen Gefühlen bei eingebildeten oder tatsächlichen Vergehen gegen sich fest.
    *Widerspenstig:* Will nur eigenen Weg und eigene Meinung gelten lassen, sträubt sich gegen alles andere.
    *Wiederholend:* Erzählt alte Geschichten und Anekdoten ständig wieder, um andere zu unterhalten, ohne zu merken, dass alle sie schon kennen.

24. *Kleinlich:* Hält sich bei belanglosen Nebensächlichkeiten auf, denen er/sie große Bedeutung beimisst.
    *Ängstlich:* Oft beherrscht von Sorgen und Ängstlichkeit.
    *Vergesslich:* Schlechtes Gedächtnis, oft in Verbindung mit mangelnder Disziplin. Macht sich nicht die Mühe, sich an Dinge zu erinnern, die „keinen Spaß machen".
    *Zu direkt:* Jemand, der genau so redet, wie ihm/ihr zu Mute ist und kein Blatt vor den Mund nimmt; oft verletzend.

25. *Ungeduldig:* Ein Mensch, dem es schwer fällt, Irritationen auszuhalten oder auf etwas oder jemanden zu warten.

*Unsicher:* Ängstlich, ohne Selbstvertrauen.

*Unschlüssig:* Hat Schwierigkeiten, überhaupt Entscheidungen zu treffen. (Damit ist nicht der Persönlichkeitstyp gemeint, der lange braucht, um eine Entscheidung zu treffen, weil er den Anspruch an sich selbst hat, dass es die perfekte Entscheidung sein muss.)

*Behindernd:* Hemmt und unterbricht andere, jemand, der anfängt zu reden und dabei gar nicht merkt, dass schon jemand anders spricht.

26. *Unbeliebt:* Das Streben nach Perfektion oder Aufmerksamkeit ist so heftig und fordernd, dass andere dadurch abgestoßen sind.

*Unbeteiligt:* Hat nicht den Wunsch zuzuhören oder sich für Gruppen, Aktivitäten oder das Leben anderer Menschen zu interessieren.

*Unberechenbar:* Kann im einen Augenblick völlig aus dem Häuschen sein und im nächsten deprimiert; jemand, der sich bereit erklärt zu helfen, aber dann verschwindet, sich verabredet, aber nicht auftaucht.

*Abweisend:* Hat Schwierigkeiten, Zärtlichkeit oder andere Gefühle offen zu zeigen.

27. *Dickköpfig:* Besteht auf seiner/ihrer Meinung bzw. seinem/ihrem Willen.

*Willkürlich:* Hat keinen Plan, wie er/sie Dinge angeht.

*Anspruchsvoll:* Legt einen so hohen Maßstab an, dass kaum jemand ihm je genügen kann.

*Zögernd:* Kommt schwer in Gang, macht nur ungern mit.

28. *Spröde:* Ohne Höhen und Tiefen, zeigt kaum Gefühl oder Herzlichkeit.

*Pessimistisch:* Sieht meist erst die negativen Seiten einer Angelegenheit.

*Stolz:* Jemand mit großem Selbstbewusstsein, der/die immer Recht zu haben glaubt und der Meinung ist, die einzig geeignete Person für Aufgaben zu sein.

*Nachgiebig:* Lässt anderen (einschließlich Kindern) ihren Willen, damit man ihn/sie mag.

29. *Reizbar:* Bringt wie ein Kind lautstark seinen Zorn zum Ausdruck, beruhigt sich dann aber auch ganz schnell wieder.
*Ziellos:* Setzt sich keine Ziele und hat auch nicht den Wunsch danach.
*Streitsüchtig:* Fängt oft Diskussionen an, weil er/sie in der Regel glaubt, Recht zu haben, egal, wie die Umstände sind.
*Kontaktscheu:* Fühlt sich leicht von anderen entfremdet, oft aus Unsicherheit oder Angst, dass andere nicht gern mit ihr/ihm zu tun haben könnten.

30. *Naiv:* Hat schlichten, kindlichen Blickwinkel. Es fehlt an Interesse und Bildung, um zu einem tieferen Verständnis von Zusammenhängen und dem Leben allgemein zu gelangen.
*Schwarzseherisch:* Sieht oder beurteilt kaum etwas positiv, kann oft nur die düstere Seite einer Sache sehen.
*Dreist:* Voller Selbstbewusstsein im negativen Sinn, voranpreschend, unverschämt, rücksichtslos.
*Lässig:* Locker, unsensibel, gleichgültig.

31. *Sorgenvoll:* Sieht in allem ein Problem, ängstlich und unsicher.
*Verschlossen:* Ein Mensch, der sich sehr zurücknimmt, wenig von sich preisgibt.
*Arbeitssüchtig:* Setzt offensiv Ziele, die stets produktiv sein müssen. Hat Schuldgefühle, wenn er/sie sich ausruht. Arbeit ist wichtiger als alles andere.
*Ehrgeizig:* Strebt nach Lob und Anerkennung anderer. Als Unterhalter(in) lebt ein solcher Mensch vom Applaus, dem Lachen und/oder der Annahme durch das Publikum.

32. *Übersensibel:* Kreist in Gedanken zu sehr um ihr/sein Inneres, leicht beleidigt, zimperlich.
*Taktlos:* Drückt sich selbst manchmal unüberlegt und dadurch für andere verletzend aus. Wenig Gespür für in der Situation angemessenes Verhalten.
*Zaghaft:* Schreckt vor schwierigen Situationen zurück.
*Redselig:* Schwatzt fast zwanghaft, kann nur schwer zuhören.

33. *Zweifelnd:* Gekennzeichnet durch Unsicherheit und mangelnde Zuversicht, dass je etwas klappen könnte.
*Unorganisiert:* Fehlende Fähigkeit, Ordnung im eigenen Leben zu halten.
*Dominierend:* Übernimmt zwanghaft das Regiment über Menschen oder Situationen, sagt anderen, was sie zu tun und zu lassen haben.
*Deprimiert:* Ist überwiegend bedrückt bzw. niedergeschlagen.

34. *Inkonsequent:* Launenhaft, widersprüchlich; Verhalten und Gefühle beruhen nicht auf Logik.
*Introvertiert:* Ein Mensch, dessen Gedanken und Interessen nach innen gerichtet sind; schwer zugänglich.
*Intolerant:* Scheinbar unfähig, Einstellungen, Standpunkte und Methoden anderer zu akzeptieren.
*Gleichgültig:* Ein Mensch, dem die meisten Dinge egal sind.

35. *Oberflächlich:* Geht ungern in die Tiefe, lässt sich nicht wirklich auf Gedanken und Gefühle ein.
*Launisch:* Emotional wechselhaft. Gerät leicht in ein Tief, wenn er/sie sich nicht wertgeschätzt fühlt.
*Muffelig:* Verbreitet schlechte Stimmung, leicht negativ.
*Manipulierend:* Nimmt indirekt Einfluss, um Vorteil zu erlangen; bekommt irgendwie immer seinen/ ihren Willen.

36. *Langsam:* Kann nicht schnell denken oder handeln – zu mühsam.
*Stur:* Entschlossen, den eigenen Willen durchzusetzen, nicht leicht zu überzeugen.
*Angeberisch:* Muss im Mittelpunkt stehen und gesehen werden.
*Skeptisch:* Ungläubig, stellt Motive hinter dem Gesagten in Frage.

37. *Einzelgängerisch:* Braucht viel Zeit für sich und meidet andere Menschen und Geselligkeit.
*Überheblich:* Zögert nicht, anderen das Gefühl zu geben, Recht zu haben und alles im Griff zu haben.

*Faul:* Mag nicht gern Zeit und Kraft in etwas investieren.

*Aufdringlich:* Ein Mensch, dessen Lachen oder Stimme alle anderen stets übertönt. Kein Taktgefühl.

38. *Träge:* Kommt schwer in Gang, muss oft von anderen motiviert werden.

   *Misstrauisch:* Neigt dazu, anderen Menschen oder auch Ideen skeptisch gegenüberzustehen.

   *Aufbrausend:* Hat einen fordernden, auf Ungeduld basierenden Zorn in sich und eine kurze Lunte. Der Zorn wird zum Ausdruck gebracht, wenn andere nicht schnell genug sind oder sich „dumm anstellen".

   *Zerstreut:* Flüchtig, diesem Menschen mangelt es an Konzentration oder Aufmerksamkeit.

39. *Rachsüchtig:* Hegt bewusst Groll gegen andere und bestraft Betreffende, oft auch indirekt, indem er ihnen Freundschaft oder Zuwendung entzieht.

   *Rastlos:* Braucht ständig neue Aktivitäten, weil es keinen Spaß macht, immer das Gleiche zu tun.

   *Widerwillig:* Wehrt sich gegen alles, ist nicht bereit mitzumachen.

   *Unbesonnen:* Handelt oft übereilt, ohne erst alles zu durchdenken, in der Regel aus Ungeduld.

40. *Wetterwendisch:* Gibt oft nach in Bezug auf die eigene Meinung, selbst wenn er/sie im Recht ist, um Konflikte zu vermeiden.

   *Kritisch:* Bewertet und beurteilt ständig, häufig in negativer Weise.

   *Arglistig:* Nicht „sauber", bereit zu täuschen und zu kompromittieren.

   *Unbeständig:* Hat eine kindlich kurze Aufmerksamkeitsspanne, leicht ablenkbar, braucht viel Abwechslung und Vielfalt, um sich nicht zu langweilen.

# Auswertungsbogen

| | Stärken | | | |
|----|----|----|----|----|
| 1 | abenteuerlustig | anpassungsfähig | lebhaft | analytisch |
| 2 | hartnäckig | verspielt | überzeugend | friedlich |
| 3 | kompromissbereit | aufopferungsvoll | gesellig | willensstark |
| 4 | rücksichtsvoll | beherrscht | ehrgeizig | überzeugend |
| 5 | erfrischend | respektvoll | zurückhaltend | einfallsreich |
| 6 | zufrieden | sensibel | selbstständig | temperamentvoll |
| 7 | vorausplanend | geduldig | positiv | fördernd |
| 8 | sicher | spontan | organisiert | schüchtern |
| 9 | ordentlich | verbindlich | direkt | optimistisch |
| 10 | freundlich | treu | lustig | energisch |
| 11 | kühn | reizvoll | diplomatisch | genau |
| 12 | fröhlich | beständig | kultiviert | selbstbewusst |
| 13 | idealistisch | unabhängig | harmlos | anregend |
| 14 | überschwänglich | entscheidungs-freudig | humorvoll | tiefgründig |
| 15 | vermittelnd | musikalisch | antreibend | kontaktfreudig |
| 16 | aufmerksam | hartnäckig | gesprächig | tolerant |
| 17 | geduldig | loyal | führend | lebhaft |
| 18 | genügsam | bestimmt | planend | nett |
| 19 | detailverliebt | angenehm | produktiv | beliebt |
| 20 | munter | mutig | wohlerzogen | ausgeglichen |

| | Schwächen | | | |
|---|---|---|---|---|
| 21 | unauffällig | schüchtern | unverschämt | herrisch |
| 22 | undiszipliniert | unsympathisch | begeisterungslos | unversöhnlich |
| 23 | starr | ärgerlich | widerspenstig | wiederholend |
| 24 | kleinlich | ängstlich | vergesslich | zu direkt |
| 25 | ungeduldig | unsicher | unschlüssig | behindernd |
| 26 | unbeliebt | unbeteiligt | unberechenbar | abweisend |
| 27 | dickköpfig | willkürlich | anspruchsvoll | zögernd |
| 28 | spröde | pessimistisch | stolz | nachgiebig |
| 29 | reizbar | ziellos | streitsüchtig | kontaktscheu |
| 30 | naiv | schwarzseherisch | dreist | lässig |
| 31 | sorgenvoll | verschlossen | arbeitssüchtig | ehrgeizig |
| 32 | übersensibel | taktlos | zaghaft | redselig |
| 33 | zweifelnd | unorganisiert | dominierend | deprimiert |
| 34 | inkonsequent | introvertiert | intolerant | gleichgültig |
| 35 | oberflächlich | launisch | muffelig | manipulierend |
| 36 | langsam | stur | angeberisch | skeptisch |
| 37 | einzelgängerisch | überheblich | faul | aufdringlich |
| 38 | träge | misstrauisch | aufbrausend | zerstreut |
| 39 | rachsüchtig | rastlos | widerwillig | unbesonnen |
| 40 | wetterwendisch | kritisch | arglistig | unbeständig |

Nun übertragen Sie bitte alle Ihre „Kreuzchen" auf die jeweiligen Entsprechungen auf der Wertungstabelle. (Die Reihenfolge der Adjektive ist anders zusammengestellt.)

54

## Bestimmungsbogen für den eigenen Persönlichkeitstyp

Übertragen Sie all Ihre Kreuze zu den entsprechenden Begriffen auf dem Auswertungsbogen jetzt auf den Bestimmungsbogen. Wenn Sie beispielsweise „abenteuerlustig" auf dem Auswertungsbogen angekreuzt haben, übertragen Sie das jetzt auf den Bestimmungsbogen. (Beachten Sie, dass die Worte auf dem Auswertungsbogen und dem Bestimmungsbogen in unterschiedlicher Reihenfolge angegeben sind.)

# Bestimmungsbogen

| | Stärken | | | |
|---|---|---|---|---|
| | Sanguiniker | Choleriker | Melancholiker | Phlegmatiker |
| 1 | lebhaft | abenteuerlustig | analytisch | anpassungsfähig |
| 2 | verspielt | überzeugend | hartnäckig | friedlich |
| 3 | gesellig | willensstark | aufopferungsvoll | kompromissbereit |
| 4 | überzeugend | ehrgeizig | rücksichtsvoll | beherrscht |
| 5 | erfrischend | einfallsreich | respektvoll | zurückhaltend |
| 6 | temperamentvoll | selbständig | sensibel | zufrieden |
| 7 | fördernd | positiv | vorausplanend | geduldig |
| 8 | spontan | sicher | organisiert | schüchtern |
| 9 | optimistisch | direkt | ordentlich | verbindlich |
| 10 | lustig | energisch | treu | freundlich |
| 11 | reizvoll | kühn | genau | diplomatisch |
| 12 | fröhlich | selbstbewusst | kultiviert | beständig |
| 13 | anregend | unabhängig | idealistisch | harmlos |
| 14 | überschwänglich | entscheidungsfreudig | tiefgründig | humorvoll |
| 15 | kontaktfreudig | antreibend | musikalisch | vermittelnd |
| 16 | gesprächig | hartnäckig | aufmerksam | tolerant |
| 17 | lebhaft | führend | loyal | geduldig |
| 18 | nett | bestimmt | planend | genügsam |
| 19 | beliebt | produktiv | detailverliebt | angenehm |
| 20 | munter | mutig | wohlerzogen | ausgeglichen |
| Summe | | | | |

# Schwächen

| | Sanguiniker | Choleriker | Melancholiker | Phlegmatiker |
|---|---|---|---|---|
| 21 | unverschämt | herrisch | schüchtern | unauffällig |
| 22 | undiszipliniert | unsympathisch | unversöhnlich | begeisterungslos |
| 23 | wiederholend | widerspenstig | ärgerlich | starr |
| 24 | vergesslich | zu direkt | kleinlich | ängstlich |
| 25 | behindernd | ungeduldig | unsicher | unschlüssig |
| 26 | unberechenbar | abweisend | unbeliebt | unbeteiligt |
| 27 | willkürlich | dickköpfig | anspruchsvoll | zögernd |
| 28 | nachgiebig | stolz | pessimistisch | spröde |
| 29 | reizbar | streitsüchtig | kontaktscheu | ziellos |
| 30 | naiv | dreist | schwarzseherisch | lässig |
| 31 | ehrgeizig | arbeitssüchtig | verschlossen | sorgenvoll |
| 32 | redselig | taktlos | übersensibel | zaghaft |
| 33 | unorganisiert | dominierend | deprimiert | zweifelnd |
| 34 | inkonsequent | intolerant | introvertiert | gleichgültig |
| 35 | oberflächlich | manipulierend | launisch | muffelig |
| 36 | angeberisch | stur | skeptisch | langsam |
| 37 | aufdringlich | überheblich | einzelgängerisch | faul |
| 38 | zerstreut | aufbrausend | misstrauisch | träge |
| 39 | rastlos | unbesonnen | rachsüchtig | widerwillig |
| 40 | unbeständig | arglistig | kritisch | wetterwendisch |
| Summe | | | | |
| **Gesamt-Summe** | | | | |

Nachdem Sie Ihre Antworten nach diesem Schema übertragen und die Gesamtanzahl der Antworten in jeder der vier Rubriken zusammengezählt haben, sowie die Gesamtanzahl aus der Rubrik „Stärken" und „Schwächen", werden Sie wissen, welcher Persönlichkeitstyp Sie überwiegend sind. Sie werden auch wissen, welche Anteile anderer Persönlichkeitstypen bei Ihnen vorhanden sind. Wenn Sie beispielsweise auf 35 Kreuze bei den Stärken und Schwächen des Cholerikers kommen, dann gibt es daran wenig zu deuteln. Sie sind fast ausschließlich cholerisch. Wenn Sie aber beispielsweise auf 16 Kreuze bei den Stärken und Schwächen des Cholerikers kommen, auf 14 beim Melancholiker und jeweils 5 bei den verbleibenden zwei, dann sind Sie ein Choleriker mit starken Anteilen des Melancholikers. Natürlich kennen Sie dann auch die Seite Ihrer Persönlichkeit, die am wenigsten stark ausgeprägt ist.

Damit Sie einen noch besseren Überblick über die einzelnen Persönlichkeitstypen bekommen, im Folgenden noch einmal eine kurze Charakteristik der vier Typen:

### Sanguiniker: „Was wir tun, muss Spaß machen"

*Wunsch:* Spaß haben

*Emotionale Bedürfnisse:* Aufmerksamkeit, Zuwendung, Zustimmung, angenommen sein.

*Stärken:* Fähigkeit, jederzeit, an jedem Ort über jedes Thema zu reden, überschäumende Persönlichkeit, Optimismus, Humor, Fähigkeit, Geschichten zu erzählen, Spaß an Menschen und Geselligkeit.

*Schwächen:* Unorganisiert, erinnert sich nicht an Namen und Einzelheiten, übertreibt gern, nimmt nichts richtig ernst, verlässt sich darauf, dass die anderen die Arbeit machen, zu leichtgläubig und naiv.

*Werden depressiv, wenn:* das Leben keinen Spaß macht und scheinbar keiner sie liebt.

*Haben Angst davor:* unbeliebt zu sein oder sich zu langweilen, in einem festgesteckten Zeitrahmen leben zu müssen, über ihre Ausgaben Buch führen zu müssen.

*Mögen Leute, die* zuhören und lachen, loben und zustimmen.

*Mögen Leute nicht, die* kritisieren, nicht auf ihren Humor reagieren, sie nicht nett finden.

*Zeichnen sich bei der Arbeit aus durch:* Kreativität, Optimismus, Lebensfreude, die Fähigkeit, andere aufzuheitern, Unterhaltsamkeit.

*Könnten noch besser werden, wenn* sie organisierter wären, nicht so viel reden würden, Zeiteinteilung lernen würden.

*Als Leiter sind sie:* spannend, anregend, können andere überzeugen und motivieren; charmant und unterhaltsam; vergesslich und nicht besonders gut im Durchziehen und Durchhalten von Dingen.

*Heiraten am ehesten:* Melancholiker, die sensibel und ernst sind. Dabei sind Sanguiniker es aber auch schnell leid, den Partner dauernd aufzumuntern, und es gefällt ihnen ganz und gar nicht, wenn ihnen vom Partner oder der Partnerin signalisiert wird, dass sie albern oder dumm sind.

*Reaktion auf Stress:* Flucht von der Stressursache, machen Einkaufsbummel, suchen sich Leute, mit denen sie Spaß haben können, erfinden Ausreden, schieben die Schuld auf andere.

*Man erkennt sie daran, dass sie* pausenlos reden, eine laute Stimme haben und viel lachen.


## Choleriker: „Es wird gemacht, wie ich es sage"

*Wunsch:* Die Kontrolle zu haben.

*Emotionale Bedürfnisse:* Gefühl, dass andere gehorchen, sich unterordnen, Wertschätzung für Leistungen, Anerkennung der Fähigkeiten.

*Stärken:* Fähigkeit, jede beliebige Angelegenheit von jetzt auf gleich in die Hand zu nehmen und schnell richtige Entscheidungen zu treffen.

*Schwächen:* rechthaberisch, beherrschend, autokratisch, unsensibel, ungeduldig, nicht bereit zu delegieren und andere anzuerkennen.

*Werden depressiv, wenn* das Leben außer Kontrolle gerät und die anderen Dinge nicht so tun, wie er/sie es für richtig hält.

*Haben Angst davor,* die Kontrolle zu verlieren (z.B. die Arbeit zu verlieren, nicht befördert zu werden, ernsthaft krank zu werden, ein schwieriges Kind zu haben oder eine(n) Ehepartner/in, der/die sie nicht unterstützt).

*Mögen Leute, die* sich unterordnen, die die Dinge so sehen wie sie, die kooperativ sind, die ihnen Anerkennung geben.

*Mögen Leute nicht, die* faul sind und kein Interesse daran haben, ausdauernd und stetig zu arbeiten, Leute, die sich gegen ihre Autorität sträuben, die unabhängig und nicht loyal sind.

*Zeichnen sich bei der Arbeit* dadurch aus, dass sie in kurzer Zeit viel schaffen können; haben normalerweise Recht.

*Könnten noch besser darin werden, wenn* sie auch andere Entscheidungen treffen lassen würden, wenn sie Vollmachten delegieren würden, geduldiger wären, nicht erwarten würden, dass alle anderen genauso arbeiten wie sie.

*Als Leiter haben sie* ein natürliches Gespür dafür, wer das Sagen hat, ein sicheres Gefühl, was funktioniert, viel Vertrauen in ihre Fähigkeit, etwas zu leisten, das Potenzial, weniger offensive Menschen zu überrumpeln.

*Heiraten am ehesten:* Phlegmatiker, die sich stillschweigend unterordnen und sich nicht gegen ihre Autorität sträuben, die aber auch in den Augen des Cholerikers nie genug leisten und selten ihre eigenen Projekte spannend und aufregend finden.

*Reaktion auf Stress:* verschärfte Kontrolle, noch härter arbeiten, noch mehr Sport treiben, sich der Stressquelle entledigen.

*Man erkennt sie an* ihrem Tempo, an der „Hand am Steuer", an ihrem Selbstvertrauen, an rastloser und überzeugender Grundhaltung.

### Melancholiker: „Lasst es uns richtig machen"

*Wunsch:* Es muss richtig sein.

*Emotionale Bedürfnisse:* Gefühl der Stabilität, Raum, Stille, Sensibilität, Unterstützung.

*Stärken:* Können gut organisieren und langfristige Ziele setzen, hohe Maßstäbe und Ideale, gehen allem auf den Grund.

*Schwächen:* Leicht niedergeschlagen, brauchen zu viel Zeit zur Vorbereitung, konzentrieren sich zu sehr auf Einzelheiten, erinnern sich in erster Linie an Negatives, sind anderen gegenüber misstrauisch.

*Werden depressiv, wenn* das Leben in Unordnung gerät, wenn Maßstäbe nicht erfüllt werden und das scheinbar niemanden interessiert.

*Haben Angst davor,* dass niemand versteht, wie es ihnen wirklich geht; Fehler zu machen; Kompromisse in Bezug auf die selbst gesetzten Maßstäbe eingehen zu müssen.

*Mögen Leute, die* ernsthaft sind, intellektuell, tiefgründig, und die ein vernünftiges Gespräch führen können.

*Mögen Leute nicht, die* oberflächlich sind, vergesslich, unpünktlich, unorganisiert, zu Ausreden greifen und unberechenbar sind.

*Zeichnen sich bei der Arbeit aus durch* Gespür fürs Detail, Liebe zur Analyse, Durchhaltevermögen, hohen Anspruch in der Leistung, Mitgefühl mit anderen Menschen.

*Könnten noch besser werden, wenn* sie das Leben nicht so schrecklich ernst nehmen würden und nicht darauf bestehen würden, dass alle anderen ebenfalls perfektionistisch sein müssen.

*Als Leiter* sind sie gut im Organisieren, sensibel in Bezug auf die Gefühle anderer, ausgesprochen kreativ, mögen qualitativ erstklassige Leistung.

*Heiraten gern* Sanguiniker wegen ihrer Offenheit und Geselligkeit, versuchen aber in aller Regel recht bald, sie herunterzuschrauben und dafür zu sorgen, dass sie sich an die aufgestellten Pläne halten.

*Reaktion auf Stress:* Rückzug, verlieren sich in einem Buch, werden depressiv, geben auf oder sprechen eingehend über ihre Probleme.

*Man erkennt sie* an ihrem ernsthaften und sensiblen Wesen, an ihrem höflichen Verhalten, an ihren selbstkritischen Bemerkungen, an ihrem makellos gepflegten Äußeren.


### Phlegmatiker: „Lasst es uns so einfach wie möglich machen"

*Wunsch:* Konfliktvermeidung, Frieden halten

*Emotionale Bedürfnisse:* Respekt, Wertschätzung, Verständnis, emotionale Unterstützung.

*Stärken:* Ausgeglichenheit, trockener Humor, angenehmes Wesen.

*Schwächen:* Unentschlossenheit, Mangel an Begeisterung und Energie; verborgener eiserner Wille.

*Werden depressiv, wenn* das Leben konfliktreich wird, wenn sie mit einer persönlichen Konfrontation zu tun haben, wenn keiner ihnen helfen will.

*Haben Angst davor,* größere persönliche Probleme angehen zu müssen, im Regen stehen gelassen zu werden, vor größeren Veränderungen.

*Mögen Leute, die* für sie Entscheidungen treffen, die ihre Stärken erkennen, die sie nicht übergehen, ihnen Respekt erweisen.

*Mögen Leute nicht, die* zu sehr drängen, zu laut sind und zu viel von ihnen erwarten.

*Zeichnen sich bei der Arbeit aus,* indem sie zwischen zerstrittenen Leuten vermitteln und objektiv Probleme lösen können.

*Könnten noch besser werden, wenn* sie Ziele setzen und sich selbst motivieren würden, sie bereit wären, mehr zu tun und schneller zu arbeiten, als von ihnen erwartet wird, wenn sie sich genauso gut ihren eigenen Problemen stellen würden, wie sie mit den Problemen anderer umgehen können.

*Als Leiter* bleiben sie ruhig und gelassen; treffen keine impulsiven Entscheidungen; sind beliebt und friedfertig; machen keine Probleme, bringen aber nicht oft brillante neue Ideen hervor.

*Heiraten gern* Choleriker, die stark und entschlossen sind, aber oft sind sie es schon bald leid, sich vom Choleriker herumschubsen zu lassen und abschätzig behandelt zu werden.

*Reaktion auf Stress:* Verstecken sich davor, sehen fern, essen, blenden das Leben aus.

*Man erkennt sie an* ihrem ruhigen Auftreten, der entspannten Haltung.

Die folgenden Abschnitte sind nach den Persönlichkeitstypen unterteilt. Wenn Sie herausgefunden haben, welcher Typ Sie sind, können Sie den Abschnitt oder die Abschnitte lesen, die am ehesten auf Sie zutreffen. Jeder Abschnitt bietet Erkenntnisse, Vorschläge und Geschichten in Bezug darauf, welche Hilfsmittel und Techniken sich für den jeweiligen Typ auf der Suche nach seiner ganz speziellen Form von Spiritualität als besonders wirkungsvoll erwiesen haben.

# Kapitel 5

# Der Sanguiniker

*Freut euch an ihm und jubelt laut, die ihr zum Herrn gehört!*
*Singt vor Freude, die ihr Gott gehorcht.*

Psalm 32,11(Hfa)

Weil sie von lauter geistlichen Größen umgeben war, dachte Marita, sie wäre die Einzige, die mit dem Glauben zu kämpfen hatte. Immer wieder wurde bei Vorträgen irgendwelcher geistlicher Koryphäen Oswald Chambers zitiert, und jedes Mal sehnte sich Marita danach, auch so geistlich zu sein. Das Buch „Mein Äußerstes für sein Höchstes" erschien ihr zwar immer wieder völlig unverständlich, aber wenn sie einmal mehr ein kluges, beeindruckendes Zitat daraus gehört hatte, fasste sie jedes Mal aufs Neue Mut, es doch noch einmal zu versuchen. Marita las dann mehrmals dieselbe Seite in dem Buch und hatte immer noch keine Ahnung, was der Text ihr eigentlich sagen wollte. Sie kam zu der Schlussfolgerung, dass sie einfach nicht so geistlich war, und legte das Buch wieder beiseite, bis irgendein anderes Chambers-Zitat sie veranlasste, es wieder hervorzukramen, allerdings jedes Mal wieder mit demselben Resultat.

Eine nach Maritas Einschätzung gereifte Christin berichtete, dass sie seit über 35 Jahren jedes Jahr einmal die gesamte Bibel durchlas. Kein Wunder also, dass sie geistlich so gebildet und wissend wirkte. Marita nahm sich jedes Jahr erneut vor, die Bibel in diesem Jahr ganz bestimmt einmal ganz durchzulesen, schaffte es aber in aller Regel höchstens bis Februar. Sie hatte es auch schon mit dem Bibelleseplan versucht, der in der Gemeinde verteilt wurde. Dabei kreuzt man jeden Tag ein kleines Kästchen an, wenn man den Abschnitt gelesen hat, der dran ist. Sie hatte mehrmals damit angefangen, sich aber spätestens im dritten Buch Mose verheddert. Dann hatte sie die Jahresbibel ausprobiert, in der man täglich einen Abschnitt aus dem Alten Testament, einen aus dem

Neuen Testament, einen Psalm und einige Verse aus den Sprüchen liest. Das erschien ihr verwirrend, und sie hielt es nicht durch.

Vielleicht bestand die Lösung darin, ihre Gebete aufzuschreiben. Sie hatte schon von vielen Leuten gehört, die damit gute Erfahrungen gemacht hatten. Sie führten ein Gebetstagebuch und reservierten jeweils eine feste Zeit für die Stille mit Gott. Marita kaufte sich also ein Notizbuch und machte sich an das neue Projekt. Aber in ihrem Alltag gab es keinerlei Routine, keine geregelten Abläufe, und deshalb scheiterte auch dieser Plan bereits nach kurzer Zeit.

Dennoch konnte Marita Situation um Situation benennen, in der Gott sie geführt hatte, in der sie ganz konkret seine Stimme gehört hatte. Aber war das überhaupt möglich? Konnte sie denn geistlich sein, ohne sich an irgendeines der gängigen Programme zu halten?

## *Hilfsmittel und Techniken*

Eines Tages entdeckte Marita eine überarbeitete Fassung von „Mein Äußerstes für sein Höchstes", und zwar in moderner Alltagssprache. Als sie darin las, wurde ihr klar, dass ihr Desinteresse an Oswald Chambers kein geistliches Problem war, sondern ein sprachliches. Als Marita wirklich verstehen konnte, was sie da las, stellte sie fest, dass sie beinah ein genauso großer Fan dieser Texte wurde wie viele ihrer Brüder und Schwestern.

Marita legte sich außerdem eine moderne Bibelübersetzung zu – in chronologischer Ordnung, einschließlich Kommentaren, unterteilt in 365 Tagesabschnitte. Sie fing sofort mit dem Lesen an (obwohl es nicht Januar war). Die Reihenfolge der Texte plus der Kommentare ergaben für sie einen ganz neuen Sinn. Zwar konnte Marita aus Zeitgründen meistens nicht öfter als einmal oder zweimal in der Woche einen Abschnitt lesen, aber weil die Ausgabe nicht datiert war, bekam sie gar nicht erst das Gefühl, hinterherzuhängen und brauchte deshalb auch nicht aufzugeben.

In ihrer persönlichen Bibelarbeit entdeckte Marita, dass das Gebetsleben von Jesus ebenfalls unregelmäßig war. Jesus lebte in ständiger Gemeinschaft mit seinem himmlischen Vater, aber wenn eine konkrete Not da war oder er unterwegs Gelegenheit hatte, gab es auch intensive Gebetszeiten. Obwohl Marita mit ihrem Plan, ihre Gebete aufzuschreiben, gescheitert war, hatte sie trotzdem den Eindruck, ständig mit Gott zu reden – im Bett, unter der Dusche, im Auto, beim Geschirrspülen und im Büro. Jemand hatte einmal gesagt: „Ich spreche selten ein 15 Minuten langes Gebet, aber es vergehen kaum einmal 15 Minuten, in denen ich nicht bete." Marita betet oft draußen im Garten oder wenn sie in den Bergen ist, denn in der Natur fühlt sie sich Gott besonders nah. In Zeiten großer Not liegt sie auch manchmal wirklich auf den Knien vor Gott und fleht ihn um Hilfe an. Ihre Gebete passen zwar nicht in das normale Gebetsschema, aber erstens hört Gott sie trotzdem, zweitens bekommt sie Antworten, und drittens spricht Gott immer noch zu ihr.

Diese drei Punkte haben ihr dabei geholfen zu sehen, wie unterschiedlich Menschen mit Gott in Kontakt treten. **Manches, was sie als persönliches Versagen empfand, hatte seine Ursache nur darin, dass sie nicht das Arbeitsmaterial benutzt hatte, das zu ihr passte, oder dass sie eine falsche Technik angewendet hatte.** Als Marita zum ersten Mal über ihre Erfahrungen bei der Lektüre von Oswald Chambers und beim Bibellesen sprach, rückten einige der Zuhörer(innen) etwas näher an sie heran und flüsterten ihr zu: „Genau so geht's mir auch! Ich habe ‚Mein Äußerstes für sein Höchstes' auch nie verstanden" oder „Ich habe auch immer gedacht, ich wäre geistlich eine Niete" oder „Ich habe immer geglaubt, ich wäre die Einzige, die die Bibel noch nicht von vorne bis hinten durchgelesen hat."

Sie war nicht die Einzige! Weil wir alle ganz unterschiedlich sind, ist auch die Art, wie wir Zeit mit Gott verbringen, wie unsere individuellen Bedürfnisse erfüllt werden und wie wir eine ganz persönliche und intensive Beziehung zu Gott bekommen, sehr unterschiedlich. **Menschen, die sich dem sanguinischen Persönlichkeitstyp zuordnen, empfinden ihr geistliches Leben oft als zweitklassig. Sie erleben immer wieder viel Frust, wenn sie vergeblich versuchen, sich**

## an strikte Regeln zu halten, die andere scheinbar mühelos befolgen können.

Janet Simic erzählte uns: „Ich gebe mir solche Mühe, organisierter zu sein. Ich ärgere mich unglaublich über Leute, die ständig die Werbetrommel für mehr und bessere Organisation rühren. Bei mir ist das so: Nachdem ich in meinem Andachtsbuch gelesen habe, fange ich an zu beten. Dann werde ich durch einen zwitschernden Vogel abgelenkt oder einen Telefonanruf oder einfach durch meine eigenen abschweifenden Gedanken. Weg bin ich – gedanklich oder körperlich –, nur um Stunden später Gott dafür um Vergebung zu bitten und ihn schnell noch anzubetteln, doch die eine oder andere Bitte zu erfüllen."

Sanguiniker glauben oft, dass man sich an irgendein vorgeschriebenes Programm halten muss und dass Gott oder auch die Freunde, die immer alles richtig machen, böse auf sie sind, wenn das nicht der Fall ist.

Dian Sustek hatte die Befürchtung, dass vielleicht irgendetwas mit ihr nicht stimmen könnte. Sie suchte einen christlichen Therapeuten auf, weil sie sich in der stillen Zeit, beim Bibellesen und im Gebet einfach nicht konzentrieren konnte. Sie sagt: „Ich bin stellvertretende Leiterin eines Bibelstudienprogrammes. Gott schenkt mir zwar die Disziplin, mich auf meine Vorlesungen und Vorträge vorzubereiten, aber ich hatte immer große Schuldgefühle, weil meine persönliche stille Zeit und auch mein Gebet so erbärmlich waren. Ich betete, und ganz plötzlich war ich in Gedanken dabei, die Möbel in meinem Zimmer umzustellen oder Pläne fürs Wochenende zu schmieden. Es dauerte etwa eine Dreiviertelstunde, bis ich das überhaupt merkte, und dann wurde ich furchtbar sauer auf mich selbst, weil ich doch eigentlich hatte beten wollen.

Ich erzählte dem Therapeuten von all den Ablenkungen; ich erzählte ihm sogar, dass ich einmal in einem dunklen Wandschrank gesessen und gebetet hatte, um keine visuelle Ablenkung zu haben. Ich war der Meinung, dass ich mich so vielleicht besser aufs Beten konzentrieren könnte. Nachdem ich etwa zwei Minuten gebetet hatte, fing ich an, den Schrank aufzuräumen. Und dann fand ich ein Kostüm wieder, das ich schon sehr vermisst hatte, und ich kam aus dem Schrank heraus, um es anzuprobieren! Und das führte dazu ... Mitten am Vormittag merkte ich dann plötzlich, was passiert war, und ich brach richtig zusammen und flehte Gott um Vergebung an.

Nachdem ich das alles dem Therapeuten erzählt hatte, fragte er mich, ob ich nur einmal am Tag beten würde. ‚Oh nein‘, antwortete ich, ‚ich rede den ganzen Tag mit Gott – im Auto, in der Schlange an der Supermarktkasse oder im Postamt! Es ist, als ob er mein bester Freund wäre, und er ist immer da.‘

Und dann sagte der Therapeut: ‚Warum denken Sie dann nicht einfach daran? Sie haben eine Gebetszeit, und er ist direkt da, bei Ihnen. Sie müssen nur aufpassen, dass Gebet wirklich ein Gespräch zwischen zweien ist und nicht ein Monolog, den Sie halten.‘

Das ist jetzt ungefähr drei Jahre her, und ich bin immer noch leicht ablenkbar, aber ich denke jetzt wenigstens daran, dass er immer bei mir ist. Und ich habe gelernt, mehr zuzuhören, weil es wirklich ein Herzenswunsch von mir ist, ihn während des Tages zu hören.“

Während der Untersuchungen und Umfragen zu diesem Buch über die unterschiedlichen Persönlichkeitstypen und ihre Art, ein persönliches geistliches Leben zu gestalten, sind wir auf viele Dinge gestoßen, die fast alle Sanguiniker gemeinsam haben. Natürlich gibt es für jede Verallgemeinerung auch Ausnahmen, aber wir glauben, dass Sie sich in den meisten der folgenden Situationen wieder finden können, wenn Sie Sanguiniker sind.

Marilyn Hogan aus Washington sagt: „Es erfordert schon ein hohes Maß an Reife als Christ (und Verständnis davon, wer man als Sanguiniker ist, wie man von Gott geschaffen ist und verstanden wird), um damit aufzuhören, jemand zu sein, der/die man nicht ist. Ich habe Freunde, die Melancholiker sind und die in der Passionszeit, speziell dann in der Karwoche, diese traurige, fast brütende Stimmung bekommen, wenn sie sich mit dem Leiden Christi auseinander setzen. Bis zu einem gewissen Grad kann ich mich da auch hineinversetzen, aber nicht für längere Zeit. Ich freue mich über die Auferstehung, aber ich befasse mich damit nicht in einer bestimmten Zeit des Jahres. Ich denke im Laufe des Jahres immer wieder einmal daran, wenn ich in der Bibel darauf stoße, aber ich vollziehe das nicht in der Tiefe nach, wie Melancholiker das anscheinend tun. Jahrelang habe ich mich deshalb minderwertig gefühlt, bis ich verstanden habe, dass mein Glaube nicht auf der Tiefe von Leid und Schmerz beruht oder auf dem Kummer, den ich empfinde, sondern auf dem Vertrauen in den lebendigen Christus, der täglich in mir wohnt."

## Die erste Zeit als Christ

Wenn wir die grundlegenden Stärken und Schwächen der Sanguiniker betrachten, ist leicht zu erkennen, dass auch ihr christlicher Lebensstil stark davon geprägt ist. Das trifft besonders auf neue Christen zu.

Zu den Stärken der Sanguiniker gehören ja Begeisterungsfähigkeit und Ausdruckskraft. Sie unterliegen oft Stimmungsschwankungen und lieben spontane Aktivitäten. Zu ihren Schwächen gehört, dass sie oft ihre Pflichten vergessen, dass sie wenig Ausdauer haben, im Allgemeinen ziemlich undiszipliniert sind und sich sehr leicht ablenken lassen. Wenn wir diese drei Wesenszüge zusammen betrachten, ist der Sanguiniker eher ein Christ, der es spannend findet, Christus in sein Leben einzuladen, dem es auch keine besonderen Schwierigkeiten bereitet, anderen von Jesus und seinem Glauben zu erzählen, dessen Begeisterung aber schnell nachlässt und der sich leicht von der nächsten größeren Sache ablenken lässt.

**Der Sanguiniker ist als neuer Christ wie die Saat, die auf felsigen Boden fiel:** „Andere Körner fielen auf felsigen Boden, wo nur wenig Erde war. Dort ging die Saat schnell auf. Die Sonne aber brannte, und die jungen Pflanzen vertrockneten, weil die Wurzeln nicht genug Erde hatten...Wie felsiger Boden ist ein Mensch, der die Botschaft hört und mit Freunden annimmt. Aber wenn er wegen seines Glaubens Schwierigkeiten bekommt oder Verfolgung einsetzt, dann ist es mit seiner Begeisterung schnell vorbei" (Matth. 13,5-6; 20-21 Hfa).

Eine Sanguinikerin erzählte mir: „Da ist nicht immer so viel Tiefe; wenn also Saatkörner in die Persönlichkeit des Sanguinikers fallen, dann müssen auch genügend cholerische oder melancholische Anteile vorhanden sein, um die Wurzeln in den tieferen Boden hinunterzuziehen, damit sie die nötige Stabilität bekommen. Der Sanguiniker neigt dazu, sich in der Alltagshektik hängen zu lassen, wenn die Mühen zu schwer und alles zu langweilig wird."

Das traf auf Jasons Leben zu. Er erzählte uns: „Mit 16 habe ich mein Leben Jesus übergeben. Mit 20 war ich fest entschlossen, Pastor zu werden, und ging auf eine Bibelschule. Doch dann passierten in der Gemeinde und auch in meinem persönlichen Leben Dinge, die dazu führten, dass ich nicht mehr Pastor werden wollte und die sich zerstörerisch auf meine Beziehung zum Glauben und zur Kirche auswirkten. Ich habe nie meinen Glauben an Gott und mein Vertrauen in ihn verloren. Ich versuchte, ihm so treu zu bleiben, wie ich nur konnte, aber ohne die Unterstützung und Anleitung eines guten Seelsorgers und einer Gemeinde merkte ich, wie ich mich immer weiter von Gott entfernte. Ich versuchte mich selbst davon zu überzeugen, dass die Gemeinde eben ein Ort war, wo negativ denkende Leute hingingen, um ein Ventil zu finden, und dass es mir besser täte, Beziehungen zu ‚glücklicheren' Leuten zu pflegen. Und das traf in gewisser Weise für manche Leute auch zu. Aber diese Gedanken, die ich mir da machte, gingen am eigentlichen Punkt vorbei.

Zurzeit bin ich auf dem Weg zurück und ein Seelsorger aus der Gemeinde hier hilft mir, Gott ganz neu in den Blick zu bekommen. Ich lerne, am Gemeindeleben teilzuhaben, ohne dass die Gemeinde für mich zum Mittelpunkt meines Glaubens wird. Ich muss mich ZWINGEN, ein geistliches Tagebuch zu führen. Es hilft mir, meine Fortschritte zu erkennen. Ich bin jetzt 26 Jahre alt und erlebe gerade die stürmischste Zeit meines Lebens (Eheprobleme, die durch meine Entfernung von Gott entstanden sind) und gleichzeitig auch die beste Zeit meines Lebens (indem ich, das glaube ich wenigstens, eine Ausgewogenheit zwischen Gemeinde und echtem Glauben an Gott finde."

Ähnlich wie Jason setzte auch Sharon Merrit als neue Christin ihre sanguinische Begeisterungsfähigkeit für Gott ein. Sie versuchte jeden, den sie kannte, für Jesus zu gewinnen: „Nachdem ich 1976 mein Leben noch einmal ganz neu Jesus übergeben hatte, gehörte ich zu den Leuten, die immer eine Bibel bei sich haben und Traktate verteilen. Ich trug lange Kleider, damit ich die Traktate in meinen Stiefeln unterbringen konnte. Wenn ich jetzt daran zurückdenke, muss ich ganz schön verrückt gewirkt haben. Kaum zu glauben, dass ich damals nicht gefeuert wurde. Schon bald war ich jedoch mit anderen Dingen beschäftigt, und die Sache mit den Traktaten schlief irgendwie ein. Selbst heute noch neige ich dazu, mich für irgendetwas zu begeistern und voll einzusetzen, und nach einer Weile verliere ich dann das Interesse daran. Ich bin Betreiberin eines christlichen Online-Chatrooms. Schon oft habe ich überlegt, damit aufzuhören, weil es mich inzwischen langweilt, aber ich lerne, auch solche Dürrezeiten durchzuhalten, weil auch sie, genau wie alles andere, vorübergehen werden. Ich habe bei dieser Aufgabe, ‚online‘ Menschen zu dienen, schon ganz wunderbare Dinge erlebt.“

Leslie Catron stellte fest, dass es wirklich anstrengend für sie war, die sanguinische Begeisterung für ihren Glauben am Leben zu erhalten. Sie berichtet:

„Mir persönlich hat der Verlust des Brennens und der Leidenschaft, das zum anfänglichen Christsein gehört, ziemlich zu schaffen gemacht. Für mich als Sanguinikerin gehören Gefühl und Leidenschaft zur Freude am Leben, und wenn das Leben als Christ zur Routine wird und immer mehr in intellektuelle Kopfarbeit ausartet, dann gehen diese Elemente oft verloren. Ich nehme an, man könnte sagen, dass das bei mir zur Ernüchterung geführt hat. Es ist so eine Art ‚War das schon alles?‘-Gefühl, das dann den Eindruck mit sich bringt, Gott sei gar nicht da.

Als ich Anfang 30 war, gab es in meinem Leben eine Phase, in der ich meine Beziehung zu Gott ganz in Frage stellte. Drei kleine Kinder, eine plötzliche berufliche Veränderung, ein überraschendes weiteres Baby, das mich zwang, zu Hause zu bleiben und an vielen Aufgaben in der Gemeinde nicht mehr teilzunehmen, Veränderungen in Freundschaften dadurch, dass ich nicht mehr im Berufsleben stand, mein Mann, der völlig damit ausgelastet war, die Familie zu versorgen ... es war kein Spaß! Ich sage nur: ABLENKUNGEN!

Ich dachte gründlich nach, ließ mich von einer weisen gläubigen Person in meiner Gemeinde beraten und wechselte in eine andere Gemeinde, wo ich eine Erneuerung dieser besagten ersten Liebe erlebte. Jetzt nehme ich mir die Zeit, diese Leidenschaft durch alle möglichen Dinge und Ideen lebendig zu halten. Ich nehme mir Zeit für mich und Gott, unternehme Dinge, die Spaß machen, wie beispielsweise zum Beten an den Strand zu gehen etc. und sorge dafür, dass ich immer wieder mit ‚neuen' Christen zusammenkomme, deren Leidenschaft noch frisch und lebendig ist, aber auch mit Leuten, denen ich von Jesus erzählen kann."

Als frisch bekehrte Christin hatte Ida großen Hunger nach Gott, stellte aber fest, dass andere Dinge für sie zur Ablenkung wurden. Sie erzählt: „Nachdem ich mein Leben Jesus übergeben hatte, hatte ich eine tiefe Sehnsucht nach dem Wort Gottes. Ich war auf einer Jugendfreizeit und las innerhalb von ein paar Stunden das gesamte Johannesevangelium und die Hälfte der Psalmen durch. Ich konnte einfach nicht genug bekommen von Gott und seinem Wort. Aber dann stellte sich mein musikalisches Talent meiner Beziehung zu Jesus in den Weg. Weil ich noch ganz neu im Glauben war, wusste ich nicht, dass er eigentlich nur eine Beziehung zu mir haben wollte. Ich war der Meinung, er wollte, dass ich etwas für ihn *tat*. Also begann ich, im Lobpreisteam mitzusingen und nach und nach auch die Leitung zu übernehmen, und das hielt mich gleich von Anfang an von einer wirklich tiefen innigen Beziehung zu Gott ab. Außerdem wollte ich gerne einen Freund haben (ich war damals 18) und hatte auch schon einen bestimmten jungen Mann im Sinn. Das führte zu einer frühen Ehe, die in einer hässlichen Scheidung endete. Wieder hatte ich irgendwie das Wichtigste nicht begriffen, nämlich dass Jesus sich eine Beziehung zu mir wünscht."

Wie bei Ida lenkte auch Dianne McClintocks Sehnsucht nach einer Beziehung zu einem Mann sie von ihrer Begeisterung für Gott ab. Sie sagt: „Ich war so männer-süchtig, dass ich glaubte, ohne Mann nicht leben zu können. Als Gott in mein Leben kam, war ich wirklich offen für ihn, und er begann ganz wunderbar an mir zu wirken. Er führte mich in eine Gemeinde, in der ich bis heute bin. Aber obwohl ich wirklich Feuer und Flamme für Jesus war, war ich so einsam, dass ich wieder nach einer Beziehung zu einem Mann zu streben begann. Ich ging zwar in die Gemeinde, ließ mich aber dann durch die Beziehung doch wieder ablenken."

Die erste Spannung und das Prickeln der Begegnung mit Gott hält uns Sanguiniker in Gang, aber wenn wir nicht aufpassen, können unsere Schwächen und das mangelnde Durchhaltevermögen bei uns zu den gleichen Problemen führen wie bei Jason, Sharon, Leslie, Ida und Dianne.

Evelyn Jimenez sagt: „Als Sanguinikerin muss ich mich mehr anstrengen, diszipliniert und organisiert zu sein. Es ist einfacher, die schwierigeren Dinge auf meiner To-Do-Liste einfach zu überspringen und als Erstes all das zu tun, was Spaß macht."

Im Laufe unseres Reifungsprozesses als Christen gelangen wir aber meistens auch hier zu einer gewissen Ausgewogenheit. Jennifer Phillips meint: „Ich neigte dazu, mich an die Aussagen der Bibel zu halten, in denen davon die Rede ist, dass Jesus mich durch ein Problem durchträgt. Und dann lege ich einfach los, in dem Wissen, dass er schon auf mich aufpassen wird – aber ohne mir die Zeit zu nehmen, in sein Wort einzutauchen, damit ich Nahrung bekomme, es mich erhält und weiterbringt. Es hat Jahre gedauert, aber jetzt bin ich diszipliniert genug, um nicht nur in seinem Wort zu lesen, sondern auch zu seinen Füßen zu sitzen. Und ich stelle fest, dass er mich nicht nur trägt, sondern mir auch den Frieden schenkt, der höher ist als alle Vernunft, und dass er mich als Licht benutzt, das seine Liebe reflektiert."

Laurie Keller gibt sanguinischen Christen folgenden Rat: „Sie sind am Anfang total gespannt und aufgeregt und haben Hunger nach dem Wort Gottes. Und Sie möchten gern Neues ausprobieren – diese Gemeinde und jene Gemeinde. Aber denken Sie daran, dass Sie beständige Menschen in Ihrer Nähe brauchen, die Ihnen helfen, Fehler zu vermeiden."

## Unser Gottesbild

Sanguiniker, die eine gute Beziehung zu ihrem leiblichen Vater hatten, sehen Gott meist auch als liebenden, zugewandten Vater, als jemanden, der sie bedingungslos liebt, zu dem sie immer mit ihren Sorgen kommen können und der sie in schwierigen Zeiten tröstet. Wenn man weiß, dass die emotionalen Bedürfnisse von Sanguinikern Aufmerksamkeit, Zuwendung, Zustimmung und

Annahme sind, dann ist es nicht schwer zu verstehen, weshalb dieser Persönlichkeitstyp Gott ganz richtig als den betrachtet, der diese Bedürfnisse erfüllt.

Manche Sanguiniker haben große Schwierigkeiten, liebevolle Züge an ihrem himmlischen Vater zu erkennen, wenn ihr leiblicher Vater solche Züge nicht hatte – selbst wenn sie es sich sehr wünschten. Laurie Keller sagt: „Manchmal habe ich das Gefühl, dass Gott bestimmt böse auf mich ist, weil ich so chaotisch bin, oder dass er nur schwer zufrieden zu stellen ist, so wie mein irdischer Vater (und das trotz all der Aussagen über ihn, die ich aus der Bibel kenne)."

Ganz ähnlich schreibt Dianne McClintock: „Ich versuche wirklich, mir Gott als liebevollen, zugewandten Vater vorzustellen, aber weil mein Vater so hart zu uns war und so hohe Erwartungen hatte, denke ich immer, dass Gott auch so ist. Es gibt jedoch auch Zeiten, und zwar immer mehr, je reifer ich als Christ werde, in denen ich Gott als liebevoll und zugewandt erlebe."

Viele Sanguiniker, besonders solche, die keine intakte Beziehung zu ihrem irdischen Vater hatten, stellen fest, dass sie Gott eher als eine Art besten Freund betrachten und erleben. Dolores Feitel sagt: „Wenn man gefühlsmäßig den eigenen Eltern entfremdet war und mehr mit Freunden zu tun hatte, dann ist es einfacher, Gott als besten Freund zu sehen. So war es bei mir. Mein Vater war liebevoll und zugewandt, aber er sprach es nie aus; deshalb hat es bei mir eine Weile gedauert, Gott als Vater zu begreifen, den ich ‚hören' konnte."

Eine melancholische Mutter erzählte uns: „Ich habe gerade meinen sanguinischen Mitbewohner (meinen Sohn) gefragt, und er hat bestätigt, dass Sie Recht haben mit Ihren Beobachtungen über Sanguiniker. Ich war erstaunt, wie bereitwillig er sofort die Frage bejahte, ob er Gott als seinen besten Freund betrachte. Mir macht es Schwierigkeiten, Gott als meinen besten Freund zu sehen, aber für meinen Sohn ist jegliche andere Sichtweise nicht nachvollziehbar."

Je nachdem, welchen Hintergrund man hat, kann es bei einem Sanguiniker eine Weile dauern, bis er ein gesundes, stimmiges Gottesbild entwickelt. Evelyn Jimenez schreibt dazu: „Ich bin Sanguinikerin, und ich habe Gott nie als meinen besten Freund betrachtet. Mein bester Freund, das war jemand, der mir so nah war wie eine Freundin, jemand, mit dem ich bei einer Tasse Kaffee reden konnte. Ich habe Gott immer als liebevollen Vater gesehen. Aber seit kurzem lerne ich auf Grund einiger Verletzungen, die ich in Beziehungen erlitten habe, Gott zunehmend auch als Freund zu betrachten. Ich habe durch die harten Schläge im Leben erfahren, dass er uns wirklich niemals im Stich lässt, egal, was gerade in unserem Leben passiert."

Wenn Sanguiniker erst einmal in der Lage sind, Gott entweder als liebevoll zugewandten Vater oder als besten Freund zu sehen, stellen sie oft fest, dass sie eine wohltuende und entspannte Beziehung zu ihm haben und nicht eine, die von Angst und Verurteilung beherrscht ist.

Barbara Lovett sagt: „Als Sanguinikerin habe ich Gott immer als meinen Vater betrachtet. Wahrscheinlich sah ich ihn manchmal lockerer, als es gut war. Ich erinnere mich, dass ich Gott einmal gefragt habe, ob er mit mir eine Kaffeepause machen wollte. Dann setzte ich mich und redete mit ihm, als ob er direkt dabei säße (was – nebenbei bemerkt – meiner Überzeugung nach auch der Fall war – nur dass er keinen Kaffee trank). Ich erinnere mich, dass ich redete und redete und dann plötzlich merkte, dass ich ihm keine Chance gab, auch einmal etwas zu sagen. Typisch sanguinisch! Als ich schließlich innehielt und mir sozusagen ein Pflaster über den Mund klebte, konnte ich einfach dasitzen und zuhören, was er mir zu sagen hatte. Das war eines dieser wunderbaren Highlights im Glauben. Er hatte mir so einiges zu sagen, und alles war für meine damalige Situation von unschätzbarem Wert."

## *Beziehung statt Religion*

Bei unseren Gesprächen mit Sanguinikern haben wir auch die Frage gestellt, wie wichtig ihnen ihre Beziehung zu Gott ist. Wir haben dazu mehrere Aussagen bekommen, unter anderen auch folgende: „Was könnte wichtiger sein?" oder „Im Vergleich mit was?" Der Sanguiniker ist so auf Beziehung ausgerichtet, dass viele der von uns befragten sanguinischen Christen sich Gott gar nicht anders den als Partner in einer Beziehung vorstellen konnten.

Edie Veenstra erzählte uns: „Ich habe immer die Beziehung im Blick. Ich glaube, darum geht es – zumindest ist das nach Aussage der Bibel der entscheidende Punkt. Auch beim persönlichen Bibellesen konzentriere ich mich auf die Beziehungen Gottes in seinem Wort. Auf der Suche nach praktischen Hinweisen für meinen Bibelkurs (den ich leite) ist es ebenso. Ich habe gerade das Buch ‚Experiencing God‘ (‚Gott erleben‘) für mich selbst gelesen. Der Autor – Henry Blackaby – macht darin eine unglaubliche Aussage: **Die Bibel handelt von Gott. Sie handelt nicht von Abraham. Sie handelt nicht von Mose. Sie handelt von Gott. Von SEINEM Umgang mit seinem Volk. Die Art, wie ER SEINE Ziele, Pläne und SEIN Handeln mit der Erde verfolgt.** Also, das hat mir wirklich die Augen geöffnet. Natürlich! Und wie oft habe ich die Bibel trotzdem so gelesen, dass ich zuerst einmal MEINEN Teil in der Beziehung angeschaut habe! Wie dumm. Sie handelt immer zuerst von GOTT, und das bleibt auch so."

Viele Leute haben jedoch nicht gelernt, dass es um Beziehung geht, sondern sie denken im Zusammenhang mit Gott immer nur an „Religion" oder an „Glauben". Dolores Feitl sagt: „Meine gesamten Erfahrungen als Christin haben mit Beziehung zu tun!"

Vickey Banks betrachtet „Beziehung" als den Grund für ihre Arbeit als Referentin und Autorin: „Ich fühle mich in erster Linie deshalb dazu gedrängt, beides zu tun, weil mir so viel daran liegt, dass die Menschen erfahren, dass Christ zu sein mehr bedeutet, als zur Kirche zu gehen und ein guter Mensch zu sein. Ich möchte ihnen unbedingt vermitteln, dass es eine dynamische, lebendige, persönliche, intensive Beziehung zu Gott geben kann. Aber ich möchte nicht nur, dass sie davon wissen oder wünschen, dass sie sie hätten, sondern ich möchte, dass sie sie erleben. Vielleicht ist es der sanguinische Teil meiner Persönlichkeit, der einfach nichts verpassen will, aber ich kann mir nun mal nicht vorstellen, wie man ohne diese Beziehung leben kann. Sie bringt Ziel und Sinn in mein viel beschäftigtes Leben. Ohne diese Beziehung zu Gott, so fürchte ich, wäre mein Leben wie das eines Hamsters im Rad – ich würde mich zwar abhetzen bis zur Erschöpfung, aber nirgends ankommen, nichts von Bedeutung erreichen. Meine Beziehung zu

Gott ist der Anker in meinem Leben – sie gibt mir Stabilität und Sicherheit. Sie gibt mir die sichere Grundlage, von der aus ich mich verzweigen und ausdehnen kann. Worüber sollte ich denn ohne diese Beziehung schreiben und reden?" Vickey fasst das alles gut zusammen mit den Worten: „Beziehung ist nicht nur wichtig für mich, sie ist Leben!"

Welcher Persönlichkeitstyp wir auch sind, unsere Beziehung zu Gott wird dadurch geprägt. Die Frage ist, warum wir eigentlich unsere Einstellung zu Gott und unsere Beziehung zu ihm nicht über die natürlichen Vorlieben und Neigungen unseres Persönlichkeitstyps hinaus erweitern und bereichern sollten? So könnte zum Beispiel der Sanguiniker, der von Natur aus eine abwechslungsreiche, aktive und freundschaftliche Beziehung zu Gott hat, durchaus auch einmal intensive Zeiten der Stille einlegen, Zeit für sich ganz allein, in denen er Gottes Wort einmal mehr in der Tiefe studiert.

Henri Nouwen sagt in seinem Buch *Out of Solitude* („Jenseits der Einsamkeit"): „Irgendwo wissen wir, dass wir ohne einen stillen Ort in Gefahr sind. Irgendwie wissen wir, dass ohne Stille Worte ihren Sinn verlieren, dass ohne Zuhören das Reden keine Heilung mehr bringt, dass ohne Distanz Nähe nicht helfen kann. Irgendwo wissen wir, dass ohne einen Ort der Stille unser Handeln schnell zu leeren Gesten verkommt. Die Ausgewogenheit zwischen Stille und Worten, zwischen Rückzug und Mitmachen, zwischen Distanz und Nähe, Alleinsein und Gemeinschaft bildet die Grundlage des Lebens als Christ und sollte deshalb Gegenstand höchster persönlicher Aufmerksamkeit sein."*

## Gottesdienst

Weil sie sehr emotional sind, empfinden Sanguiniker größere Nähe zu Gott, wenn ihre Sinne beteiligt sind. Sie sind von Natur aus kreativ und verspielt, und sie treffen Entscheidungen „aus dem Bauch heraus". Wenn man das weiß, ist auch klar, dass Anbe-

---

\* Henri Nouwen, *Out of Solitude,* (Notre Dame, Ind. Ave Maria Press 1974), S.14

tung und Gottesdienst bei Sanguinikern die Gefühle ansprechen muss.

Tina Mikkinen erzählte uns: „Ich fühle mich Gott näher, wenn ich emotional angesprochen bin." Die meisten Sanguiniker werden durch Musik oder die Natur angerührt. Manche der von uns befragten Sanguiniker bezeichneten beides als sehr wichtig für sie, für andere hatte eines von beiden größere Bedeutung.

Genau wie Marita bedeutet die Natur auch für Evelyn Jimenez und Vickey Banks viel für ihr geistliches Leben. Evelyn sagt: „Musik ist emotional und ausdrucksvoll. Und die Natur um mich her gibt mir irgendwie ganz warme Gefühle, die sehr persönlich sind."

Vickey wurde zunehmend gesprächig, als sie über den Einfluss von Musik und Natur auf ihr geistliches Leben redete: „Musik bewegt mich. Ich gehöre zu einer Gemeinde mit über 1.600 Gottesdienstbesuchern. Wenn ich jedoch während der Lobpreiszeit die Augen schließe und die Musik höre, dann sind sie alle nicht mehr da. Irgendwie werde ich dann ganz allein in die Gegenwart Gottes versetzt. Die Liedtexte werden meine Gebete und die Heiligkeit Gottes wird mir bewusst. Ich bekomme das Gefühl, dass ich eigentlich die Schuhe ausziehen müsste wie damals Mose vor dem brennenden Dornbusch!

Was die Natur angeht, bin ich seit eh und je fasziniert von der Schönheit der Wolken. Wenn ich im Flugzeug unterwegs bin, sehe ich aus dem Fenster und denke daran, wie erstaunlich Gott ist. Er hat sogar die Wolken in der Hand! Er hat die Sterne in den Himmel gesetzt und kennt sie bei ihrem Namen! Ich sehe hinunter auf die unterschiedlichen Arten der Erdoberfläche, Berge und Ebenen, schneebedeckte Gipfel und trockene Wüstenlandschaft. Seen und Meere, Felder und Täler. Es sind nicht nur die Berge, die seinen Namen ausrufen, sondern seine gesamte Schöpfung! Ich sehe sie und kann gar nicht anders als daran zu denken, wie unglaublich er ist!"

Sharon Merrit gehört zu denen, die Musik besonders wichtig finden für ihr geistliches Leben. Sie sagte: „Ich genieße Musik und Lobpreis total. Ich kann gar nicht Auto fahren, ohne Musik zu hören. Der Lobpreisteil im Gottesdienst kann für mich nicht lang genug sein. Wenn ich gebeten werde, bei der Begrüßung der Gäste zu helfen, bin ich irgendwie frustriert, weil ich dann so viel vom Lobpreis verpasse."

Julie Munos erzählte uns, dass Lobpreislieder und Dank an Gott sie wirklich in seine Gegenwart bringen. Sie sagte außerdem, dass für sie zu einem idealen Gottesdienst „ein paar fetzige Lieder gehören würden, zu denen jeder einfach tanzen müsse, ein paar Anbetungslieder, bei denen jeder weinen müsste, und ein Geist der Anbetung, der dazu führt, dass man sich selbst vergisst und sich wirklich völlig auf Gott ausrichtet."

Für die meisten Sanguiniker gilt, dass Musik oder die Natur oder eine Kombination aus beidem ihre Gefühle ansprechen und sie in eine Haltung bringen, in der sie sich wirklich selbst vergessen und Gott anbeten können.

## Gebet

Das Gebet ist für Sanguiniker sehr wichtig. Wenn man gern redet, ist Gott der ideale Gesprächspartner, weil man so viel sagen kann, wie man möchte und alles, was man will, und er immer zuhört. Suzy Ryan sagt: **„Ich rede gern. Gott ist der Einzige, bei dem ich keine Schuldgefühle zu haben brauche, wenn ich zu viel rede. Das gehört ganz einfach zu meiner Persönlichkeit."**

Die Gebete von Sanguinikern passen in kein Schema. Vielleicht wirken ihre Gebete nicht so tiefgründig wie die anderer Menschen, aber sie sind wirklich ernst gemeint und kommen von Herzen. Julie Munos sagte dazu: „Ich habe das Beten von Freunden gelernt, die vor mir Christen wurden. Ich war beeindruckt von der Art, wie sie einfach mit Gott redeten, so als säße er wie ein guter Freund direkt neben ihnen. Inzwischen weiß ich, dass er hier ist und dass er auch mein bester Freund ist." Peg Hueber sagte: „Ich kuschele mich oft in meinen blauen Lieblingssessel, und dann habe ich das Gefühl, als ob ich bei Gott auf dem Schoß sitze und es richtig gut bei ihm habe!"

Einer der durchgängigen Kommentare von Sanguinikern in Bezug auf ihr Gebetsleben lautet, dass sie „ständig" beten. Sanguiniker nehmen sich die biblische Lehre aus 1. Thessalonicher 5,17 zu Herzen, wo es heißt: „Betet ohne Unterlass." Sie haben nicht so sehr festgelegte, regelmäßige Gebetszeiten, sondern sind eher den ganzen Tag lang mit Gott im Gespräch. Sie können im Auto beten, unter der Dusche, im Bett, eigentlich überall.

Vickey Banks sagt: „Meiner sanguinischen Veranlagung gemäß bete ich sehr vielfältig. Meine Gebete sind lang oder kurz, tiefgründig oder hastig. Ich bete beim Fahren, Zuhören, im Knien, Liegen und sogar während ich rede." Evelyn Jimenez bemerkt dazu: „Ich betrachte das Gespräch mit Gott recht locker. Ich rede im Laufe des Tages mit ihm, wie ich auch mit einem Freund oder einer Freundin reden würde. Es fällt mir viel leichter, als in einer festen Gebetszeit mit ihm zu reden." Pam Bianco hat einen ganz ähnlichen Ansatz wie Evelyn. „Ich bin ständig im Gespräch mit Gott, jeden Tag. Ich habe kürzere ‚offizielle' Gebete, verbringe aber im Laufe des Tages viel Zeit im Gebet." Evelyn Davison sagt: „Ich bin eine Gesprächsbeterin, rede und höre den ganzen Tag."

## Zuhören

Sanguiniker haben zwar keine Probleme, mit Gott zu reden, aber wie in allen ihren Beziehungen müssen sie auch hier am Zuhören arbeiten. In der Bibel steht das Wort „hören" oder „zuhören" über vierhundert Mal, es muss also wichtig für uns sein. In Jakobus 1,19 a steht: „Seid immer sofort bereit, jemandem zuzuhören; aber überlegt genau, bevor ihr selbst redet" (Hfa).

Das Zuhören ist für uns Sanguiniker keine typische, natürliche Eigenschaft, sondern wir müssen es lernen, und dann können wir sehr davon profitieren. Terri Geary sagt: „Ich rede den ganzen Tag mit Gott, besonders gern beim Autofahren. Es gibt auch immer noch die ‚stille Zeit', die ich einplane, und in der ich dafür sorge, dass ich wirklich zuhöre. Aber dazu muss ich mich regelrecht erziehen, weil ich unbedingt hören möchte, was er mir sagen will. Im Laufe der Zeit bin ich darin schon sehr viel besser geworden, und manchmal kann ich es kaum aushalten, meine stille Zeit zu versäumen, weil ich einfach wissen muss, dass er bei mir ist."

Auch Peg Hueber lernt das Zuhören. Sie sagt: „Manchmal mache ich einen Spaziergang und genieße Gottes Gegenwart, wenn ich die Schönheit seiner Schöpfung sehe. Jesus lehrt mich, innezuhalten. Dann höre ich auf zu denken und versuche, nichts zu tun außer zuzuhören, damit ich seine leise Stimme hören kann."

Barbara Lovett hat uns von ihrem Kampf mit dem Zuhören berichtet: „Es ist schon seit eh und je mein Problem, dass ich zu viel rede. Schon in meinem ersten Schulzeugnis bezog sich die erste Bemerkung darauf: ‚Barbara ist eine gute Schülerin, aber sie redet zu viel.' Wie geduldig Gott doch mit mir ist! Einmal war ich in einer Gruppe, in der beschlossen wurde, dass man als Gebet an dem Tag eine halbe Stunde einfach still sein und auf Gott hören wollte (eine Idee, die mit Sicherheit nicht von einer Sanguinikerin kam!). Während ich da saß, fing ich an, Gott zu erzählen, was mir so in den Sinn kam. Dann erinnerte ich mich wieder: ‚Ach nein, wir sollen ja auf Gott hören.' Also nahm ich wieder die Zügel in die Hand und versuchte es noch einmal. Als ich nach etwa fünf Minuten innerlich etwas ruhiger geworden war, sagte Gott zu mir: ‚Barbara, ich liebe dich!' Wow, dafür hatte es sich ja wirklich gelohnt, still zu werden. Und noch einmal sagte Gott: ‚Barbara, ich liebe dich.'

Still zu werden kann sich wirklich lohnen. In den 30 Minuten damals habe ich entdeckt, dass Gottes Liebe mich motivierte, ihm auch weiterhin zuzuhören. Wir können auch andere durch unsere Liebe motivieren. Damals war ich in einer Situation, in der ich mir wünschte, dass jemand etwas Bestimmtes tun sollte, aber nicht sicher war, wie ich diese Person dazu motivieren sollte. Gottes Botschaft war, dass ich diese Person einfach jetzt lieben sollte; nur Liebe kann motivieren."

Die meisten Sanguiniker müssen das Zuhören wirklich lernen und einüben. Aber manchmal wollen wir auch gar nicht zuhören. Dianne McClintock hat uns klargemacht, dass wir Sanguiniker es manchmal auch bewusst vermeiden, auf Gott zu hören, weil wir nicht hören wollen, was er uns zu sagen hat. „Ich rede immer mit Gott, den ganzen Tag, ganz locker und frei. Ich weiß, dass ich auch zuhören sollte, aber manchmal *möchte* ich gar nicht hören, was er mir sagen will. Ich denke dann, dass ich es sowieso schon weiß. Wenn er mich irgendeiner Sache oder Haltung überführt, dann blende ich seine Stimme oft aus."

## Fokus und Frustration

Die meisten Sanguiniker haben eine eher lockere, kaum von über-
lieferten Formen geprägte Beziehung zu Gott. Manche haben es
jedoch gelernt, die Disziplin aufzubringen, täglich in der Bibel zu
lesen, auf Gott zu hören und zu beten. Im Vergleich mit der Art,
wie Melancholiker stille Zeit halten, hat das vielleicht ganz und
gar nichts „Regelmäßiges", aber für den Sanguiniker ist es eine
große Leistung.

Vickey Banks, die sich in ihren Angaben auf dem Fragebogen
als „die scheinbar dusselige Sanguinikerin" bezeichnete, sagt,
dass sie oft auf einen wöchentlichen Gebetsrhythmus zurück-
greift, um dafür zu sorgen, dass sie wirklich für alles betet, wofür
sie beten will und soll: montags für die Arbeit mit den Verlobten
und jung Verheirateten in ihrer Gemeinde und für die wöchentliche Bibelstunde für Frauen. Dienstags für die unmittelbare
eigene Familie „also für meinen Mann und unsere beiden Kinder".
Mittwochs für Mitarbeiter und Leiter auf der ganzen Welt. Don-
nerstags dankt Vickey Gott ausschließlich, und Freitag ist der Tag,
an dem sie für Familie und Freunde betet. Sie sagt: „Mir ist sehr
bewusst, dass die Bitte eines Menschen, für ihn zu beten, bei mir
zum einen Ohr hinein- und zum anderen wieder hinausgeht, wenn
ich es nicht sofort aufschreibe und mich an meinen Plan halte.
Auch wenn ich wirklich die besten Absichten habe, verblasst mein
Durchhaltevermögen sehr schnell. Ich kämpfe gegen diesen
Aspekt meiner Persönlichkeit wirklich heftig an."

Vickey beschreibt ihr Unvermögen, sich länger auf eine Sache
zu konzentrieren, als etwas, wogegen sie ständig kämpft und
woran sie arbeiten muss. Das ist bei fast allen Sanguinikern so. Ihr
Mangel an Disziplin und Konzentration ist frustrierend. Janet
Simcic sagt: **„Wir Sanguiniker sind ständig
frustriert, weil wir uns mit den disziplinierten Cholerikern und Melancholikern
in unserem Umfeld vergleichen – neben
denen wir in der Regel ziemlich schlecht
aussehen. Mich persönlich tröstet, dass
Gott ja auch Petrus gebrauchen konnte,
also besteht definitiv auch für mich Hoff-**

**nung. Auf der anderen Seite ist tröstlich, dass mich all meine ‚ernsthaften und disziplinierten' Freunde anrufen, wenn sie mal lachen und Spaß haben wollen.“**

Leslie Catron erzählte: „Meine Zeit mit Gott ist mir vom Verstand her schon wichtig und so nebenbei auch kein Problem, aber die Disziplin einer täglichen Gebetszeit macht mir schon Probleme. Bibellesen ist nicht so schwer, weil es auch bedeutet, neue Informationen zu finden, Hilfe und auch Weisheit fürs Leben.“

## Schuld und Gnade

Sanguiniker neigen dazu, auf Veranstaltungen, bei denen sie emotional angesprochen werden, ihr Leben neu Jesus zu übergeben. Marion Grace Bower aus Neuseeland machte dazu folgende Anmerkungen: „Als Kind war ich im Sommer immer im Ferienlager und fing dort jedes Mal wieder ganz neu mit dem Bibellesen und regelmäßigen Beten an. Ich stellte aber auch immer wieder fest, dass ich nicht lange dabei blieb. Jahrelang habe ich mich deshalb fertig gemacht und mich wie ein Versager gefühlt. Deshalb ermutige ich heute Menschen dazu, einfach immer wieder ganz neu anzufangen und es eben so gut zu machen, wie sie können. Es liegt nicht an mangelndem Interesse oder fehlender Zielstrebigkeit, aber für einen Sanguiniker ist es einfach schwieriger, etwas ganz regelmäßig zu tun.“

Was Marion hier erzählt, gilt für viele Sanguiniker. Sie empfinden die Tatsache, dass sie Entschlüsse immer wieder neu fassen müssen, als Zeichen dafür, dass sie als Christen nicht gut genug sind. Terri Geary sagte dazu: „Ich habe auf Veranstaltungen, die mich gefühlsmäßig berührt haben, mein Leben immer wieder neu an Jesus ausgeliefert. Ich bin jetzt über diesen Punkt hinaus, an dem das nicht mehr gut war, aber manchmal neige ich immer noch zu dem Gedanken, dass Gottes Liebe an Bedingungen geknüpft ist – manchmal jedenfalls.“

Genau wie Terri haben manche Sanguiniker mit ihrem wiederholten Versagen und Scheitern große Mühe. Aber die meisten wissen, dass Gott sie trotzdem liebt und lassen sich von solchen negativen Gefühlen nicht mehr über längere Zeit beirren. Linda Shepherd berichtete: „Ich glaube nicht, dass geistliches Versagen Sanguiniker daran hindern kann, es immer wieder zu versuchen. Denn für sie ist jeder Tag ein neuer Tag."

Wir haben herausgefunden, dass Sanguiniker den Grundsatz der „Gnade" relativ leicht annehmen können. Sie lassen sich gern von Gott vergeben und finden es gut, dass sie jeden Tag wieder ganz neu anfangen können. Sanguiniker mögen nicht gerne große Schuldlasten mit sich herumschleppen. Sie nehmen das Geschenk der Gnade gern an, so wie es in Römer 11,6 beschrieben wird: „Wenn das aber aus Gnade geschah, dann hatte es nichts mit eigenen Leistungen zu tun. Sonst wäre es ja keine Gnade."

Lory Garrett beschreibt das so: „Wir Sanguiniker nehmen Gott und seine Gnade vielleicht am ehesten beim Wort, wenn es um Schuld geht. Wir wissen nur zu gut, dass man sich die Erlösung nicht verdienen kann, weil sie ein Geschenk von Gott ist. Wenn wir uns also selbst dafür verurteilen, dass wir etwas nicht verdient haben, was man sich auch gar nicht verdienen kann, ist das ziemlich dumm und echte Zeitverschwendung. Warum dann nicht lieber einfach das Leben führen, zu dem er uns gedacht hat? Ich berufe mich auf das, was Paulus in 2. Korinther 12,9 sagt: ‚Verlass dich ganz auf meine Gnade. Denn gerade wenn du schwach bist, kann sich meine Kraft an dir besonders zeigen.' Ich bin also sehr froh, dass ich zu meiner Schwäche stehen und die Kraft von Christus in mir lebendig werden kann."

Lory benutzt zwar in ihrer Erklärung nicht das Wort Gnade, aber Armené Humber hat eine wunderbare Beschreibung ihres Versagens und Gottes Vergebung für dieses Versagen geschickt: „Gott hat mich von meiner Schuld befreit, als ich eines Tages völlig frustriert war über all meine gescheiterten guten Absichten. Ich konnte mich einfach nicht an den Stille-Zeit-Plan halten, den ich für mich selbst aufgestellt hatte. Es war wie so eine Art permanenter Neujahrsvorsatz, der immer genau 24 Stunden anhielt. Ich wollte mich morgens hinsetzen und stille Zeit halten, fand aber immer Millionen von Dingen, die gerade früh morgens unbedingt erledigt werden mussten. Ich versuchte es abends und schlief dann prompt nach zehn Versen ein. Ich erinnere mich noch gut, wie ich mich eines Tages beim Geschirrspülen wegen dieser Inkonsequenz selbst fertig machte. Was stimmte bei mir nicht? Interessierte ich mich nicht wirklich für Jesus? War ich nur faul? Ich konnte es einfach nicht durchhalten. Im Garten Gethsemane wäre ich wahrscheinlich eingeschlafen und hätte die gesamte Kreuzigung verpasst. Jesus konnte sich nicht auf mich verlassen ...

Und dann, mitten in diesen selbstquälerischen Gedanken, spürte ich, wie Gott mit einer Stimme zu mir sprach, mit der man ein Kind ablenkt, das sich elend fühlt: ‚Ich sag dir jetzt mal was. Wir machen es so: Du gehst einfach deinen Alltagstätigkeiten nach, hältst dabei aber die Ohren offen und hörst auf meine Stimme. Ich suche eine Zeit und einen Ort aus, wo wir uns treffen können, und wenn alles bereit ist, rufe ich dich. Das wird jeden Tag eine Überraschung. Wenn du meine Stimme hörst, kannst du mich treffen, und wir werden unsere ganz besondere Zeit miteinander haben.‘

**Plötzlich war die ganze Sache wie ein Spiel. Nie am selben Ort, nie zur selben Zeit. Jedenfalls ist der springende Punkt bei dieser Methode, dass Gott all diese ‚Eigentlich sollte ich aber...‘-Vorsätze von mir wegnahm, und statt ‚stille Zeit zu machen‘, erlebte ich jetzt Nähe und innige Vertrautheit, und mein Gehör wurde besser, das sich immer ein bisschen mehr daran gewöhnte, seine Stimme zu hören. All das war eine große Hilfe dabei zu lernen, dass Gott mich wirklich so annimmt, wie ich bin, und es hat mich gelehrt, dass ich mich so sehr auf ihn verlassen kann, dass er sogar die Übungen für mein geistliches Wachstum selbst entwirft.** Er ist so gut zu mir!“

# Bibelarbeit

Während wir Sanguiniker aus aller Welt befragten und die Frage-bögen von ihnen zurückbekamen, stellten wir fest, dass die San-guiniker, die eine regelmäßige stille Zeit haben, sie auf echt san-guinische Art halten. Der Zeitpunkt variiert, und oft versuchen sie es auch mit dem neusten Buch oder dem letzten Trend.

Evelyn Jimenez bestätigte diese Beobachtung mit der Aussage: „Manchmal schaffe ich es nicht, ein bestimmtes Buch, das ich gerade lese, zu Ende zu lesen, ohne irgendwann aufzuhören und lieber ein neues Buch anzufangen. Oder ich lese sogar zwei Bücher gleichzeitig und stelle fest, dass es ganz einfach ist, sie beide zur Seite zu legen, weil mir etwas Interessanteres über den Weg läuft." (Wir hoffen, dass Sie dieses Buch zu Ende lesen, zu-mindest aber den Abschnitt über Ihre eigene Persönlichkeits-struktur!)

Leslie Catron fügt noch hinzu: „Und lassen Sie bitte nicht weg, dass wir am liebsten Romane verschlingen." Für Marita gilt das auf jeden Fall. Sie gehört zu einem christlichen Buchklub, von dem sie monatlich vier christliche Romane zugeschickt bekommt. Normalerweise liest sie sie alle. Durch das Medium der ausge-dachten Geschichten, besonders der christlichen, werden wichtige Wahrheiten eingängig vermittelt. Solche christlichen Romane sind eine vorzügliche Möglichkeit, um Sanguinikerinnen etwas über Gott zu vermitteln.

## Die Sache mit dem Tagebuch

Tagebuchführen ist bei Sanguinikern nicht unbedingt beliebt, auch wenn sie oft selbst der Meinung sind, dass es hilfreich ist und sie es versuchen sollten. Allgemein zu beobachten ist jedoch, dass Sanguiniker, wenn überhaupt, eher sporadisch Tagebuch führen. Marilyn Hogan schrieb: „Tagebuch führen? Das habe ich mir jahrelang immer wieder auferlegt ... ich habe es versucht und ver-sucht und versucht, und dann habe ich mich gefragt: ‚Möchte ich wirklich, dass nach meinem Tod mal jemand meine Gedanken liest?' Hmmm, daran hatte ich noch gar nicht gedacht!"

Janet Simcic war mit einem typischen Problem der Sanguiniker konfrontiert, die versuchen, Tagebuch zu führen: „Ich habe versucht, meine Gebete aufzuschreiben, aber ich habe dauernd mein Notizbuch verlegt!"

Viele Sanguiniker versuchen, Tagebuch zu führen. Sie hören vielleicht in einem Vortrag etwas über die Vorteile dieses Verfahrens und gehen dann mit neuer Entschlossenheit nach Hause, was wiederum typisch ist für die sanguinische Persönlichkeit. Dianne McClintock hat festgestellt, dass das für ihr Leben jedenfalls zutrifft. Sie versuchte es immer wieder: „Wenn zu viel Zeit vergangen ist, fange ich ein neues Buch an, weil ich nicht mit diesen riesigen Lücken bei der Datierung leben kann. Zum Beispiel steht der erste Eintrag unter 2.1.1997, der zweite unter 5.1.1997 (das ist ja noch in Ordnung), aber der dritte ist dann schon auf 25.5.1997 datiert! Es nützt alles nichts: Ein neues Buch muss her."

Evelyn Jimenez fügt hinzu: „Und wenn man dann Tagebuch führt, muss es ein wunderschönes Buch sein, keine Zettelwirtschaft. Und wenn man es dann verlegt, nachdem man angefangen hat, verliert man das Interesse daran, weiterzumachen. Ich habe mehrere Tagebücher, die ich angefangen, aber nicht weitergeführt habe."

Wir erkennen also, dass die Sanguiniker, die Tagebuch führen, es eher in „Schüben" tun – oft dann, wenn sie etwas verarbeiten müssen oder in Zeiten, in denen Gott wirklich in ihrem Leben wirkt. Shauna Skye erzählte uns: „Wenn ich irgendeine geistliche Wahrheit erkenne oder ich plötzlich irgendetwas wirklich begriffen habe, dann habe ich den Impuls, es aufzuschreiben." Ähnlich sagt auch Sue Foster: „Ich schreibe nicht so oft etwas in mein Tagebuch, wie ich das eigentlich gern möchte. Wenn Gott mir eine neue Wahrheit zeigt, dann führe ich wie verrückt Tagebuch und schreibe Seite um Seite."

Armené Humber erinnert sich: „Ich hatte vergessen, dass ich mit dem Tagebuch angefangen hatte, weil ich so entmutigt war durch die gesetzliche Lehre, all diese ‚Du solltest aber', die mir die Luft zum Atmen nahmen. Meine erste Eintragung machte ich, nachdem ich schon drei Jahre lang Christ war, und es war ein einziger Schrei zu Gott, mich wieder dahin zu bringen, dass ich zu ihm kommen kann, wie ich bin. Ich war frustriert, dass ‚so wie ich bin‘ zwar für die Erlösung ausreichte, aber nicht für meine tägliche Verbindung zu ihm. Meine Tagebücher sind durchsetzt von meiner Sehnsucht zu erfahren, wer ich bin, und ganz neu zu entdecken, dass Gott mich wirklich annimmt, das, was damals bei der Erlösung so herrlich war."

Marita hat eine einzigartige Art, Tagebuch zu führen – sie tut es per E-Mail! Normalerweise kommt es dazu, wenn eine enge Freundin, die weiß, dass Marita irgendwelche Schwierigkeiten hat, ihr eine E-Mail schickt und fragt, wie es ihr geht. Wenn Marita sich dann an den Computer setzt, um zu antworten, fliegen ihre Finger nur so über die Tastatur! Es dauert gar nicht lange, und sie stellt fest, dass sie schon fünf engzeilig beschriebene Seiten fertig hat! Die Gedanken und Gefühle auf diese Weise auszuschütten, ist für sie eine Art Katharsis. Wenn sie sich die Zeit genommen hat, alles aufzuschreiben, schickt sie es nicht nur an die betreffende Freundin, sondern an alle persönlichen Freunde, die auf ihrer E-Mail-Liste stehen. Der Computer speichert das Schriftstück automatisch, so dass sie ihre Gedanken und ihre Entwicklung gut dokumentiert hat, und ihre Freunde sind über ihr Leben auf dem Laufenden. Nur ein Sanguiniker kommt auf die Idee, sein Tagebuch via Internet zu verschicken!

Manche Sanguiniker benutzen ihr Tagebuch, um Gefühle zu verarbeiten, um Aufzeichnungen über ihre Entwicklung zu haben oder um mit Gott in Verbindung zu kommen. Armené Humber sagt: „Ich habe vor langer, langer Zeit angefangen, Tagebuch zu schreiben, und es ist wirklich etwas ganz Besonderes für mich. Gott hat meinen Stift benutzt, und er setzt sich anscheinend jedes Mal mit mir in Verbindung, wenn ich etwas aufschreibe. Ich schreibe nur etwas auf, wenn mir danach ist, und es vergehen oft Monate, ohne dass ich etwas zu Papier bringe. Normalerweise schreibe ich nur eine Seite, es sei denn, ich muss ‚abladen‘. Ich schreibe in Form von Briefen, und ich fange an mit ‚Lieber Gott‘ oder ‚Vater im Himmel‘. Ich schütte ihm mein Herz aus, und wenn ich eine halbe Seite geschrieben habe, antwortet er mir meistens mit einer Bibelstelle, mit Ermutigung, indem er etwas hinterfragt, mir neue Gedanken gibt usw.

Diese Tagebücher sind inzwischen meine Grundlage für das

Schreiben meiner Andachtsbücher geworden. Sie dokumentieren meine geistliche Entwicklung, aber sie sind kein ‚Muss'. Etwas ganz Tolles am Streben der Sanguiniker nach geistlichem Wachstum ist die Freiheit, die sie in ihrer Beziehung zu Gott empfinden." Armené sagt weiter: „Es geht nicht so sehr um das ‚Eigentlich sollte ich aber ...' oder ‚Du musst aber endlich ...', sondern viel mehr um Beziehung und Nähe."

## *Trauma oder Krise*

Bei vielen Sanguinikern, die ihren natürlichen Hang zu Unbeständigkeit, zu fehlender Disziplin und Wechselhaftigkeit überwunden haben, lag das an Krisen oder Traumata, mit denen sie konfrontiert waren. Solche schwierigen Zeiten bringen Sanguiniker näher zu Gott.

Edie Veenstra erzählt: „Krisen und Traumata bringen mich näher zum Vater und haben nachhaltigen Einfluss auf mich. Denn so sehr ich auch davon überzeugt bin, dass ich's jetzt gepackt habe, merke ich doch, dass nur der himmlische Vater die Antwort hat. Ich weiß, er möchte, dass es klappt. Aber genau an dieser Stelle ist die Beziehung zu ihm auch so spannend. Es gibt immer viele Wege, ein Problem zu lösen. Und er hat mir dabei immer die kreativsten Möglichkeiten aufgezeigt. Er ist wunderbar."

Ida Rose Heckard bestätigt diesen Gedanken: „Traumata haben mich mit Sicherheit näher zu Gott gebracht. Meine Unfruchtbarkeit, der Tod meiner Schwiegermutter an Brustkrebs, die Geburt von Zwillingen, dass ich meinen Eierstockkrebs überlebt habe, eine Gemeindespaltung, Arbeitslosigkeit – all das hat mich Gott VIEL näher gebracht."

Sharon Merritt sagt: „Als ich die lange Krankheit und den Tod meiner Tochter durchlebte, stellte ich fest, dass ich Bilanz ziehen musste in Bezug auf meine Beziehung zu Jesus. Ich musste ihn entweder ganz aufgeben oder näher an ihn heranrücken. Und ich stellte fest, dass mein Glauben stärker wurde als je zuvor."

Und Sue Foster berichtet: „Ich habe festgestellt, dass eine Krise mich Gott immer näher bringt und ich etwas Neues daraus lerne. Im vergangenen Jahr habe ich mich ihm aber immer nah gefühlt und ich brauchte keine Krise, um mich an ihn zu wenden. Es ist wirklich ein herrliches Leben so." Judy Hampton hat uns von ernsthaften Schwierigkeiten in ihrem Leben erzählt, zu denen unter anderem die Drogensucht ihres Sohnes, finanzielle Probleme und die Suche nach einer neuen Arbeitsstelle gehörten. Sie sagte, dass die Verzweiflung darüber fast mehr war, als sie ertragen konnte. Irgendwann in dieser Zeit kam eine Freundin zu ihr und fragte sie: „Judy, wie viel Zeit verbringst du eigentlich mit Beten?" Judy berichtet: „Es war mir peinlich zu gestehen, dass mein Leben von meinen Gefühlen beherrscht war, was mich wiederum daran hinderte, überhaupt viel zu beten, in der Bibel zu lesen oder Gott irgendwie zu vertrauen. Meine liebe Freundin wies mich darauf hin, dass der Zustand meines Verstandes und meiner Gefühle die offensichtliche Folge von fehlendem Gebet waren. Ich dachte ein paar Tage lang über ihre Bemerkung nach und war ziemlich bald davon überzeugt, dass sie Recht hatte. Ich wusste, dass sich so manches in meinem Leben ändern musste.

Zuerst bat ich Gott dafür um Vergebung, dass ich versucht hatte, mein Leben selbst in die Hand zu nehmen und unabhängig von ihm zu sein. Dann fing ich an, Material zu sammeln, um mein Gebetsleben zu planen. Ich legte ein Gebetstagebuch an, in dem mein Gebet in verschiedene Bereiche aufgeteilt war, und ich fing an, ein stetiges und intensives Gebetsleben zu führen. Weil ich mich darauf einlassen wollte, Zeit mit Jesus zu verbringen, mussten sich meine Prioritäten ändern. Ich wusste, dass ich immer morgens als Erstes beten musste, weil sonst nichts daraus wurde. Ich fing an, für meine persönliche Bibelarbeit Andachtsbücher zu lesen. Wenn der Geist Gottes durch sein Wort zu mir sprach, schrieb ich es in mein Tagebuch. Welchen Trost mir das brachte! Ich beschloss, all meine Sünden aufzuschreiben. Was für eine Erleichterung, Gott um seine bedingungslose Vergebung zu bitten! Eine der Sünden war ein rebellischer Geist, der mir einredete, ich bräuchte kein Gebet. Ich fing an, meine Sorgen und meine Ängstlichkeit zu bekennen. Und schließlich begann ich, Jesus für alles zu danken (Phil 4,6). Ich war sogar in der Lage, ihm für unseren ‚verlorenen Sohn' zu danken.

Die Folgen waren fast unmittelbar zu merken. Unsere Situation hatte sich nicht verändert, aber ich veränderte mich. Ich wurde eine Wahrheitssucherin und keine Rechtsverteidigerin mehr. Gott begann, mich mit dem Frieden zu erfüllen, der höher ist als unsere Vernunft. Ich gelangte an den Punkt, an dem ich ehrlich sagen konnte: ‚Herr, wenn ich unseren Sohn auch vielleicht nie wieder sehe, weiß ich doch, dass du für alles sorgst und dass du alles im Griff hast. Ich entscheide mich dafür, deinem Wort zu vertrauen, in dem steht, dass du all meine Bedürfnisse ausfüllst durch deinen Reichtum.' Und ich wurde verwandelt."

Letztlich kam das Leben ihres Sohnes dadurch wieder in Ordnung, dass er sich Gott zuwandte, aber durch diese schwierige, schmerzliche Zeit entwickelte Judy eine gute Gewohnheit des Gebets, die seither anhält!

Armené erzählt: „Während der bisher schwersten Krise meines Lebens vor acht Jahren habe ich endlich herausgefunden, wie ich am besten mit Gott im Gespräch und in Verbindung bleibe. Bis dahin hatte ich einfach wahllos verschiedene Methoden versucht und wieder abgebrochen, wenn es nicht funktionierte. Wie Marita entdeckte auch ich die chronologische Tagesbibel, und es war dann, als ob ich jeden Morgen an meinen Briefkasten ginge, um Gottes Post an mich persönlich herauszuholen. Ich stellte mir einen Stille-Zeit-Korb zusammen, den ich überall hin mitnehmen konnte und in dem alles war, was ich brauchte, um mit Gott in Verbindung zu sein. Außer meiner chronologischen Bibel brauchte ich meine Studienbibel, ein paar Notizzettel, ein Andachtsbuch und eine Federmappe mit Stiften und Textmarkern sowie mein Tagebuch. Nachdem ich den besten Ablauf für mich gefunden hatte, bot dieser mir dabei eine gewisse Sicherheit. Um 5:30 Uhr stand ich auf, trank eine Tasse Kaffee und setzte mich in meinen Lehnstuhl, um meine ‚Post' zu öffnen. Es war eine unglaublich intensive Zeit. Inzwischen gehören auch noch hübsche Mappen zu meiner Ausrüstung, in die ich Zettel schiebe oder Themen aufschreibe, die vielleicht etwas hergeben könnten. Ich mache mir jetzt auch Notizen, weil Gott mir Erkenntnisse schenkt, von denen ich weiß, dass ich sie aufschreiben muss."

## Von Sanguiniker zu Sanguiniker

Wenn Sie eine Sanguinikerin sind, dann freuen Sie sich darüber, wie Gott Sie gemacht hat.

Laura Riley macht allen Sanguinikern durch ihre Geschichte Mut: „Ich bin schon als junge Erwachsene Christ geworden, aber es hat mir schon immer Mühe gemacht, meine Beziehung zu Gott kontinuierlich zu entwickeln und zu gestalten; das heißt, bis ich verstanden habe, nach welchem einzigartigen Plan Gott mich gestaltet hat – nämlich als Sanguinikerin. Bevor ich etwas von den unterschiedlichen Persönlichkeitsstrukturen wusste, die zu seiner Schöpfung gehören, habe ich Gott als sehr ernsten ‚Mach bloß keinen Unsinn'-Vatertyp betrachtet, der ganz bestimmt keinen Sinn für Spaß und Lachen oder Freundschaft hatte. **Ich konnte mir nicht vorstellen, wie es Spaß machen konnte, eine Beziehung zu ihm aufzubauen, und weil ich schrecklich gern Spaß habe, war ich sehr unstet, was die Zeit mit ihm anging. Für mich sind Strukturen nichts Natürliches, und ich dachte, dass ich Gott gar nicht erst begegne, wenn ich nicht jeden Tag zur selben Zeit und nach derselben Methode stille Zeit halte. Ich betrachtete die stille Zeit eher als Strafe denn als Vorrecht.** Als ich dann entdeckte, welcher Persönlichkeitstyp ich bin, war das, als ob eine Flasche entkorkt wurde. Was für eine Erleichterung ich empfand! Mir wurde klar, dass Gott mich besser kennt als jeder andere, weil er mich ja geschaffen hat. Er weiß, dass ich gern lache und Spaß habe. Er weiß, dass ich Aktivität brauche und die Aufmerksamkeit anderer. Er weiß auch, dass ich leicht abzulenken bin und dass die alltäglichen, ständigen Verpflichtungen mir schon unheimlich viel Disziplin abfordern. Aber als ich diese Tatsachen erst einmal verstanden und akzeptiert hatte, bekam ich ein besseres Verständnis von dem Gott, der mich geschaffen hat.

Ich betrachte ihn heute gleichzeitig als Freund und als Vater. Mein Gebetsleben und meine persönliche Beziehung zu ihm haben sich unglaublich entfaltet seit dem Tag, an dem ich die Sanguinikerin in mir entdeckt habe. Inzwischen genieße ich die Zeit mit Gott und bringe ihm wirklich alles im Gebet. Ich staune oft, wie schnell er meine Gebete erhört. Vielleicht liegt das daran, dass ich immer bedrückt und ängstlich gebetet habe, bevor ich wusste, wer ich als Christ bin; jetzt bete ich unglaublich erwartungsvoll.

Er schenkt mir ungeteilte Aufmerksamkeit, und zwar so lange ich es will – der Traum jedes Sanguinikers! Ich versuche nicht mehr, mich selbst in eine Form zu pressen, die mir gar nicht passt – beispielsweise indem ich jeden Tag um 6:00 Uhr morgens stille Zeit mache. Ich verbringe jeden Tag Zeit mit ihm – aber immer zu unterschiedlichen Tageszeiten.

Ich habe früher gedacht, dass ich meine Anliegen besonders schön formulieren und bestimmte Ausdrücke benutzen muss, wenn ich bete; und ich habe davon absolut nichts gehabt. Inzwischen rede ich mit Gott wie mit einem Freund oder einer Freundin – ich breite alle meine Gefühle vor ihm aus, stelle meine Fragen und warte auf seine Antworten. Einige meiner besten Gespräche mit Gott habe ich gegen Mitternacht geführt, im Schlafanzug auf dem Sofa, mit einer großen Tasse heißer Schokolade.

Meine Beziehung zu Gott ist inzwischen meine oberste Priorität – er ist wirklich mein bester Freund. Ich bin so dankbar, dass er mich als Sanguinikerin geschaffen hat, weil es mir so sehr gefällt, ihn kennen zu lernen!"


Wir haben herausgefunden, dass viele Sanguiniker so empfinden wie Laura. Wir ermutigen Sie zu erkunden, wie Gott Sie gedacht hat, und auf genau dieser Ebene und mit Ihren ganz speziellen Fähigkeiten mit ihm in Verbindung zu treten.

Menschen, die ebenfalls Sanguiniker sind, bieten vielleicht Hilfe auf der Suche nach einem geistlichen Leben, das zu Ihnen passt. Sue Foster rät: „Ich glaube, dass Gott uns liebt, egal, was passiert, und er ist jedes Mal begeistert, wenn wir Zeit mit ihm verbringen. Ich möchte andere Sanguiniker ermutigen, nicht aufzugeben. Letztlich läuft alles auf die Frage hinaus, was für Sie am wichtigsten ist. Aber haben Sie keine Schuldgefühle, nur weil Sie nicht so viele Stunden stille Zeit halten wie Melancholiker oder Phlegmatiker."

Unsere „scheinbar dusselige sanguinische" Freundin Vickey Banks schlägt vor: „Für mich hat sich viel in meiner Beziehung zu Gott geändert, seit ich in eine kleine Bibellesegruppe ging. Ich lernte, wie ich eine sinnvolle stille Zeit halten kann, und ich musste dort Bibelstellen auswendig lernen. Ich erfuhr viel über Gott und es wurde für mich gebetet. Die Lektionen durchzuarbeiten erforderte ein gewisses Maß an Disziplin, und ich musste lernen, mit meiner Zeit weise umzugehen. Ich bekam dadurch mehr Hunger nach Gott und seinem Wort. Ob es wertvoll für mich war? Unglaublich wertvoll. Ob ich es empfehlen würde? Wenn es nach mir ginge, würde ich es vorschreiben!"

Genau wie Vickey fand auch Marion Bower, dass nicht nur die Teilnahme wertvoll war, sondern dass die Leitung einer solchen Gruppe sie dazu zwang, das Wesentliche im Blick zu behalten und sich darauf zu konzentrieren. Sie sagt: „Sehr gut war die Zeit, als ich einen Hauskreis für Familien leitete. Wir fingen mit einem Abendessen an, zu dem jeder etwas mitbrachte, und die Kinder und Erwachsenen hatten Zeit, beim Essen miteinander zu reden und sich auszutauschen. Jeder brachte auch sein eigenes Geschirr und Besteck mit und wenn wir mit dem Essen fertig waren, wurde einfach alles so, wie es war, wieder eingepackt, damit wir keine Zeit mit Spülen vertun mussten. Die Kinder hatten ihr eigenes Programm, das jeweils von einem der Erwachsenen geleitet wurde. Auf diese Weise konnte die Erwachsenengruppe sofort und ohne weitere Ablenkung mit ihrer Bibelarbeit anfangen. Das war für alle eine großartige Lösung, ganz besonders aber für die Sanguiniker, die Partys lieben und Zeit brauchen, um sich zu unterhalten und die erst danach in der Lage sind, sich auf eine Bibelarbeit zu konzentrieren."

Auch Suzanne Lepkowski hat herausgefunden, was in ihrer Familie funktioniert: **„Ich glaube, der Schlüssel für eine Familie von Sanguinikern ist das MITMACHEN! Wenn wir uns nicht aktiv beteiligen können, macht eine Sache keinen Spaß und wird von einem Sanguiniker dann überhaupt nicht oder nur selten getan."**

Im Allgemeinen lautet der Rat, den Sanguiniker Sanguinikern

geben, die nach einem geistlichen Leben suchen: „Macht Schluss mit Schuldgefühlen und fangt einfach an, auch wenn es nur fünf Minuten am Tag sind. Schließt euch einer Gruppe an, um bei der Sache zu bleiben."

## *Eine Erinnerung an andere Persönlichkeitstypen*

Im vorhergehenden Abschnitt haben wir Sanguinikern Mut gemacht, nach einem geistlichen Leben zu suchen, das ihnen entspricht. Wir hoffen, Sie erkennen, dass Gott Sie so gemacht hat, wie Sie sind, und dass Sie in Ihren Gefühlen der Unzulänglichkeit und des Versagens nicht allein sind. Wir hoffen, dass Sie ermutigt worden sind, bestätigt und herausgefordert zu einer intensiven, persönlichen Beziehung zu Gott, die für Sanguiniker praktikabel und unverkrampft ist.

Wenn Sie jedoch diesen Abschnitt gelesen haben und kein Sanguiniker sind, hoffen wir, dass Sie erkannt haben, wie Sanguiniker die Verbindung zu Gott suchen und gestalten, wie sich ihre Methode von Ihrer eigenen unterscheiden kann und dass sie trotzdem völlig in Ordnung ist. Das ist besonders wichtig zu verstehen, damit nicht dadurch, dass Sie nur das Beste wollen, ein Sanguiniker in eine Form gepresst wird, die ihm gar nicht passt – und vielleicht ganz vom Glauben abfällt.

Die folgende Geschichte, die uns Sue Roberts erzählte, veranschaulicht sehr gut, warum das Verstehen und Akzeptieren der unterschiedlichen Wege zum persönlichen geistlichen Leben so wichtig ist.

„Ich bin katholisch erzogen worden, und zwar in einer meiner Empfindung nach sehr melancholischen Gemeinde – ohne viel Spaß. Auch unsere drei Söhne haben wir katholisch erzogen, und der sanguinische von ihnen sagte mit 17: ‚Mir reichts!' und trat in eine der riesigen Gemeinden in der Stadt ein, die tolle Musik, verschiedene aktive Gruppen, Reisen, Partys und alles Mögliche andere zu bieten hatten. Nachdem er offiziell in die Gemeinde aufgenommen worden war und sich hatte taufen lassen, trat unser Sohn in den Chor dort ein, weil der Chor eine große Tournee durch

Israel plante – und das, obwohl er gar nicht singen konnte. Er sparte ein ganzes Jahr lang dafür, reiste zu Weihnachten nach Israel und sang (ohne Ton) am Weihnachtsmorgen in der Geburtskirche. In der Osterzeit beteiligte er sich an der professionellen Osteraufführung der Gemeinde und wurde als einer der zwölf Jünger ausgesucht. Außerdem gehörte er zum Video-Team.

Kurze Zeit später fiel er bei einem der Gemeindeleiter in Ungnade, zum Teil wegen seiner sanguinischen Eigenschaften, nämlich laut zu sein, ohne viel Ausdauer und Durchhaltevermögen an den Tag zu legen, aber auch, weil er sich geistlich nicht so entwickelte, wie man es von ihm erwartet hatte. Die Folge war, dass er aus der Gemeinde austrat und seit Jahren um jede Kirche einen großen Bogen macht. Wir sind darüber alle sehr traurig, aber ich bin dankbar, dass ich etwas über die unterschiedlichen Temperamente weiß, denn es ist mir eine große Hilfe dabei zu verstehen, was schief gegangen ist."

**Es ist gut zu wissen, welches Temperament die Menschen in unserem Umfeld haben, denn das kann uns helfen, ihnen immer wieder Mut zu machen, sich so zu entwickeln, wie Gott sie geschaffen hat, statt sie in irgendwelche vorgefertigten Vorstellungen davon zu pressen, wie ein Christ aussehen, handeln oder sich anhören sollte.** Auch wenn wir als Typen alle recht unterschiedlich sind, können wir alle ein Herz für Gott haben.

Marilyn Hogan macht allen Sanguinikern Mut: „Ich glaube, für viele ist es schon ermutigend zu wissen, dass sie keine einsamen Streiter sind – völlig allein mit diesen Wesenszügen – und dass sie auch als Gläubige nicht minderwertig sind."

Und für die ernsthafteren Persönlichkeitstypen kommt unser sanguinischer Rat aus Psalm 51,14: „Schenk mir Freude über deine Rettung." Verherrlichen Sie Gott und freuen Sie sich an ihm!

# Kapitel 6

# Der Choleriker

*Alles, was ich bin, bin ich allein durch Gottes vergebende Gnade.
Und seine Gnade hat er mir nicht vergeblich geschenkt. Ich habe
mich mehr als alle anderen eingesetzt, aber das war nicht meine
Leistung, sondern Gott selbst hat dieses in seiner Gnade bewirkt.*

1. Korinther 15,10

## Gott ... tu doch was! Hier bin ich, ich helfe dir!

Bei jedem Persönlichkeitstyp kommen die natürlichen Wesensmerkmale besonders in der Beziehung zu Gott zum Ausdruck.
Wenn wir uns noch einmal die in Kapitel 4 aufgezählten Merkmale der Choleriker ansehen, erkennen wir, dass sie unabhängig
und autark sind, dass sie Selbstvertrauen ausstrahlen und irgendwie alles im Griff haben und regeln können. Gepaart mit diesen
Stärken sind folgende Schwächen: Choleriker wissen immer alles
ganz genau, können alles besser und sind zu unabhängig.

Wenn man all diese Merkmale zusammen nimmt, ist eigentlich
leicht zu verstehen, warum „Kontrolle" einer der Hauptwesens-
züge von Choleriker ist.

Einige weitere Stärken, die bei der Suche von Cholerikern nach
ihrem persönlichen geistlichen Leben immer wieder zu Tage treten, sind: dass sie geborene Leiter sind, dynamisch und aktiv, und
dass sie das Bedürfnis haben, Fehler zu korrigieren. Die entsprechenden Schwächen sind: Sie glauben, dass der Zweck die Mittel
heiligt, und es fällt ihnen schwer, sich auch mal zu entspannen.
Diese Kombination von Merkmalen führt dazu, dass ihre geistliche Seite sehr auf das „Machen und Tun" ausgerichtet ist.

Zusätzlich sind Choleriker als Menschen bekannt, die ausgesprochen zielorientiert sind. Sie können gut organisieren, und es
fällt ihnen nicht schwer, das Gesamtbild im Blick zu behalten.

Deshalb sind Ziele für Choleriker überaus wichtig, auch auf der Suche nach einem zu ihnen passenden geistlichen Leben. Wenn Sie an Choleriker und ihr geistliches Leben denken, sollten Sie sich drei Begriffe merken: *Kontrolle, Aktion, Ziele.*

## *Kontrolle*

**Die Tatsache, dass Gott souverän ist, macht dem Choleriker doch ziemlich zu schaffen. Souveränität bedeutet ja, dass Gott über alles die Kontrolle hat. Die meisten Choleriker möchten jedoch lieber selbst das Steuer in der Hand behalten. Wir Choleriker sind der Meinung, dass andere grundsätzlich Aufgaben nicht so gut erledigen können wie wir.**

Bettys Ungeduld, wenn etwas sich nicht schnell genug verändert – wenn Gott nicht schnell genug handelt –, führt dazu, dass sie mit einiger Wahrscheinlichkeit eingreift und die Sache selbst in die Hand nimmt. Sie würde zu gern glauben, dass ihre Familie wegen ihrer Zielstrebigkeit, ihrer harten Arbeit und ihrer Selbstkontrolle so gut dasteht. Wenn man zu diesen Tendenzen dann noch das normale Verantwortungsgefühl von Müttern gegenüber ihren Töchtern hinzufügt, ist vielleicht ein bisschen besser zu verstehen, warum es Betty solche Mühe machte, Kristi loszulassen und sie Gott anzuvertrauen (wie in Kapitel 1 erwähnt).

Sie hat herausgefunden, dass die Bereiche, in denen Jesus ständig an ihr arbeitet, Kontrolle, Geduld und Vertrauen sind. Wie bei den meisten Cholerikern lautet Bettys Lebensmotto in etwa: „Steh nicht nur herum, sondern tu was, und zwar sofort!"

Judy sagt über ihren cholerischen Mann: „Die Welt dreht sich um seine Leitungsfunktion am Arbeitsplatz und zu Hause. Loszulassen und alles Gott zu überlassen ist für ihn ein schwer zu fassendes Prinzip. ‚Loslassen' gehört nicht zum Wortschatz von Cholerikern."

Jason Wrench hatte ein interessantes Erlebnis, das ihn als Choleriker lehrte, Jesus zu vertrauen und das eigene Kontrollbedürfnis beiseite zu lassen. Das war, als seine Eltern ihn als Teenager für eine christliche Freizeit anmeldeten. Er berichtet: „Ich war nicht besonders begeistert von dieser Idee, denn ich wusste nicht viel über die Organisation, die die Sache veranstaltete. Schließlich stimmte ich aber doch zu, wenn auch ein bisschen zögerlich – allerdings unter der Bedingung, dass ich jederzeit nach Hause gehen konnte, wenn ich merkte, dass die Veranstaltung nichts für mich war.

An einem Mittwochmorgen reiste ich dort an und setzte bei meiner Ankunft sofort all meine Abwehrmechanismen in Betrieb. Zum ersten Mal in meinem Leben hatte ich es mit einer Gruppe zu tun, in der ich keinen Menschen kannte. Ich fühlte mich so entsetzlich ausgeliefert und ohne Kontrolle. Nachdem alle in das Gebäude gegangen waren, nahm uns der Leiter der Rüstzeit als Erstes unsere Uhren ab. Manche Leute verstehen nicht, warum ich diese panische Angst hatte, meine Uhr zu verlieren, aber so war es eben. Für mich stand meine Uhr für alles, was stabil und organisiert war in meinem Leben. Ich hatte das Gefühl, alles ertragen zu können, wenn ich nur wusste, wie lange. Nachdem ich sehr zögernd meine Uhr in eine Papiertüte gesteckt und in großen Buchstaben meinen Namen darauf geschrieben hatte, überreichte ich sie dem Leiter beinahe unter Tränen.

Nach unserem ersten Gruppentreffen fand ich in meinem Zimmer ein handgeknüpftes Armband vor mit einem Zettel, auf dem stand: „Ich weiß, dass du deine Uhr verloren hast; trag doch stattdessen diese schicke Swatch!" Sie war ganz bunt und da, wo das Uhrgehäuse hätte sein sollen, war ein großer runder Button mit der Aufschrift: VERTRAUE JESUS!

Im Laufe des Wochenendes lernte ich, dass ich all meine Themen, die mit Kontrolle zu tun hatten, beiseite lassen und mich wirklich auf Jesus verlassen konnte. Ich musste den Leuten von der Rüstzeit vertrauen, dass ich immer zur rechten Zeit da war, wo ich sein sollte. Ich musste auch lernen, Jesus bei etlichen anderen Themen in meinem Leben zu vertrauen. Wer hätte gedacht, dass sich mein Leben so sehr verändern würde, nur einfach dadurch, dass ich mich für ein einziges Wochenende von meiner Uhr trennte. Aber genau so war es!"

Viele Choleriker überlassen Gott erst dann die Kontrolle über ihr Leben, wenn sie selbst gescheitert sind. Dianne McClintock erzählte uns, was sie erlebte: „Ich hatte eine echte Chance, Gottes Wirken in meinem Leben zu sehen, als ich am Ende meiner Weisheit und Bemühungen war, was Beziehungen zu Männern anging. Ich war von einem Mann zum nächsten gewechselt, und ich hatte immer versucht, sie in Ordnung zu bringen, sie richtig zu machen, damit aus ihnen die Männer würden, bei denen Gott endlich zustimmen konnte. Das funktionierte natürlich nie, und das Ende der Beziehung zu meinem letzten Freund war wirklich furchtbar. Mir fiel plötzlich die Tatsache auf, dass ich im Grunde immer wieder den gleichen Männertyp anzog. Ich gehörte zu einer Gemeinde, ging in Gottesdienste und andere Veranstaltungen dort und versuchte Gott näher zu kommen, während ich zwischen den Veranstaltungen in Sünde lebte.

Nach dieser besagten letzten Episode kapitulierte ich, bekannte meine Sünde und sagte Gott, dass von nun an sein Wille in meinem Leben geschehen möge. Außerdem bat ich Gott, keinen Mann mehr in mein Leben zu lassen als den einen, den er für mich vorgesehen hatte. Innerhalb des nächsten Monats zeigte er mir den Mann, den ich einmal heiraten sollte – er gehörte zu meiner Gemeinde, und ich kannte ihn schon fast ein Jahr, fühlte mich aber nicht besonders zu ihm hingezogen. Wir sind jetzt seit fünf Jahren verheiratet, und ich muss sagen, dass es die besten fünf Jahre meines Lebens waren und dass es immer noch besser wird. Mein Mann wird gerade für die Stellung eines stellvertretenden Pastors in unserer Gemeinde ausgebildet (und hat ziemlich wenig gemeinsam mit den Typen, hinter denen ich früher her war!)."

Es fällt Cholerikern zwar schwer, Gott die Kontrolle zu überlassen, aber sie können es trotzdem lernen. Genau wie Isabelle Bishop und Kathie Butler betrachten es die meisten Choleriker jedoch als fortdauernden Prozess. Isabelle sagte:

„Ich bin eine ausgesprochen ausgeprägte Cholerikerin und habe die meisten Lebensbereiche voll unter Kontrolle. Doch vor kurzem musste ich einen sehr wichtigen Lebensbereich an Gott ausliefern. Es war das Schwierigste, was ich je tun musste.

Meine älteste Tochter (Elizabeth, 14) stammt aus meiner ersten Ehe. Schon seit sie ganz klein war, hat sie ihren Vater alle vierzehn Tage besucht. Inzwischen habe ich zwei weitere Kinder aus zweiter Ehe. Die Situation mit den beiden kleinen Geschwistern war für Elizabeth von Anfang an schwierig. Sie bekommt nicht mehr alle Aufmerksamkeit für sich allein. Am Muttertag dieses Jahr hat sie mir gesagt, dass sie zu ihrem Vater ziehen möchte. Ich war bestürzt. Ich habe mich erkundigt und erfahren, dass ich das verbieten kann, aber ich glaube nicht, dass sich Widerstand an dieser Stelle lohnen würde; also musste ich Elizabeth loslassen – musste sie an Gott abgeben und darauf vertrauen, dass die Werte, die ich ihr beigebracht habe, sie durch ihre Teenagerjahre tragen werden.

Eigentlich hätte ich liebend gern die Kontrolle über sie zurück. Ich versuche zu analysieren und zu planen, wie ich es richtig machen kann, aber ich kann gar nichts tun. Ich muss wirklich völlig die Kontrolle abgeben und Gott vertrauen, dass sie mich auch weiterhin lieben wird und dass auch unter diesen neuen Bedingungen etwas aus ihr wird. Es ist wie in der Geschichte von König Salomo und den beiden Frauen, die sich um ein Kind streiten. Statt mit anzusehen, wie das Kind zerrissen wurde, gab die echte Mutter ihr Kind her. Und genau so fühle ich mich. Mein Kind war viel zu lange so zerrissen, und ich hoffe nur, dass sie durch meine Entscheidung begreift, wie sehr ich sie liebe. Es ist wirklich schwer gewesen, mein Kind loszulassen – und damit die Kontrolle abzugeben."

Und Kathie Butler erzählt: „Sehr oft in meinem Leben habe ich gesagt, dass ich wirklich jeden Lebensbereich Gott unterstellt hätte – nur um mir im nächsten Augenblick alles bis zum letzten Rest wieder zurückzuholen. Das ist wie eine Fahrt in der Berg- und Talbahn. Was ich am allerschlechtesten abgeben kann, ist der Bereich der Beziehungen. Ich habe schon unzählige Diskussionen mit Gott gehabt und ihn gefragt, warum ich nicht so eine gute Freundschaft haben kann wie X mit Y oder eine so glückliche Ehe wie YX. Ich bin anscheinend so eine Art Katastrophen-Magnet; jede Beziehung, in die ich gerate, wird ein Desaster – und zwar in erster Linie deshalb, weil ich die Kontrolle übernehmen will. Ich bin zweimal verheiratet gewesen und wurde zweimal geschieden. Ich war mit mehreren Männern auch länger zusammen, aber anscheinend finde ich nicht den Richtigen.

In letzter Zeit macht mir meine biologische Uhr ziemlich zu schaffen. Ich bin gerade 38 Jahre alt geworden und zur Zeit habe ich keine Beziehung; es ist noch nicht einmal eine in Sicht. Ich hätte nicht gedacht, dass ich mal das Bedürfnis haben könnte, Mutter zu werden, aber seit etwa 2 Jahren habe ich den dringenden Wunsch nach einem Kind. An dem Wochenende, an dem ich Geburtstag hatte, bekam ich zwei Anrufe, beide von meinen Schwägerinnen (die beide jünger sind als ich), die mir beide mitteilten, dass sie schwanger seien und im Abstand von wenigen Wochen ihr Baby bekommen würden.

Obwohl ich mich für beide sehr freue und es auch sehr spannend finde, Tante zu werden, konnte ich mir nicht helfen und bemitleidete mich erst einmal kräftig. Ich saß in einem tiefen schwarzen Loch und war völlig untröstlich. Einige Freundinnen haben versucht, mir zu helfen, aber niemand schaffte es, mich aus diesem Stimmungstief herauszuholen. Schließlich sagte eine Freundin, die vom Typ her zu den Melancholikern gehört, dass dies wahrscheinlich der einzige Bereich meines Lebens sei, den ich noch immer nicht Gott ausgeliefert hatte.

Ungefähr einmal pro Woche muss sie mich daran erinnern, dass Gott für mich den richtigen Mann zur richtigen Zeit finden wird. Sie gab mir folgende Übung auf: Ich schließe die Augen und stelle mir vor, dass ich unten an einer Treppe stehe und eine Schachtel in der Hand halte. Ich soll mir vorstellen, dass das, was ich an Gott abgeben möchte, in der Schachtel ist, und dass Gott oben an der Treppe auf mich wartet. Ich gehe die Treppe hinauf, überreiche Gott die Schachtel, drehe mich um und gehe die Treppe wieder hinunter. Ich darf mich dann umdrehen und sehen, dass Gott meine Schachtel geöffnet und schon angefangen hat, sich um mein Anliegen zu kümmern (egal, was es ist). Mit dieser Vorstellung kann ich leben. Als Cholerikerin gefällt es mir zu wissen, dass sich um Dinge gekümmert wird, und zu wissen, dass ich das in die Wege geleitet habe."

Kathies Übung wäre bestimmt sehr hilfreich für alle Choleriker, die Probleme mit dem Loslassen von Kontrolle haben. Ein guter Vers zum Auswendiglernen oder zum Anpinnen an den Spiegel im Bad oder irgendwo im Auto lautet: „Du, Herr, besitzt Größe, Kraft, Ruhm, Glanz und Majestät. Alles, was im Himmel und auf der Erde lebt, ist dein. Du bist König, der höchste Herrscher über alles" (1. Chronik, 29,11).

## *Aktion*

Dem Sanguiniker fällt es relativ leicht, das Prinzip der Gnade für sich anzunehmen, der Choleriker fühlt sich eher zum Gedanken der Rechtfertigung hingezogen (Römer 6,14; 7,7).

Viele Choleriker betrachten Jakobus 2,20-26 als ihr Motto. Dort heißt es: „Wann endlich wirst du törichter Mensch einsehen, daß der Glaube nichts wert ist, wenn wir nicht auch tun, was Gott von uns will ... Ihr seht also: Wir werden nur dann von Gott angenommen, wenn unsere Taten beweisen, daß unser Glaube echt ist. Anders geht es nicht... So wie der Körper ohne den Geist tot ist, so ist auch der Glaube tot, wenn er ohne praktisches Handeln bleibt."

Die meisten Menschen, die sich an Demonstrationen, Unterschriftenaktionen und Protestmärschen beteiligen, sind entweder selbst Choleriker oder sie sind von überzeugenden, engagierten Cholerikern dazu motiviert worden, sich zu engagieren. Choleriker fühlen sich dazu berufen, sich für Gerechtigkeit und soziale Verantwortung einzusetzen.

### *Werke*

Marita hatte einmal eine Mitarbeiterin, die sich aktiv gegen Abtreibung einsetzte. Sie bedrängte die Referenten unserer Arbeit, in deren Vorträgen es um gesellschaftliche Belange ging, dieses Thema unbedingt anzusprechen. Sie war richtig sauer, als Marita beim Versand unserer Arbeitsmaterialien nicht noch einmal alle Sendungen neu packen ließ, um jedem Brief, der unser Büro verließ, Anti-Abtreibungs-Pamphlete beizufügen.

Es gibt zahlreiche christliche Organisationen, deren Auftrag die Aktion ist. Sie existieren, um Veränderung zu bewirken und Leute dazu zu bewegen, sich mit gesellschaftlichen Anliegen zu befassen. *Focus on the Family* ist eine solche Organisation, auch wenn sie ursprünglich nicht mit diesem konkreten Anliegen an den Start ging. In einem Artikel über James Dobson, den Begründer dieser

Arbeit, heißt es: „*Focus* ... ist außerdem Mittelpunkt einer Pro-Familien-Kultur, die eine Art Parallel-Universum zur vorherrschenden Kultur darstellt." In diesem Artikel wird Dobson eindeutig als Mann der Tat und als Choleriker dargestellt. Obwohl der Begriff nicht wörtlich verwendet wird, merkt man, wie sehr seine Aussagen die Wesensmerkmale eines Cholerikers widerspiegeln. In dem Artikel wird eine ehemalige Mitarbeiterin Dobsons zitiert, die über ihn sagt: „Er ist sehr überzeugt davon, dass er Recht hat." Das gilt für die meisten Choleriker. Um sich ganz auf eine Sache einlassen zu können, müssen sie wirklich und völlig davon überzeugt sein.

Zu diesem Thema befragt, sagt Dobson selbst: „Mich interessiert die moralische Haltung der Nation. Ich interessiere mich dafür, was richtig und was falsch, was Recht und was Unrecht ist. Ich bin zutiefst überzeugt, dass es die absolute Wahrheit gibt ... Ich werde gegen das Böse kämpfen, solange noch ein Funken Leben in mir ist ... Es macht mich ärgerlich, wenn Leute, die wissen, was richtig ist, Selbsterhaltung und Macht über moralische Grundsätze stellen. Das finde ich persönlich anstößiger als das, was Bill Clinton mit Mitarbeiter(inne)n des Weißen Hauses treibt. ... Es ist niemals falsch, das Richtige zu tun. Und man steht für das, was richtig ist, ob es nun strategisch geschickt ist oder nicht."*

Wenn wir diese Zitate zusammen nehmen, wird das Profil eines Mannes mit festen Überzeugungen deutlich, der sich entschlossen für seine Ziele einsetzt – das Profil eines kraftvollen Cholerikers.

Jody Antrim schrieb uns: „Einer der wichtigsten Bereiche, durch den ich als Cholerikerin Gott erlebt habe, ist die Arbeit von *Habitat for Humanity*. Ein Haus zu bauen ist für einen Choleriker eine ganz konkrete Art, Gott zu dienen."

Nun ist Aktivität zwar ein bewundernswerter Zug, aber Gary Thomas gibt folgenden Rat: „Aktivisten müssen die Botschaft aus Habakuk 2,4 lernen, nämlich aus dem Glauben zu leben. Bestimmte Situationen oder Lebensumstände können uns in die Ver-

---

* Artikel von Michael J. Gerson, *U.S. News and World Report* (4. Mai, 1998), S. 20-29.

suchung führen, die Souveränität und Güte Gottes anzuzweifeln, aber wir sehen eben mit menschlichen Augen. Gott ist nicht blind für Ungerechtigkeit, und er ist auch nicht gleichgültig. Aktivisten müssen aufpassen, dass aus ihrer Fürbitte keine Vorwürfe werden. Weil es so viel Gleichgültigkeit und Trägheit auf der Welt gibt – selbst in der Kirche –, fühlen sich Aktivisten leicht isoliert und einsam. Wir sehen die Ungerechtigkeit, wir erleben mit, wie Böses als Gutes durchgeht, und es schmerzt uns zutiefst, aber wenn wir uns umsehen, scheint die Gemeinde Jesu zu schlafen. Das kann eine Isolation schaffen, die, wenn sie nicht relativiert wird, zu der Sichtweise führen kann, dass auch Gott ‚apathisch' ist. **Der Aktivist denkt: ‚Nicht nur die Gemeinde schläft, sondern Gott tut auch nichts.' Wenn wir glauben, dass wir uns mehr um Gerechtigkeit sorgen als Gott, dann täuschen wir uns und denken wie selbst ernannte Messiasse.** ‚Siehe, wer halsstarrig ist, der wird keine Ruhe in seinem Herzen haben, der Gerechte aber wird durch den Glauben leben.'"*

Soziale Verantwortung oder „Werke" sind nur ein Aspekt, in dem der aktive Zug von Cholerikern sich niederschlägt. Auch andere Aspekte der Suche von Cholerikern nach ihrem persönlichen geistlichen Stil spiegeln ihr Bedürfnis nach aktivem Handeln wider.

### Ziele

Ziele gehören zum cholerischen Naturell dazu. Jeff Russell sagt dazu:

„Ziele sind notwendig, weil sie die Grundlage für aktives Handeln bilden. Aber sie zerstören dieses Handeln wieder, zumindest behindern sie es erheblich, wenn man versucht, sie um jeden Preis zu erreichen oder durchzusetzen. Ich habe im Laufe der Jahre die unterschiedlichsten zielorientierten Methoden kennen gelernt und mich damit befasst. Noch heute sammle ich ‚Ziele' (ein schickes

---

* Gary Thomas, *Sacred Pathways* (Nashville, Thomas Nelson Publishers, 1996), S. 142f.

Etikett für Ideen, die mir plötzlich kommen und die ich gar nicht so schlecht finde) und stapele sie zu einem unüberwindlichen Haufen, der dann für ‚Erfolg' steht. Und darin liegt die Lüge, die Satan mir weismachen will, dass nämlich das Aufhäufen von Aufgaben ein lohnendes Unterfangen ist. Offen gesagt erlebe ich nichts als Ärger, wenn ich in diese Falle tappe (weil ich meine Ziele nicht erreiche), und Schuldgefühle (weil ich nicht der zielstrebige Leistungsmensch bin, der ich glaube sein zu müssen).

Dieser Bereich des Zielesetzens und Zieleverfolgens ist für mich schwieriger als jeder andere, weil darin die Falle besteht, in die ich am leichtesten tappe, und der Bereich, in dem ich mich am schwersten ändere. Meine Antwort auf dieses Dilemma besteht in sorgfältiger Zeitplanung, indem ich festsetze und einplane, wann und wie viel Zeit ich mit Gott verbringe. Gott kann nicht anerkennen und bestätigen, was nicht von ihm kommt. Das ist für einen Choleriker eine wirklich schwere Lektion! Wenn er dann aber eine Idee, eine Aufgabe, ein Projekt, einen Dienst von Gott zugeteilt bekommt, dann Achtung! Er wird nicht nur viel leisten, sondern er wird zum Segen, und zwar sowohl für alle an dem Dienst Beteiligten als auch für diejenigen, denen der Dienst gilt."

Ein großer Teil der cholerischen Persönlichkeit ist eingebettet in das, was er/sie tut oder leistet. Beverly berichtet: „Ich habe festgestellt, dass ich mit einem gewissen Maß an Organisation in meinem Gebetsleben besser zurechtkomme. Weil ich jeden Tag für eine ganze Reihe von Menschen bete, habe ich mir meine Liste mit Gebetsanliegen vom Computer etwas größer ausdrucken lassen und sie an der Wand gegenüber von meinem Bett aufgehängt. Wenn ich jetzt aufwache, bete ich gleich und dann auch tagsüber immer wieder. Ich glaube, das ist ziemlich zielorientiert (entspricht also der Neigung des Cholerikers), aber ich versuche, es als Gottes Ziel zu begreifen, das er durch mich zu erreichen versucht, und nicht als meines, für das ich nur noch um seinen Segen bitte."

**Das ist ein wesentlicher Punkt, vielleicht sogar der Hauptkampfplatz der Choleriker auf der Suche nach einem geistlichen Lebensstil: nämlich ganz sicher zu sein, dass ihre Ziele wirklich Gottes Ziele sind**

**und nicht ihre eigenen, unter die Gott so-
zusagen nur noch seine Unterschrift setzen soll.**

Mae hat uns folgende Geschichte erzählt, die deutlich macht,
wie sie auf eine sehr schmerzliche Art etwas über Ziele lernte:
„Ich habe mein Leben Jesus übergeben, weil ich sonst nichts und
niemanden hatte, an den ich mich wenden konnte. Ich lag im Krankenhaus und erwartete das Urteil des Arztes, und ich betete, dass
Gott das tat, was für die Kinder am besten war. Er wusste, dass
meine Kinder für mich das Wichtigste waren.

Das Urteil der Ärzte war positiv; ich würde wieder gesund werden. Ich dankte Gott ehrlich und von Herzen und machte mich an
das, was ich für den Sinn und Zweck meines Lebens hielt, nämlich
dafür zu sorgen, dass meine Kinder erfolgreich waren, und zwar
nach meinem Maßstab und Verständnis von Erfolg. Als Gottes
Rolle sah ich es lediglich zu entscheiden, ob ich leben oder sterben sollte.

Mein Streben und Trachten nach dem Erfolg meiner Kinder war
das alles andere verzehrende Ziel. Ich sorgte dafür, dass sie alle
nur denkbaren Chancen bekamen. Mein Leben war *machen, machen, machen,* die ganze Zeit und pausenlos. Neue Herausforderungen waren zu bestehen und neue Horizonte zu erkunden.

Meine cholerische Tochter war bereit, das alles mitzumachen
und strengte sich an. Aber mein phlegmatischer Sohn brachte
mich wirklich an den Rand des Selbstmordes. Er schien wild entschlossen, mir und meinem Ziel zu widerstehen. Mehr als einmal
suchte ich aus lauter Frust über den Kontrollverlust einen Psycho-
logen auf. Das Allerschrecklichste war, dass sich sein Widerstand
auf den Bereich beschränkte, indem er unbedingt Erfolg haben
sollte, nämlich die Schule! Dieses Kind war in der Lage, mühelos
fast jedes Thema und jedes Wissens- und Lerngebiet zu meistern,
war die freundlichste und toleranteste Person im Haus. Er schien
meine Bestechungsversuche gar nicht zu bemerken, ebenso wenig
wie meine Belohnungen, Drohungen, meinen Zorn oder die Stra-
fen. Was ich auch tat, es änderte nichts an seinem Notendurch-
schnitt.

Der Psychologe und ich waren mit unserem Latein am Ende,
und der Schulabschluss meines Sohnes war gefährdet. Wie ich es

schon getan hatte, als es um mein Leben ging, erlaubte ich Gott quasi als letzten Ausweg, einzugreifen und übergab ihm völlig die Kontrolle über die Angelegenheit. Gott kümmerte sich um den Schulabschluss – und darum, dass mein phlegmatischer Sohn zum Mann heranreifte. Er ist jetzt einer der zärtlichsten, hingebungsvollsten Väter, die ich kenne. Er ist eine Freude und ein Geschenk Gottes an mich. Er wird von seinen Geschwistern und Kollegen geachtet und geliebt. Er ist ein Mutmacher, einer, der andere aufbaut. Und er liebt Jesus. Ich glaube, das sind die Dinge, die Gott wichtig sind.

Ich freue mich so sehr darüber, dass mein Sohn unter Gottes Kontrolle steht, nicht unter meiner. Besonders glücklich bin ich darüber, dass mein Sohn heute auch beruflich Erfolg hat – und das alles dadurch, dass ich meine eigenen Ziele losgelassen und Gott erlaubt habe, die Kontrolle zu übernehmen. Ich erinnere mich immer wieder selbst an Markus 6,4-6: Da sagte Jesus: ‚Nirgendwo gilt ein Prophet weniger als in seiner Heimat, bei seinen Verwandten und in seiner eigenen Familie.‘ Weil die Menschen in Nazareth nicht an Jesus glaubten, konnte er dort nur wenigen Kranken helfen. Ihnen legte er die Hände auf, und sie wurden gesund. Er wunderte sich, daß ihn die meisten in ihrem Unglauben ablehnten.“

Gott wohnt in mir, und ich muss ihm die Kontrolle überlassen. Stellen Sie sich das doch nur mal vor! Gott hat die Sorge um mein Ziel übernommen. Oder war es sogar schon die ganze Zeit sein Ziel?

Evelyn Davison hat ähnliche Erfahrungen mit ihren Lebenszielen gemacht. Sie erzählt: „Im Laufe der Zeit hat Gott mir ein paar wertvolle Lektionen erteilt. Eine davon habe ich von Henry Blackaby: ‚Sei vorsichtig mit den Zielen, die du dir setzt, sie könnten dem im Weg stehen, was Jesus von dir will.‘ Als ich als Teenager mein Leben Jesus übergab, setzte ich mir als Ziel, einen perfekten Mann zu finden, perfekte Kinder zu bekommen und selbst ein Mensch zu sein, an dem die anderen sehen konnten, wie großartig Jesus ist. Nachdem ich viele Widrigkeiten erlebt hatte und heftig gestutzt worden war, bekam ich ein besseres Verständnis davon, wer ich bin und wer Jesus ist. Ich setzte mir realistischere Ziele. Bisher hatte ich nach dem Ziel gelebt: Arbeite schwer;

arbeite schwerer – und dann setzte ich ein neues Ziel: diene, diene, diene.

**Jahrelang habe ich geglaubt, dass meine Familie und auch andere in Bezug auf ihre geistliche Entwicklung völlig auf mich angewiesen wären. Ich machte mich für sie zum ‚heiligen Geist Junior‘. Durch viele Kämpfe und viel Kummer lehrte Jesus mich, dass ich nicht für die Resultate verantwortlich bin, sondern nur Vorbild und Beispiel sein soll.** Das veränderte mein Leben völlig, und ich änderte mein Ziel. Ich habe es mir in Holz geschnitzt und über meinen Schreibtisch gehängt. Es lautet: *Er und ich = wir!* Das ist zwar grammatikalisch erbärmlich, aber theologisch vom Feinsten.

Die meisten Choleriker glauben, dass die Welt ohne ihr Anschieben, Drängen und Mühen nicht funktionieren würde. Doch Gott ist souverän und hat einen Plan für jedes Leben. Er hat für das Leben meines Mannes einen anderen Plan als für meines. Mein Mann ist ebenfalls eine starke Persönlichkeit, aber ihm ist schon vor langer Zeit klar geworden, dass Gott mich auf manchen Gebieten mit besonderen Gaben ausgestattet hat, wo er nicht so begabt ist. Täglich betet er: ‚Herr, bitte mach mich wohlhabend, damit ich Evelyns Arbeit und all ihre verschiedenen Dienste finanzieren kann.‘ Wir haben nach 47 Ehejahren also Folgendes gelernt: *Er + ich = wir.* Das heißt, wir können ohne einander und ohne die mächtigste aller Personen, den Heiligen Geist, gar nichts ausrichten. Deshalb beginnt unser Tag mit folgendem Gebet: ‚Herr Jesus, danke für diesen Tag. So wie du mir diesen Tag gibst, gebe ich ihn dir zurück. Plane du unseren Tag. Wir bitten dich, uns eine Sicht zu geben und genug Lebenskraft, diesen Tag so zu leben, wie du ihn leben würdest.‘

Die kraftvolle Persönlichkeit eines Cholerikers ist für diejenigen Christen ein Geschenk, die unbedingt für das Reich Gottes sind – diejenigen, die wirklich verstehen, dass seine Macht größer ist und dass aller Dienst zu seiner Ehre und Herrlichkeit geschehen soll – zu niemandes sonst.“

Wir hoffen, dass Sie als Choleriker von denen lernen können, die hier ihre Geschichten erzählt haben. Ziele sind zwar ein natürlicher und wichtiger Teil der Persönlichkeit eines Cholerikers, aber es ist wichtig, dass unsere Ziele von Gott eingegeben sind und wir nicht unsere eigenen Pläne für unser Leben schmieden.

Ida Rose sagt: „Ich bin eigentlich sehr durch Ziele angetrieben und gesteuert, aber meine Ziele müssen dabei nicht unbedingt auch von Gott bestimmt sein. Zu meinen Zielen gehörte beispielsweise auch, meinen Uni-Abschluss zu machen und dann zu promovieren, aber bis vor zwei Jahren gab es geistliche Ziele für mich gar nicht oder sie waren extrem gesetzlich (zum Beispiel betete ich jeden Morgen über eine Stunde lang). Inzwischen stelle ich fest, dass ich Ziele habe wie beispielsweise ruhig zu bleiben, wenn mein vierjähriger Sohn seinen Müdigkeits- und Quengelanfall beim Abendessen bekommt. Mein oberstes Ziel ist zur Zeit, Gott besser kennen zu lernen. Ich habe auch immer noch andere Ziele – beispielsweise zehn Beiträge pro Jahr zu veröffentlichen –, aber ich bin dadurch nicht mehr annähernd so getrieben und sie sind dem höheren Ziel untergeordnet, Jesus zu lieben und ihm zu gehorchen."

**Choleriker fühlen sich wohl, wenn sie auf ein Ziel hin arbeiten. Auf Grund ihrer Ungeduld sind sie leicht versucht, jede Methode zu verwerfen, die ihnen nicht die schnelle Antwort bringt.**

Janet Allen ist eine Cholerikerin, ebenso wie ihr Mann Jack. Sie verwenden Zielsetzungen bei der Suche nach Antworten für ihr Leben. Sie erzählte uns: „Ziele sind sehr wesentlich für Choleriker. Selbst diejenigen von uns, die besonders unorganisiert sind, haben geistige To-Do-Listen, und es ist frustrierend für sie, wenn sie davon nichts ‚abarbeiten' können. Als cholerisches Ehepaar haben mein Mann und ich detaillierte schriftlich festgehaltene Ziele für unser Leben (in sieben Bereichen), und in regelmäßigen Abständen befragen wir uns gegenseitig, wo wir gerade stehen. Wir halten die Ziele jedes Jahr neu schriftlich fest, weil wir glauben, dass uns das dabei hilft, uns auf das Wichtige und Wesentliche zu konzentrieren und uns der Erfüllung unseres Lebenszwecks näher bringt.

Manchmal haben wir Gott Fristen gesetzt. Wenn wir im Gebet Gott bitten, eine bestimmte Frage in unserem Leben zu klären (beispielsweise ob wir eine andere Arbeitsstelle annehmen sollen, uns fortbilden oder umziehen sollen), dann haben wir manchmal gesagt: ‚Gott, wir brauchen ein sichtbares Zeichen für deinen Willen bis zu dem und dem Termin.' Und dann beten wir weiter für unser Anliegen. Gott hat in diesen Fällen fast immer erst kurz vor dem Termin geantwortet. Aber wir haben auch gelernt, dass Gott seinen eigenen Zeitplan hat. Er antwortet in der letzten Minute, um zu zeigen, dass er die Kontrolle hat."

Das Wichtige ist, nicht aufzugeben, bis man eine Art gefunden hat, die für einen selbst praktikabel ist. Aber irgendwo in diesem Prozess ist es auch von entscheidender Bedeutung, sich die Zeit zu nehmen, im Wort Gottes zu lesen.

Judy Hampton stellt fest: „Wenn ich wegen falscher Prioritäten nicht ‚zuerst nach dem Reich Gottes trachte', dann werde ich schon bald empfänglich und anfällig für Täuschungen und handle rein menschlich, statt jeden Tag von Gott meinen Sinn erneuern zu lassen. Weil Gott möchte, dass ich dem Bild seines Sohnes gleich werde (Röm 8,29), glaube ich, dass es vieles gibt, das ich loslassen muss. Meine Beziehung zu Jesus wird mit jedem Schritt, den ich mich weiterentwickle, stärker, und ich werde durch die Kraft des Heiligen Geistes gehorsamer gegenüber dem, was in der Bibel steht. Die Richtung meiner Beziehung (auf das Ziel zuzugehen) ist das Wichtige, nicht das Tempo. Regelmäßig Zeit mit Gott zu verbringen muss wichtiger sein als alles andere. Wenn ich das nicht tue, habe ich an den Folgen zu leiden. Es gibt einen Frieden, der höher ist als unsere Vernunft, und der schließt das Wissen ein, dass Jesus die Kontrolle hat. Er formt mich und verwandelt mich in das Bild seines Sohnes, und mein Alltag mit ihm ist ein echtes Privileg, weil es ein Geschenk ist, ihn zu kennen. Bibel lesen und Gebet sind für mich die Ausrüstung dafür, so zu leben, dass ich sein Kind genannt werden kann. Es tröstet mich sehr zu wissen, dass er mir auch dann vergibt, wenn ich es vermassele."

## Praktische Prozesse

Als Cholerikerin ist Betty aktionsorientiert und ungeduldig. Nur einfach dazusitzen und längere Zeit in der Bibel zu lesen, weil es das ist, „was gerade dran ist", macht sie hibbelig. Choleriker müssen für ihre persönliche Zeit mit Gott eine Methode finden, die zu messbaren Ergebnissen führt. Bettys intensiver Wunsch nach einer starken Beziehung zu Jesus hat ihr geholfen, so lange herumzuprobieren, bis sie verschiedene Methoden gefunden hatte, die ihr wirklich weiterhelfen. Wir werden uns einige Möglichkeiten anschauen, wie Choleriker ihre stille Zeit und ihre persönliche Bibelarbeit einteilen und gliedern können.

Betty ist in einer christlichen Familie aufgewachsen und mit dem Wissen und der Erwartung groß geworden, dass ein „echter Christ" jeden Tag eine Zeit mit Bibellesen und Gebet verbringt. In ihrer Schulzeit war sie aktiv bei „Jugend für Christus" und nahm sogar immer ihre Bibel mit in die Schule, was sich allerdings kaum auf ihr Verhalten auswirkte. Und obwohl sie sich Mühe gab, schaffte sie es nie, regelmäßig stille Zeit zu halten, denn die Bibelleseheftchen kamen ihr immer trivial und langweilig vor. Ganz tief in ihrem Innern hatte sie jedoch den Wunsch, eine enge Beziehung zu Jesus zu bekommen, wie sie es bei einigen älteren Frauen in ihrer Gemeinde beobachtete. Diese Frauen hatten offenbar alle ein sehr intensives Gebetsleben und diese Beobachtung trug zu Bettys lebenslangem Interesse für das Gebet bei.

Choleriker interessieren sich fürs Gebet, weil Beten aktiv ist, es ist handlungsorientiert. Es kann jederzeit und überall praktiziert werden. Also fing Betty an zuzuhören, wenn andere beteten. Sie las Bücher über das Gebet und erfuhr von verschiedenen Arten und Möglichkeiten zu beten, die sie alle selbst ausprobierte. Als ihre Kinder noch klein waren, kam eine andere junge Frau auf sie zu und fragte, ob sie ihre Gebetspartnerin werden wolle. Die beiden verabredeten einfach, sich regelmäßig zum Beten zu treffen. Sie beteten für sich selbst, für ihre Männer, ihre Familien (neun Töchter zwischen sechs Monaten und zehn Jahren) und für alle Anliegen, die sich so ergaben. Diese Gemeinschaft erwies sich als wichtigster Faktor für Bettys geistliche Entwicklung. Seit dieser Zeit, mittlerweile ist das 33 Jahre her, hat sie immer eine persönliche Gebetspartnerin gehabt.

**Eine fürs Gebet reservierte Zeit – mit Gott darüber zu reden, was im eigenen Leben gerade passiert und im Leben ihrer**

**Partner, Kinder und Freunde – kommt dem Bedürfnis des Cholerikers entgegen, „etwas zu tun". Wenn Sie eine cholerische Persönlichkeit sind, dann könnte es beim Entwickeln Ihres eigenen persönlichen geistlichen Lebens hilfreich sein, sich vielleicht eine(n) Gebetspartner(in) zu suchen.**

Choleriker sind frustriert, wenn sie nicht gleich eine Antwort oder eine Methode bekommen, um etwas in Ordnung zu bringen. Betty sagt: „Zusammen bestimmte Probleme und Anliegen zu erkennen und mit meiner Gebetspartnerin darüber zu reden, ermöglicht es mir, Dinge aus einer anderen Perspektive zu sehen." Bettys Gebetsleben hat dadurch eine klarere Richtung bekommen. Als Cholerikerin findet sie es schwierig, Gott immer wieder zu bitten „tu doch bitte dies oder das" oder jeden Tag mit den gleichen Bitten zu kommen.

Über ein Problem zu beten, nachdem sie zuvor darüber geredet haben, ist für Choleriker eine Hilfe, geduldiger zu werden. Dieser Prozess macht außerdem offen für neue Erkenntnisse. Manchmal findet Betty heraus, dass sie ihre Einstellungen, ihr Verhalten oder ihre Erwartungen von Grund auf ändern muss, und oft ist es ihre Gebetspartnerin, die die Dinge klarer sieht. Beispielsweise kann Jan sensible Fragen stellen, die Betty dazu bringen, ihre eigene Haltung zu hinterfragen. Wenn wir jemand anders gegenüber etwas aussprechen, dann hören wir manchmal unsere eigene Aussage ganz anders. Betty hat dabei unterschwellige Motive entdeckt und an manchen Stellen Bitterkeit oder Punkte, an denen sie nicht vergeben wollte, sogar während sie für ein konkretes Problem betete.

In der Beziehung zwischen Gebetspartnern kommen zwei Menschen als Ebenbürtige zusammen. Es ist keine beratende Beziehung, und sie beruht auf gegenseitigem Vertrauen und Respekt. Sie entwickelt sich meist erst und ist nicht gleich da. Es erfordert Zeit, eine solche Beziehung aufzubauen, in der einer den anderen liebt und akzeptiert und ihm vertraut. Es muss der Wunsch nach Ehrlichkeit vorhanden sein und die Bereitschaft, sich verletzlich zu machen, den anderen zu akzeptieren, tolerant und liebevoll zu sein sowie vom anderen immer das Beste zu denken, selbst wenn die betreffende Person das selbst nicht kann. Weil das zentrale Thema der Choleriker Kontrolle ist, kann das in einer solchen Beziehung ein echtes Hindernis sein. Cholerikern muss bewusst sein, dass sie dazu neigen, die Zeit, die Methode und das Ergebnis des Gebets kontrollieren zu wollen.

Sich dessen bewusst zu werden, kann in der Entwicklung von Cholerikern heilend und hilfreich sein. **Die Angst davor, als jemand betrachtet zu werden, der keine Kontrolle hat, hat bei Cholerikern auch Auswirkungen auf ihren Gebetsstil in der Öffentlichkeit. Und zwar in der Weise, dass sie sich vielleicht mehr Gedanken darüber machen, wie ihr Gebet auf die anderen wirkt, als über den Inhalt und die Motivation.**

Der Pharisäer in Lukas 18,11 könnte durchaus ein Choleriker gewesen sein. Er betete, um die Menschen um sich herum zu beeindrucken: „Ich danke dir, Gott, dass ich nicht so bin wie andere Leute. Ich bin kein Räuber, kein Gottloser, kein Ehebrecher und schon gar nicht wie dieser Zolleinnehmer da hinten. Ich faste zweimal in der Woche, und von allen meinen Einkünften gebe ich den zehnten Teil für Gott." Jesus reagierte ziemlich schroff auf diesen Mann mit den Worten: „Der Stolze wird gedemütigt und der Demütige wird erhöht werden" (V.14). Denken Sie daran, dass Gebet in der Öffentlichkeit sich nicht von Ihrem Gebet „im stillen Kämmerlein" unterscheiden sollte.

Betty hat inzwischen verschiedene Möglichkeiten entdeckt, wie sie so beten kann, dass es ihrer nüchternen, sachlichen Persönlichkeit entspricht. Eine davon ist das Verstärken und Abschwächen. Dabei handelt es sich um ein Gebet um Wegweisung und Leitung.

Betty muss oft die Entscheidung treffen, ob sie Einladungen zu Vorträgen oder Seminaren annehmen oder lieber ihren Mann auf Geschäftsreisen begleiten soll. Wenn sie keine klare Weisung hat, betet sie: „Vater, wenn ich dieses Referat dort halten soll, dann verstärke bitte meinen Wunsch danach. Wenn nicht, lass den Wunsch bitte unbedeutender werden."

Einmal wollte Betty gern eine ihrer Töchter dazu bewegen, an einem Kongress teilzunehmen, bei dem sie Referentin war. Sie wollte ihre Tochter jedoch nicht bedrängen oder unter Druck setzen und ihr nicht das Gefühl geben, verpflichtet zu sein. Also betete sie: „Herr, wenn ich sie fragen soll, ob sie mitfahren möchte, dann halte diesen Gedanken bitte lebendig in mir. Wenn nicht, sorge bitte dafür, dass ich nicht mehr daran denke."

Betty betet häufig in dieser Weise, und es hilft ihr immer wieder, ganz konkrete Wegweisung zu bekommen, was für Choleriker besonders wichtig ist. Für Betty als Cholerikerin bestand der erste Schritt darin, im Gebet täglich mit Jesus in Kontakt zu stehen. Das war etwas, das sie tun konnte, und das Gefühl, etwas zu *tun,* ist eben ausgesprochen wichtig für Choleriker.

**Wenn Choleriker sehen, dass ihre Gebete erkennbare Resultate haben, fangen sie an, ihr Bedürfnis nach Kontrolle an Gott abzugeben. Sie bekommen langsam das Gefühl, dass sie eine Partnerschaft mit Gott haben und dass er durchaus die Dinge im Griff hat.**

Choleriker beten praktisch, und deshalb erwarten sie, dass Gott auch praktisch antwortet. Debi Diemling hat uns erzählt, wie sie ihre erste direkte Antwort auf ein Gebet bekam, und zwar als sie aufgefordert wurde, nach Washington zu ziehen, weil ihr Chef in den Kongress gewählt worden war. Sie wollte gehen, wenn Gott ihr dort eine Wohnung zeigen würde, aber sie hatte nur drei Tage Zeit, um eine Entscheidung zu treffen.

Sie berichtet: „Jeder Tag begann mit einem konkreten Gebet, dass bestimmte Dinge passieren sollten, damit ich auch ganz sicher war, dass es Gottes Idee war. Ich fand eine Wohnung, aber was wirklich ein Segen war, war Gottes Humor und seine Aufmerksamkeit fürs Detail. Die Wohnung war in einem Hochhaus, und ich hatte das Gefühl, dass ich die Vorteile der Wohnungen in den oberen Stockwerken nutzen sollte, die alle eine herrliche Aussicht hatten. Die Wohnungen jedoch, die in Frage kamen, hatten Parkettböden, und ich wollte gern Teppichboden. Als ich schließlich fragte, welche Wohnungen denn noch zu haben seien, antwortete der Hausverwalter: ‚Wir haben eine ganz oben im obersten

Stockwerk, aber da gibt es ein Problem. Der Eigentümer hat überall Teppichböden verlegen lassen.' Ich zog um!"

Genau wie Debi hat auch Janet Allen herausgefunden, dass ihr handlungsorientierter Ansatz beim Gebet ihr in ihrem Leben Wegweisung und Führung gebracht hat. Sie sagt: „Aktion ist das einzig Wahre! Ich glaube, dass Gott uns Möglichkeiten schenkt, zwischen denen wir wählen können, und dass es manchmal vielleicht auch für mich die Möglichkeit gibt, zwischen mehreren Alternativen zu wählen. Manchmal entscheide ich mich für die falsche, aber ich glaube, dass Gott trotzdem noch etwas Gutes aus meinem Leben machen kann. Anders ausgedrückt, ich brauche nicht ewig zu warten, um ganz sicher zu sein, dass ich Gottes Weg haargenau richtig eingeschlagen habe.

Wenn ich eine Entscheidung treffe, beruht sie auf Gebet, der Beratung durch gute geistliche Berater und auf dem Wort Gottes. Wenn ich aus diesen Quellen Antworten auf meine Fragen nach der Richtung bekommen und gesammelt habe, mache ich weiter. Ich erwarte von Gott, dass er aus diesen Entscheidungen etwas Gutes macht und sich um Einzelheiten kümmert, und das tut er auch. **Ich glaube, Gott kann ein fahrendes Boot eher steuern als eins, das fest vertäut im Hafen liegt. Wenn ich also glaube, dass Gott einen bestimmten Weg vielleicht nicht segnet, für den ich mich entschieden habe, dann gehe ich einfach in eine andere Richtung und schaue, ob er diesen neuen Weg segnet.**

Als mein Mann und ich in eine neue Stadt umzogen (damit er noch studieren konnte), beruhte die Entscheidung zum Umzug auf der Gewissheit, dass Gott ihn aufgefordert hatte, sich weiterzubilden, und dass Gott sich auch um alles andere kümmern würde. Wir zogen in diese andere Stadt, nachdem wir ein erfolgreiches Familienunternehmen geschlossen und eine gewaltige Schuldenlast auf uns geladen hatten, in erster Linie in Form von vier Wohnungen, die abbezahlt werden mussten.

Ich sollte künftig für unseren Lebensunterhalt sorgen. Ich schaute mir die monatlichen Ausgaben an, Studiengebühren und Kosten für den Lebensunterhalt, und nachdem ich auf diese Weise eine Aufstellung der Ausgaben gemacht hatte, stellte ich fest, dass wir ein fast doppelt so hohes Einkommen brauchten wie vorher! Ich rief bei jeder Stellenanzeige an, auch einfach auf gut Glück bei Firmen. Und auf eine Weise, wie es nur bei Gott möglich ist, bekam ich schließlich den anspruchsvollsten, geistig herausforderndsten, befriedigendsten Job, mit dem wir alle Rechnungen bezahlen konnten! Mir machte die Arbeit großen Spaß, und die Tatsache, dass Gott uns versorgte, brachte mich geistlich sehr viel weiter. Wenn ich nicht im Glauben gehandelt und mich in Bewegung gesetzt hätte, um einen Job zu finden, dann hätte ich wahrscheinlich nicht diese Freude daran, Gottes Ehrfurcht gebietendes Handeln zu sehen und mitzuerleben."

Folgende Geschichte erzählte uns Shannon: „Vor ein paar Wochen hatte ich große Mühe mit meinem Jähzorn. Ich war schnippisch, gereizt, aggressiv und intolerant. Irgendwann merkte ich, dass ich schon über eine Woche keine richtige Zeit mehr mit Gott verbracht hatte. An diesem Tag setzte ich mich hin und bat um Vergebung. Ich bat den Heiligen Geist, mein Herz zu verändern und gute Früchte in meinem Leben sichtbar werden zu lassen. **Mich ganz auf Gott zu konzentrieren und zu beten verändert mich und hilft mir, geduldiger und liebevoller zu sein. Mein Mann sagt, dass er sofort merkt, wenn ich mir die Zeit nehme, Gott um seine Gegenwart in meinem Leben zu bitten."**

## Gottes Führung

Weil der Choleriker das Bedürfnis hat, sein Leben und Schicksal selbst in die Hand zu nehmen, fällt es ihm oft schwer, diese Kontrolle an Gott abzugeben und die Tatsache zu akzeptieren, dass Gott im Hier und Jetzt nur indirekt zu hören und zu sehen ist. Wir Choleriker wollen klare, eindeutige Antworten, und zwar möglichst sofort. Man sagt uns, dass wir ihn hören, wenn wir in seinem Wort lesen, wenn wir auf seine leise Stimme hören und still meditieren oder wenn wir im Gebet vor ihn kommen. Aber diese indirekte Art, Gott zu sehen und zu hören, befriedigt uns vielleicht nicht immer. Das ist zwar eine normale, ganz menschliche Reaktion, aber wir müssen uns auch immer wieder daran erinnern, dass wir aus Glauben leben.

Thomas musste die Wunden von Jesus sehen, um an die Auferstehung glauben zu können. Jesus sagte zu ihm: „Wie glücklich können erst die sein, die nicht sehen und trotzdem glauben" (Johannes 20,29). Thomas war zweifellos ein skeptischer Choleriker. Aber Jesus kam Thomas an dem Punkt des Zweifels entgegen und räumte diesen Zweifel aus. Und Thomas hatte ja trotz seiner Zweifel noch nicht ganz aufgegeben. Er war immer noch bei den anderen Jüngern, vielleicht in der Hoffnung, dass doch etwas Wahres an den Berichten sein könnte.

Der Theologe und Philosoph R.C. Sproul wurde einmal gefragt: „Was ist Ihrer Meinung nach in der Welt von heute das größte geistliche Bedürfnis?" Sproul hielt einen Augenblick inne und antwortete dann: „Das größte Bedürfnis im Leben der Menschen von heute ist es zu erkennen, wer Gott wirklich ist." Und er machte darauf aufmerksam, dass die meisten nicht-gläubigen Menschen von heute den Gott, den sie ablehnen, gar nicht kennen, geschweige denn verstehen. Dann stellte jemand noch eine weitere Frage, die an die erste anknüpfte: „Was ist denn Ihrer Meinung nach das Notwendigste im Leben von Menschen, die zur Gemeinde Jesu gehören?" Und Sproul antwortete wie aus der Pistole geschossen: „Zu erkennen, wer Gott wirklich ist. Wenn gläubige Christen wirklich das Wesen und die Persönlichkeit Gottes verstünden, würde das ihr Leben von Grund auf revolutionieren."*

Die Bibel ist ein Anleitungsbuch. Sie ist voller Beispiele dafür, dass Gott sein Volk wirklich lenkt und leitet. Von Anfang an erkennen wir, wie Gott den Menschen, die zu ihm gehören und ihm folgen, konkrete Anweisungen gibt. Als Adam sündigte, sagte Gott ihm, was er als Nächstes tun sollte. Noah sagte er ganz genau, wie er die Arche bauen sollte. Abraham wurde gesagt, er solle sein Land verlassen und in ein anderes ziehen, das Gott ihm zeigen würde. Isaak erlebte Führung bei der Suche nach einer Frau. Mose wurde angewiesen, zurückzugehen und sein Volk aus Ägypten herauszuführen. Selbst die Anweisungen im 3. und 4.

---

* aus: Bill Hybels, *Der Gott, den du suchst*, Projektion J 1998, S.4

Buch Mose sind detaillierte Beispiele für die Führung Gottes. Gott sagt darin: „Wenn ihr krank werdet, dann sollt ihr Folgendes tun ..., und dies und das ..., um zu verhindern, dass andere sich anstecken. Wenn ihr sündigt, dann tut ihr ..., um Vergebung zu empfangen. Folgendermaßen sollt ihr anbeten. Dies und das sollt ihr essen und jenes nicht."

Praktische, tägliche Anleitung und Führung ist in der gesamten Bibel zu finden. Im Neuen Testament bittet Jesus Gott um Führung bei der Auswahl seiner Jünger. Die Jünger bekamen die Anweisung abzuwarten, bis sie den Heiligen Geist empfangen hätten, und dann wurde jeder an seinen ganz konkreten Platz gestellt. Die Apostelgeschichte müsste eigentlich richtig „Das Buch der Führung" heißen, denn sie erzählt die Geschichte von Gottes Führung am Beginn dieser neuen Gemeinde. Und in Jesaja 58,11 steht: „Immer werde ich euch führen."

Betty bemerkte schon als junges Mädchen ihr starkes Bedürfnis zu wissen, in welche Richtung sie gehen sollte, und ihren fast ebenso starken Wunsch, Kontrolle über ihre Zukunft zu haben. Das brachte sie häufig innerlich in Konflikt mit ihrem Wunsch, eine „gute Christin" zu sein. Sie erzählt folgende Geschichte: „Als Teenager in meiner Gemeinde und bei *Jugend für Christus* wollte ich immer für die Menschen in meinem Umfeld eine Zeugin sein. Ich dachte, die perfekte Chance dazu wäre es, in der Schule als Rosenprinzessin gewählt zu werden. Das war der Traum der meisten jungen Mädchen in unserer Stadt."

Viele Jahre zuvor hatte Betty in der Sonntagsschule Sprüche 3, Vers 5-6 zu ihrem Lebensmotto gewählt: „Verlaß dich nicht auf deine eigene Urteilskraft, sondern vertraue voll und ganz dem Herrn. Denke bei jedem Schritt an ihn; er zeigt dir den richtigen Weg und krönt dein Handeln mit Erfolg." Das war ein Vers, der sie immer wieder an ihr kontrollierendes, zweifelndes Wesen erinnerte und an die Notwendigkeit, loszulassen und Gott zu vertrauen. Der Vers war für sie klare Führung.

Aber an diesem konkreten Punkt in ihrem Leben wollte Betty eigentlich keine Führung, sondern sie wollte einfach Rosenprinzessin werden. „Ich erinnere mich noch daran, dass ich der Meinung war, ich solle Gott in allen großen Angelegenheiten meines Lebens vertrauen: Wen ich heiraten sollte beispielsweise oder welchen Beruf ich ergreifen sollte. Ich fand aber, dass ich Gott nicht mit Alltagskleinigkeiten belästigen sollte. Das war meine Sache. In Wahrheit aber wollte ich nicht, dass Gott mir in mein Leben und meinen Alltag hineinfunkte. Eigentlich wollte ich den Willen Gottes nicht; ich wollte Prinzessin werden. Ich glaube, irgendwie war mir sehr wohl klar, dass ich das aus egoistischen Gründen wollte und nicht als Zeugnis für Jesus."

Gott führt uns durch sein Wort, aber wir müssen darin lesen und bereit sein zu gehorchen, wenn er uns zeigt, was wir tun sollen. Und an dieser Stelle macht es das Kontrollbedürfnis der Choleriker so schwer zu hören, was Gott sagen will. Wir lesen sein Wort mit unserer eigenen, voreingenommenen Wahrnehmung. Wir hören, was wir hören möchten. Wenn das passiert, müssen wir überlegen, nach welchen Kriterien wir vorgehen sollten.

Oft sind solche Kriterien überhaupt erst durch persönliche Traumata entstanden. Wir haben Mauern um unser Herz gezogen, um uns vor Schmerz zu schützen. Vielleicht schicken wir Anweisungen und Entscheidungen erst durch den Filter unserer eigenen Philosophien, die wir uns zurechtgelegt haben, um mit unserem Leben fertig zu werden. Wir suchen in unserem eigenen gesunden Menschenverstand oder weltlicher Weisheit nach Lösungen und versuchen Bibelstellen zu finden, die diese Sichtweise untermauern.

**Gott möchte an unseren Alltagsentscheidungen teilhaben. Er möchte uns führen, aber wir müssen dann auch bereit sein loszulassen und seine Anweisungen zu befolgen. Cholerische Menschen müssen das oft auf die harte Art lernen. Es kann bedeuten, dass wir auf die eine oder andere Weise aus unserer Position der Stärke und des Selbstvertrauens geschubst werden, um Neues über uns zu lernen und Gott noch vollständiger zu vertrauen.**

So war es beispielsweise bei Josef (1. Mose 30-50). Er ist ein Beispiel für einen draufgängerischen jungen Mann, der wahrscheinlich ein Choleriker war. Er hatte eine bevorzugte Stellung im Haus des Vaters und war ein Mann, der an Gott und sich selbst glaubte. Josef hatte einen Traum, den er selbst so auslegte, dass sich eines Tages seine gesamte Familie vor ihm verneigen würde. Gott hatte in der Tat einen Plan für Josefs Leben, aber vielleicht war Josef ein wenig voreilig, das seiner Familie so zu verkünden. Als junger Mann war Josef zu selbstbewusst. Seine natürliche Selbstsicherheit, die durch seinen Status als Lieblingssohn verstärkt wurde und durch die Tatsache, dass er Gottes Plan für sein Leben kannte, war seinen zehn älteren Brüdern ein Dorn im Auge und sie intrigierten schließlich gegen ihn.

Seine Brüder schmiedeten Pläne, um dieses selbstbewusste, machthungrige Ärgernis von einem Bruder loszuwerden. Der gutmütige Josef ging hinaus, um seinen Brüdern zu „helfen", indem er ihnen etwas zu essen und Wasser brachte (Choleriker helfen gern, weil ihnen das ein Gefühl von Macht gibt); für die Brüder die perfekte Gelegenheit: Sie verkauften Josef in die Sklaverei nach Ägypten.

Genau wie Gott es manchmal bei uns macht, musste Josef eine Machtposition aufgeben, in der er die Kontrolle hatte, und wurde zum Gefangenen, zum Sklaven, der gar nichts mehr selbst bestimmen konnte.

Josef stand vor einer Entscheidung. Er hätte sich zornig, bitter und desillusioniert von Gott abwenden können oder er konnte den Entschluss fassen, die Situation so anzunehmen und sich Möglichkeiten zu überlegen, wie er sie zu seinem Vorteil nutzen konnte. Josef entschied sich dafür, das Beste daraus zu machen. Als Choleriker stieg er rasch in eine neue Machtposition auf, diesmal im Haushalt des ägyptischen Premierministers.

In der Bibel wird es zwar nicht extra erwähnt, aber vielleicht vergaß Josef hier erneut, sich auf Gott zu verlassen und setzte stattdessen wieder auf seine eigenen Gaben und seine eigene Kraft. Als er Potiphars Frau abwies, wurde er wieder aus seiner Machtposition entfernt und zu Unrecht ins Gefängnis gesteckt. Und wieder stand Josef vor einer Entscheidung. Er konnte sich von Zorn und Bitterkeit unterkriegen lassen oder versuchen, Gott seine Zukunft anzuvertrauen. Zurückgeworfen in eine Position absoluter Ohnmacht fing er wieder ganz unten an. Und wieder brachten ihn seine Begabungen und Fähigkeiten in der Hierarchie des Gefängnisses ganz nach oben.

Und die Geschichte geht weiter. Josef wird die Freilassung versprochen, aber sie erfolgt nicht. Trotzdem hört er nicht auf, sich auf Gott zu verlassen und ihm zu vertrauen. Schließlich wird er dem Pharao vorgeführt, deutet dessen Traum und bekommt die Verantwortung für die Vorbereitungen des Landes auf die angekündigte Hungersnot. Und wieder steigt er in eine Machtposition auf. Durch die Lektionen, die er im Zustand der Ohnmacht gelernt hat, hat Josef jetzt ein klareres Bild davon, wie Gott seine Fähigkeiten als Führer nutzen will.

Als er schließlich wieder mit seinen Brüdern vereint ist und die Möglichkeit hat, ihnen die ungerechte Behandlung heimzuzahlen, entscheidet sich Josef, sein Bedürfnis nach Kontrolle loszulassen. Er versteht jetzt, dass Gott die Kontrolle hat und immer gehabt hat. „Gott hat mich euch vorausgesandt, damit ihr mit euren Familien überlebt. Nur so kann ein großes Volk aus euren Nachkommen entstehen. Nicht ihr habt mich hierher geschickt, sondern Gott" (1. Mose 45,7).

Josef durchlitt viel Ungerechtigkeit. Vielleicht sind wir versucht zu fragen, warum Gott zuließ, dass Josef so schreckliche Dinge zustießen. Vielleicht war Josef mit seinem Führungstalent, das ja typisch ist für Choleriker, Gott manchmal ein bisschen zu weit vorausgeeilt. Oder er war so beschäftigt damit, Nützliches zu tun, dass er es versäumte, die leise Stimme Gottes zu hören, die ihn aufforderte, innezuhalten und Zeit mit ihm zu verbringen. Und so wird Josef aus der Geschäftigkeit des Lebens herausgerissen und gerät an einen Ort, an dem er gezwungen ist, Gott wirklich um Führung zu bitten. „Was soll ich als Nächstes tun?", hat er vielleicht gefragt.

Am Ende wurde Josef ein mitfühlender, fürsorglicher Choleriker, vom Heiligen Geist zu seinem Besten verändert. Gott will, dass wir in der Beziehung zu ihm wachsen und uns entwickeln und dass wir dabei an Weisheit und Verständnis zunehmen. Wir werden klüger, indem wir in seinem Wort lesen, seine Führung suchen und nicht, indem wir nur sein Amen zu unseren Plänen einfordern.

Zum Thema Wachsen und dem Akzeptieren von Gottes Souveränität schreibt Janet Allen: **„Als kontrollsüchtige Cholerikerin macht mir jeder Schwierig-**

**keiten - einschließlich Gott -, der mir sagen will, wie ich leben soll.** Ich habe jedoch Gott ganz als Souverän angenommen und erkenne an, dass er wirklich die Kontrolle über mein Leben hat. Choleriker wissen, dass sie mehr tun und bewegen können als andere Menschen, und sie neigen dazu, große Pläne zu machen. Es fällt mir schwer, Gott in diese Pläne hineinfunken zu lassen. Hin und wieder erinnere ich mich an das Thema aus dem Buch ‚Experiencing God‘, nämlich dass ich Gott nicht unbedingt einbeziehe, wenn ich es selbst schaffen kann! Ich versuche stattdessen, Gott möglichst viel Raum zu lassen, in dem er wirken kann.“

Ja, wir Choleriker müssen lernen, uns selbst zurückzunehmen, auf Gottes Stimme zu hören und uns selbst so weit zu bringen, dass wir auf ihn warten können.

## Gottes Stimme hören

Wie hört man Gottes Stimme? Was bedeutet es, auf Kontrolle zu verzichten und das zu tun, was Gott will? Ist das mitten in unserem Leben im 21. Jahrhundert überhaupt noch möglich?

„Wir sind ein Volk geworden, das eine Aversion gegen Stille hat und dem es Unbehagen bereitet, allein zu sein“, behauptet Jean Fleming in ihrem Buch *Finding Focus in a Whirlwind World* („Ausrichtung finden in einer stürmischen Welt“).* Aus der Bibel geht jedoch hervor, dass für Jesus die Zeiten persönlicher Stille und des Alleinseins hohe Priorität hatten. Lassen Sie uns sein Beispiel anschauen, um zu sehen, ob es für uns auch so wichtig ist.

In Markus 1,35 und Lukas 4,42 lesen wir: „Am nächsten Morgen...vor Tagesanbruch...“ oder „Am frühen Morgen verließ Jesus das Haus und ging in eine einsame Gegend...“ Lassen Sie uns das einmal vom Standpunkt eines Cholerikers aus betrachten: Jesus hatte ständig Leute um sich, die ihn alle um Hilfe baten. Er konnte all ihre Bedürfnisse stillen, das lag in seiner Macht. Wenn wir in seiner Lage wären, könnten wir es da jemals vor uns recht-

---

* Jean Fleming, *Finding Focus in a Whirlwind World* (Dallas, Roper Press, 1991), S.73

fertigen, uns den Menschen zu entziehen, um allein mit Gott zu sein? **Choleriker lieben es, gebraucht zu werden, und noch mehr lieben sie es, wenn das gewürdigt und geschätzt wird, was sie „tun" können. Bedürfnisse anderer Menschen zu erfüllen, ihnen zu geben, was sie brauchen, gibt Cholerikern das Gefühl von Kontrolle und Macht – und beides sind Gefühle, nach denen sie leicht süchtig werden.**

Einen Spaziergang zu machen (was Betty gerade gemacht hat, bevor sie sich wieder zum Schreiben hingesetzt hat), ist eine Methode, die sie für sich entdeckt hat, um inmitten all der drängenden Aufgaben wieder einen klaren Kopf zu bekommen. Indem sie sich bewusst ohne Ablenkungsmöglichkeiten auf den Weg macht, lernt Betty, das zu tun, was Theophan der Eremit als „Hinuntersteigen vom Verstand zum Herzen" bezeichnet.

„Dieses Hinuntersteigen vom Verstand zum Herzen" ist eine Art des Gebets, die mehr ist als nur eine gute Übung für unseren Verstand. Wenn unsere Verständigung mit Gott vom Intellekt bestimmt ist, stranden wir oft in fruchtlosen und unwesentlichen inneren Debatten mit Gott. Wenn dagegen nur unser Herz beteiligt ist, kann das dazu führen, dass wir meinen, gute Gefühle wären ein Zeichen für echte Kommunikation mit Gott. Erst wenn wir unser Herz mit unserem Verstand zusammenschließen, öffnen wir uns wirklich der Ehrfurcht gebietenden und liebevollen Gegenwart Gottes.

Aber Betty hat im Laufe der Jahre immer wieder Frustration erlebt, weil sie innerlich nicht zur Ruhe kommen und sich auf die Gegenwart Jesu konzentrieren konnte. Henri Nouwens Bücher waren und sind ihr hier eine große Hilfe, zu verstehen, dass es sich dabei um ein durchaus verbreitetes Problem handelt und dass es ganz einfache Übungen gibt, um sich zu konzentrieren und das Wichtige in den Blick zu bekommen.

Henry Nouwen schreibt: „Das Gebet des Herzens erfordert als Erstes, dass Gott unser einziger Gedanke ist. Das bedeutet, dass wir alle Ablenkungen, Anliegen, Sorgen und Geschäftigkeit vertreiben und unser Denken ganz mit Gott ausfüllen müssen. Das

Jesus-Gebet („Jesus Christus, erbarme dich über mich') soll dabei helfen, dass wir ganz sanft unser Denken von allem entleeren, was nicht Gott ist, und allen Raum ihm und ihm allein lassen. Wenn wir unser Denken von allen Gedanken befreien und unser Herz von allen Erfahrungen, dann können wir im Zentrum unseres innersten Seins Gott eine Wohnung bereiten. ,Das Reich Gottes ist schon jetzt da, mitten unter euch', sagt Jesus. Und dann können wir zusammen mit Paulus sagen: „Jetzt habe ich ein neues Leben! Es wird nicht mehr von meinem alten Ich bestimmt, sondern von dem auferstandenen Christus, der in mir lebt' (Gal 2,20).

Wenn Jesus unser Hirte geworden ist, unsere Zuflucht, unsere Burg, dann können wir uns mitten in einer zerbrochenen Welt nach ihm ausstrecken und uns zu Hause fühlen, auch wenn wir noch auf dem Weg sind. Wenn Gott in uns wohnt, dann können wir mit ihm in einen wortlosen Dialog eintreten."*

Die Autorin Linda Shepherd sagt: „Ich habe gelernt, auf Gottes Stimme zu hören. Das ist für eine schwatzhafte Person wie mich gar nicht so einfach. Ich habe damit angefangen, indem ich Spaziergänge gemacht habe und dabei vor Jesus still geworden bin. Beim Gehen habe ich Jesus dann gefragt: ,Möchtest du mir etwas sagen?' Und schon bald begann ich seine Stimme zu hören. Sie war ganz einfach zu erkennen, weil sie so sanft und liebevoll war. Im Allgemeinen sagte er Dinge wie: ,Ich liebe dich' oder ,Du bist meine Tochter'. Ich lerne jetzt, ihn öfter anzurufen, ob ich nun arbeite, Auto fahre oder meinen Haushalt erledige. Ich stelle ihm inzwischen häufig ganz konkrete Fragen und normalerweise antwortet er mir auch. Wenn das nicht der Fall ist, heißt das: ,Warte ab' oder ,Darum brauchst du dich zur Zeit nicht zu kümmern.' Ich habe auch gelernt, dass es in Ordnung ist, mir zu bestätigen, dass ich wirklich *ihn* höre. Manchmal mache ich Fehler und manchmal misstraue ich meinem eigenen geistlichen Gehör, aber Gott ist treu, und ich lerne, dass ich ihm und seiner Stimme in meinem Leben vertrauen kann."

Weil Choleriker dazu neigen, sehr im Augenblick, im Hier und Jetzt zu leben, fällt es ihnen manchmal schwer zu verstehen, dass Gott das Gesamtbild ihres Lebens im Blick hat. Normalerweise

---

* Henri Nouwen, *Reaching Out* (New York, Doubleday) 1975, S. 46

wollen sie sofort Lösungen für die drängenden Probleme von heute haben. Mit einiger Wahrscheinlichkeit erkennen sie nicht, wie Ereignisse aus ihrer Vergangenheit sich auf ihre Zukunft auswirken. Die Zukunft ist etwas „da hinten", mit dem sie sich befassen, wenn es soweit ist. **Gottes geduldiger Prozess, „dass uns alles zum Besten dient", fühlt sich für Choleriker eher so an, dass er nicht hört oder versteht, was gerade passiert und wie das in „unser Bestes" hineinpasst. Das führt manchmal dazu, dass sie die Dinge lieber selbst in die Hand nehmen und Gott vorauseilen, was in aller Regel noch mehr Probleme nach sich zieht.**

Im Folgenden werden einige handlungsorientierte Methoden aufgezeigt, durch die Choleriker näher zu Gott kommen können und durch die das eigene Bedürfnis nach Kontrolle verzichtbar wird, während sie seine Stimme hören und Führung für ihr Leben erkennen können.

## Tagebuch führen

Tagebuch zu führen, kann Cholerikern eine Hilfe dabei sein, innerlich einen Schritt zurückzutreten und sich noch einmal im Überblick anzusehen, was gerade geschieht. Sue Stitt sagt, dass sie nur hin und wieder Tagebuch führt. „Oft weiß ich, da passiert irgendetwas in mir, was Schmerz, Verwirrung, Wut oder sogar Freude in meinem Leben auslöst, und ich kann nicht genau deuten, was es ist. Wenn ich es aufschreibe, werden die Dinge klarer für mich."

Cholerikern fällt der Zugang zu den eigenen Gefühlen oft schwer, weil sie ihre Entscheidungen lieber auf logischem Denken begründen. Genau wie Sue greift Betty oft auf ihr Tagebuch zurück, wenn sie das Gefühl hat, ihr Leben sei völlig durcheinander. In Zeiten, in denen Bettys Terminkalender nicht völlig ausgefüllt ist oder der Abgabetermin für ein Manuskript oder irgendein anderes Projekt ihr gerade mal keinen Druck macht, gerät sie leicht in Versuchung, einfach irgendetwas zu tun, um den Freiraum zu füllen. Als Betty diese Neigung bemerkt hat, wurde ihr klar, dass sie sich in solchen Phasen die Zeit nehmen muss, innezuhalten und auf Gottes Anweisungen zu hören. Ihre Gedanken und ihren Frust einfach aufzuschreiben hilft ihr dabei, sich dieses fast zwanghaften Bedürfnisses bewusst zu werden, etwas „zu machen".

Donna Smirl sagt: „Obwohl meine Tagebucheinträge schubweise auftreten, manchmal im Abstand von drei Wochen, ist das Tagebuchführen sehr hilfreich, um mit mir selbst in Verbindung zu bleiben, mit den eigenen Wünschen, Zielen, Vorsätzen etc. Aber damit ist es wie mit allem anderen auch: Die guten Absichten werden erst dann in die Tat umgesetzt und bringen Frucht, wenn man sich wirklich darauf einlässt und sich um Verbindlichkeit bemüht. Man muss sich die Zeit dazu nehmen. Wir verlieren so oft die Prioritäten aus dem Blick und sind die ganze Zeit mit Dingen beschäftigt, eigentlich nicht so wichtig sind."

Tagebuch führen bedeutet eigentlich nichts anderes, als einfach aufzuschreiben, was einem in dem Augenblick an Gedanken und Gefühlen in den Sinn kommt. Man kann auf dem Computer schreiben, mit der Schreibmaschine oder in ein Heft.

Betty findet oft Zettel mit Tagebucheinträgen in Büchern, in ihrer Bibel oder in Notizen für Vorträge, die sie vorbereitet. Beim Materialsammeln für dieses Buch wunderte sie sich selbst, wie viele verschiedene Zettel mit Tagebuchaufzeichnungen sie in ihren Unterlagen fand. Dabei hat sie mehrere dafür vorgesehene Hefte und Bücher im ganzen Haus verteilt, von denen keines vollständig ist und von denen auch keines einer chronologischen Ordnung folgt. Sie greift jeweils nach dem, das gerade zur Hand ist, wenn sie in der Stimmung ist, etwas zu schreiben, und lässt ihren Gedanken freien Lauf. Wichtig daran ist: Sie hat entdeckt, dass Tagebuchschreiben eine große Hilfe dabei sein kann, sich bewusst zu machen, was im eigenen Innern abläuft, und es kann zu neuen Erkenntnissen darüber führen, was Gott ihr in der jeweiligen Situation zeigen möchte.

Vielleicht möchten Sie regelmäßig Tagebuch führen. Wenn Sie es allerdings versucht, aber wieder aufgegeben haben, weil Sie es nicht hilfreich fanden oder nicht produktiv oder es zu viel Zeit

126

kostete, dann möchten wir Ihnen Mut machen, es noch einmal zu versuchen, locker und „anfallsweise", ohne dass Sie sich dabei an einen bestimmten Plan binden. Betrachten Sie es einfach als ein Abenteuer, Ihren spontanen Gedanken und Gefühlen freien Lauf zu lassen, ohne sich Gedanken um Rechtschreibung, Zeichensetzung und die Regelmäßigkeit Ihrer Einträge zu machen. Vielleicht entdecken Sie dabei eine neue Möglichkeit, sich besser auf Gott einzustellen, indem Sie sich besser auf sich selbst einstellen.

## *Alleinsein*

Inmitten all seiner Geschäftigkeit zog Jesus sich zurück, um einen Augenblick der Stille zu finden. Jesus sagt, dass er nichts aus eigener Kraft getan hat – dass er in allem nur das tat, was sein Vater ihm sagte und auftrug. Wie wusste er, was sein Vater sagte und welche Anweisungen er gab? Ganz klar – weil er sich Zeit zum Alleinsein und Hören nahm.*

Jesus wusste, wie wichtig es für ihn war, immer wieder die Abgeschiedenheit zu suchen, um mit seinem Vater zusammen zu sein. Dallas Willard spricht genau diesen Punkt an, wenn er sagt: „Wir müssen wieder ganz neu hervorheben, dass für den Anfänger die ‚Wüste' oder die ‚Abgeschiedenheit' der wichtigste Ort ist, um Kraft zu tanken, so wie er es auch für Jesus und Paulus war. Sie zeigen uns durch ihr Beispiel, was wir tun müssen."**

Mary Lee aus Palm Desert gibt zu, dass sie nicht regelmäßig eine stille Zeit mit Gott verbringt. Sie erzählt: „Vielleicht würde eine regelmäßige Zeit allein mit Gott mich daran erinnern, dass Gott auch in guten Zeiten zu meinem Leben gehört. Und vielleicht käme ich dann ja an einen Punkt, an dem ich nicht erst unsanft ‚geweckt' werden muss, damit er meine Aufmerksamkeit bekommt. Gott ist in meinen schlimmsten Jahren bei mir gewesen; ich muss auch in der jetzigen guten Phase Zeit für ihn reservieren."

---

\*  Johannes 5,19; 8,26-28; 12,49-50; 14,10
\*\* Dallas Willard, *The Spirit of Discipline* (San Francisco, Harper & Row, 1988), S. 161

Choleriker betrachten Gott oft als Selbstverständlichkeit, wenn alles glatt geht. Es ist ihr Bedürfnis, sichtbare Resultate zu erzielen, und dadurch sind sie ständig so beschäftigt, dass sie innerlich nicht ruhig werden können, um auf Gott zu hören, selbst wenn sie Zeit für die Stille und Gemeinschaft mit ihm einplanen.

Manchmal werden Stille und Alleinsein verwechselt mit Einsamkeit, und diese gehört ja zu unseren größten Ängsten. Also sorgen wir für eine Dauerberieselung mit Worten. Wir schalten das Radio oder den Fernseher ein, tun alles, um die Leere und Stille irgendwie auszufüllen. Wir versuchen, das Getöse und die Verwirrung in unserem Inneren abzuschalten, indem wir sie mit äußerlichem Lärm übertönen.

Richard Foster schreibt in diesem Zusammenhang: „Aber Einsamkeit und Geplapper sind ja nicht unsere einzigen Alternativen. Wir können ein inneres Alleinsein, eine innere Stille kultivieren, die uns von Einsamkeit und Angst befreit. Alleinsein ist inneres Erfülltsein. Alleinsein ist eher ein innerer Zustand des Verstandes und des Herzens als ein Ort. Man kann durchaus als Einsiedler in der Wüste leben und sich trotzdem nie einsam fühlen. Wenn wir aber über diese innere Abgeschiedenheit verfügen, dann brauchen wir nicht die Einsamkeit zu fürchten, denn wir wissen dann, dass wir nicht allein sind. Und genau so wenig brauchen wir Angst zu haben, mit anderen zusammenzu sein, denn sie kontrollieren uns nicht. Inmitten von Lärm und Durcheinander haben wir uns in einer tiefen inneren Stille niedergelassen."*

Diesen Bereich findet auch Betty zunehmend wichtig auf ihrem geistlichen Weg: „Früher habe ich mich auf meiner Suche nach Gott immer mit viel Lärm umgeben, mit viel ‚gutem' Lärm natürlich: Es lief beim Autofahren oder bei der Hausarbeit ständig christliche Musik, Kassetten mit Predigten und Vorträgen, christliche Radiosendungen. Wenn ich mit Stille konfrontiert war, habe ich immer irgendeine Möglichkeit gefunden, ihr auszuweichen. Jetzt sehne ich mich nach Stille und Abgeschiedenheit. Ich brauche sowohl Zeit als auch Raum, um zu überdenken, was Gott mir vielleicht durch sein Wort sagen möchte, durch die Worte anderer oder durch meine konkreten Lebensumstände. Diese Veränderung

---

* Richard Foster, *Nachfolge feiern* (Bundes-Verlag)

ist gar nicht so einfach gewesen. Ich fand es schwer, meine eigenen Gedanken, meine Pläne und meine Sorgen einmal auszublenden.

Ich habe getan, was die meisten Choleriker tun, wenn sich in ihrem Leben etwas ändern muss: Ich bin in die Buchhandlung gegangen und habe mir Bücher darüber gekauft, wie ich diese Disziplin lernen konnte. Dieselbe alte cholerische Entschlossenheit: Ich werde schon dafür sorgen, dass es funktioniert! Aber es funktionierte nicht. Ich habe herausgefunden, dass ich irgendwohin außerhalb meiner eigenen vier Wände fliehen muss, um soweit still und ruhig zu werden, dass ich Gottes Stimme hören kann. Ich arbeite immer noch daran, mir selbst zu erlauben, zu Hause einfach still dazusitzen. Ich kämpfe immer noch mit diesem Bedürfnis, jeden Tag etwas Sichtbares, Messbares zu produzieren. **Es ist schwer zu messen, was Gott in der Stille und Abgeschiedenheit in unseren Herzen tut. Besonders dann, wenn es häufig den Anschein hat, dass er gar nichts tut. Und trotzdem merke ich, dass in mir etwas anders wird, wenn ich mir gestatte, eine Zeit des ‚bewussten Nichts' zu erleben. Solche Zeiten prägen und verändern mich.** Mein ganzes Wesen schreit danach .... und eigentlich ... ich glaube, dass ich sie auch jetzt gerade brauche."

Vielleicht braucht die arbeitssüchtige, willensstarke Persönlichkeit des Cholerikers am allermeisten die Mäßigung durch den Heiligen Geist. Gebet und Abgeschiedenheit sind Möglichkeiten, unser Leben für den Heiligen Geist zu öffnen.

Eine weitere Möglichkeit ist Lesen. Der Manager Fred Smith hat kürzlich in einem Artikel in der Zeitschrift *Leadership* geschrieben: „Ich betrachte die Zeit, in der ich geistliche Literatur lese, nicht mehr als ‚Andacht', sondern als ‚Mahlzeit', denn es ist die Zeit, in der meine Seele Nahrung bekommt. Es hat Jahre gedauert, bis ich endlich zu einem meiner Meinung nach gesunden Menü gelangt bin, das genau meinen Bedürfnissen entspricht.

Wir können nicht alle dieselben Brillen tragen und auch nicht alle dieselben Medikamente nehmen. Genauso haben wir unterschiedliche Persönlichkeiten und Charakterzüge, die entwickelt oder gemäßigt werden müssen. Das bedeutet, dass wir geistliche Nahrung finden müssen, die an unsere Bedürfnisse angepasst ist.

Zur Zeit lese ich aus ungefähr sieben verschiedenen Quellen. Für mich ist das so, als ob ich Mehrkornbrot aus sieben verschiedenen Getreidesorten esse. Jede Quelle trägt etwas bei, das ich brauche, entweder in Bezug auf Vorsorge, Gesunderhaltung oder Weiterentwicklung. Dazu gehören die Bibel, verschiedene gute Bücher und kurze Predigten von geistlichen Vorbildern aus der Vergangenheit. Und ich stelle fest, dass ich am besten mit den Dingen gedeihe, die von Menschen hervorgebracht wurden, die ich sehr bewundere."*

## *Andachtsbücher*

Sein Bedürfnis nach sichtbaren und messbaren Erfolgen bringt den Choleriker dazu, sich irgendein Andachtsbuch zu suchen, um das herum er dann seine stille Zeit einrichtet. Choleriker sind zwar auf ihre ganz eigene Weise organisiert, aber sie können es nicht leiden, in die Pläne irgendwelcher Leute hineingezwängt zu werden. Deshalb picken sie sich mit einiger Wahrscheinlichkeit aus den verschiedenen Methoden jeweils etwas heraus, um eine Art zu finden, die am ehesten ihren Bedürfnissen entspricht. Das kann von Monat zu Monat oder auch von Jahr zu Jahr variieren.

Choleriker sind gut zur Selbstverbesserung zu motivieren. Deshalb sind Bücher eine praktische und lehrreiche Anregung für sie. Vielleicht suchen sich Choleriker Andachtsbücher mit mehr Tiefgang aus als Sanguiniker, aber wahrscheinlich wollen sie keine so philosophischen Schriften, wie Melancholiker sie sich wünschen. Bei der Auswertung der vielen Fragebögen, die wir bekommen haben, wurden bestimmte Bücher immer wieder genannt. Bei den Cholerikern waren es solche mit kurzen Andachten, die klare Gedanken und eindeutige Lehre enthielten.

Norman Vincent Peale war dabei ein häufig erwähnter Autor.

---

* Fred Smith, Conducting a Spiritual Audit, LEADERSHIP Magazine (Winter 1998), Nr. 45.

Lora Cramer schrieb: „In seinen Büchern gibt es am Ende jedes Kapitels eine Aufgabe, etwas, das man tun muss, und das hält mich auf Trab. Bevor ich mit meinen Morgenandachten anfing, mussten mir die Leute in der ersten Stunde des Tages aus dem Weg gehen. Ich neige dazu, *sehr* direkt und sarkastisch zu sein, wenn ich noch nicht richtig wach bin. Aber inzwischen bemerken die Leute den Unterschied, auch wenn sie immer noch ziemlich vorsichtig sind. Ich selbst merke ebenfalls den Unterschied, und es gefällt mir. Seit ich mehr Zeit mit Gott verbringe, sehe ich mehr und mehr Segen in meinem Leben und um mich her. Meine Persönlichkeit verändert sich positiv, und mein Glaube wird gestärkt."

Das vorliegende Buch ist nicht dazu gedacht, Ihnen detaillierte Anweisungen zu geben, was Sie tun „sollten", um eine sinnvolle Beziehung zu Jesus zu bekommen. NEIN! Dieses Buch wurde geschrieben, um Sie in die Freiheit zu führen, selbst einen Weg zu finden, egal welchen, der Sie zur täglichen Gemeinschaft mit Jesus bringt. Wir wollen hier nur Vorschläge machen und Beispiele nennen, wie andere offen wurden für eine lebendige, wachsende, kontinuierliche Verbindung mit ihrem Herrn.

Auch Menschen mit der gleichen Persönlichkeitsstruktur sind immer noch sehr unterschiedlich. Wir sind auf unserem Lebensweg an ganz unterschiedlichen Stellen. Bücher, die vor zehn Jahren eine große Hilfe waren, bringen in der derzeitigen Lebensphase vielleicht gar nichts. Lassen Sie sich nicht deprimieren, wenn Sie ein Vorschlag von jemandem nicht anspricht oder bei Ihnen nicht funktioniert. Wir möchten Sie ermutigen, sich die Zeit zu nehmen, etwas zu suchen (und zu finden), das Sie anspricht und zu Ihnen passt.

## Bibeln

Andachtsbücher können eine große Hilfe dabei sein, die eigenen Gedanken in eine bestimmte Richtung zu lenken und auf etwas Bestimmtes zu konzentrieren. Bei der Fülle verschiedener Bibelausgaben und -übersetzungen, die es heute gibt, ist sicher für jeden eine passende Ausgabe dabei.

Betty, die mit einer alten Bibelübersetzung aufgewachsen ist und diese oft umständlich und verwirrend fand, erinnert sich noch gut an ihre überwältigende Freude, als sie die „Gute Nachricht" entdeckte. Zum ersten Mal in ihrem Leben fand sie das Bibellesen richtig spannend. Bis dahin hatte sie es immer eher getan, weil sie wusste, dass sie es tun „sollte". Sie erinnert sich noch genau an den Tag 1971, als sie ihre erste komplette „Gute Nachricht" kaufte. Wenn sie heute diese erste Ausgabe zur Hand nimmt, kann sie an den Unterstreichungen und Markierungen noch die geistlichen Lektionen nachvollziehen, die sie im Laufe der Jahre gelernt hat. Diese moderne Übersetzung war Betty in ihrer persönlichen stillen Zeit eine große Hilfe. Für intensivere Bibelarbeiten benutzt sie jedoch auch andere Ausgaben. Wir möchten Ihnen Mut machen, sich ruhig verschiedene Bibelausgaben genauer anzusehen.

Viele Choleriker finden, dass die bereits im Handel erhältliche Computersoftware ein großartiges Hilfsmittel bei der Bibelarbeit ist. Die meisten Programme enthalten viele unterschiedliche Übersetzungen und Übertragungen und außerdem Kommentare, Nachschlagewerke und Karten. Nehmen Sie sich Zeit, die unterschiedlichen Angebote zu prüfen, und sprechen Sie mit anderen Cholerikern darüber, um herauszufinden, was am ehesten Ihren Bedürfnissen entspricht.

Vielleicht haben Sie schon von Leuten gehört, die die Bibel bereits mehrfach von vorn bis hinten durchgelesen haben, und möglicherweise haben Sie es sogar selbst versucht – immer wieder – und spätestens beim dritten oder vierten Buch Mose aufgegeben. Vielleicht hat die Ausdauer des Cholerikers Sie sogar bis zum Ende durchgetragen, aber wahrscheinlich ohne viel persönlichen Gewinn.

Betty hat irgendwann festgestellt, dass ihr die Jahresbibel die größte Hilfe ist. Es gefiel ihr, dass alles in klare Abschnitte gegliedert war und sie nicht ständig nachschlagen musste – jeden Tag einen Abschnitt aus dem Alten Testament, einen aus dem Neuen Testament, Psalmen und Sprüche – Klarheit, Einfachheit und ein messbares Ziel. Wenn man jeden Tag einen Abschnitt liest, hat man in einem Jahr die gesamte Bibel einmal durchgelesen.

Unsere Freundin Donna Partow kaufte sich die erwähnte Software zur Bibel. Sie und ihre Pflegetochter Nikki, ebenfalls eine

Cholerikerin, entdeckten, dass darin auch ein Bibelleseprogramm war, das jeweils anzeigte, wie viel Prozent des Gesamtumfangs der Bibel man bereits gelesen hatte. Es hat den beiden viel Spaß gemacht zu verfolgen, wie die Prozentzahlen stetig stiegen, und sie liegen jeden Tag im Wettstreit miteinander, wer schon mehr hat. Das hilft ihnen, am Ball zu bleiben.

Auch Barbara Anson hat Ziele in Bezug auf ihre persönliche Bibellese. Sie sagt: „Ziele sind ebenfalls ein wichtiger Teil meines Lebens. Vielleicht eine der besten Veranschaulichungen dafür ist das Jahr, als mein Mann und ich auf Grund anderer Studien aufhörten, zusammen die Jahresbibel zu lesen. Als meine zeitintensivsten Studien im Mai zu Ende waren, fing ich nicht nur für mich selbst wieder an, in der Jahresbibel zu lesen, sondern ich machte mir einen Plan, mit dessen Hilfe ich die verlorenen Monate so schnell wie möglich aufholen konnte. Das ist jetzt drei Jahre her, und obwohl wir die Jahresbibel als Paar nicht mehr gemeinsam lesen, fange ich jedes Jahr wieder von vorn an. Bei meiner Persönlichkeitsstruktur (ziemlich genau halb cholerisch, halb melancholisch) werden Sie ja sicher wissen, dass ich, wenn ich an einem Tag mein Pensum nicht schaffe, dieses und das nächste am folgenden Tag nachhole. Wenn ich im Voraus weiß, dass mein Zeitplan sehr eng ist, arbeite ich oft auch die betreffenden Tage vor."

## Von Choleriker zu Choleriker

Vorankommen und Aktion, praktisch und ausdauernd, darum geht es den Cholerikern im Leben. Ihre natürliche Fähigkeit zur Leitung sagt ihnen instinktiv, was zu tun ist und wie es zu schaffen ist. Sie sind die „Martha"-Persönlichkeiten, getrieben von ehrbaren Motiven, immer beschäftigt mit lohnenden Zielen und Projekten. Weil es ja so viel zu tun gibt, übergehen sie leicht die Pflege des inneren Lebens und finden Ausreden, um das Bibellesen zu vernachlässigen und regelmäßig zu beten.

**Ole Hallesby sagt, dass Choleriker gefährdet sind, „...geistlich verkümmerte Christen zu werden, die sich selbst in**

**christlichen Taten und Werken übertrumpfen, aber nicht lange genug still sind, um sich selbst mit der Kraft von oben durchtränken zu lassen, sondern sich lieber auf die eigene Intelligenz und Stärke verlassen.**

**Deshalb müssen Choleriker einige Energie einsetzen, um immer wieder auch innezuhalten, und in ihrem geschäftigen Leben auf Gottes Anweisungen zu hören. Glücklicherweise sind Choleriker zäh und können sich deshalb selbst dazu bringen, etwas zu tun, wenn sie davon überzeugt sind, dass sich dadurch in ihrem Leben etwas verändert."***

Der Rat, den wir von den befragten Cholerikern auf die Frage bekamen, was jemand tun soll, der anfangen möchte, regelmäßig stille Zeit zu halten, war umwerfend: „Tu es einfach!"

---

* Ole Hallesby, *Temperament and the Christian Faith,* Augsburg Publ., 1962

# Kapitel 7

# Melancholiker

*Seid vollkommen, wie auch euer himmlischer Vater vollkommen
ist.*                                                    Matthäus 5,48

„Ich war so sauer auf mich! Ich habe mich selbst dafür fertig gemacht, dass ich als Christin nicht perfekt bin ... es nicht richtig
mache ... aber... was ist richtig? Wer außer Gott ist denn schon
perfekt? Warum kann ich in meiner stillen Zeit nicht kreativ sein?
Ich mache immer und immer wieder das, was ich immer mache."

Das war die frustrierte Aussage von Georgia Shaffer auf unsere
Anfrage nach der Gottesbeziehung als Melancholiker. Es stellte
sich heraus, dass dieses Gefühl oder ähnliche bei fast allen befragten Melancholikern vorhanden war.

Die Referentin Pam Christian formulierte ihre Empfindungen
folgendermaßen:

„Ich werde niemals den Tag vergessen, an dem der Herr mir
durch meine eigenen Worte zeigte, wie sehr meine Gebete voller
falscher Logik steckten und wie wenig Glauben dahinter stand.
Mein Mann und ich waren schon seit zwei Jahren arbeitslos. Ich
war sehr bedrückt von unseren Lebensumständen. Weil ich meinen Mann und die Kinder dadurch nicht noch mehr belasten wollte, suchte ich mir einen Platz, an dem ich allein sein konnte. Ich
entschied mich für die Dusche und drehte das Wasser auf, damit
mein Schluchzen nicht zu hören war. Weil ich mich so verlassen
fühlte, schrie ich im Gebet zu Gott: **,Herr, in deinem
Wort versprichst du, dass du uns nicht
mehr aufbürdest, als wir tragen können.
Aber ... ich bin nicht so stark, wie du
meinst!'**

Schon während ich die Worte sagte, wusste ich, dass meine
Logik und mein Glaube verdreht waren. Gott ist Gott, und seine

Versprechen sind Versprechen. Er hätte meine derzeitigen Lebensumstände nicht zugelassen, wenn er nicht davon überzeugt gewesen wäre, dass wir sie gemeinsam bewältigen konnten. Als mich auf einmal diese Erkenntnis überkam, dass er ja wusste, was los war, sagte ich: ‚Okay, Gott, ich weiß nicht, warum ich mir überhaupt die Mühe machen soll, mit dir zu streiten – du hast ja sowieso immer Recht.'

Aber ich habe diesen Tag nie vergessen und den Augenblick, als mir klar wurde, dass Gott Bescheid wusste und bei mir war. Dieses Wissen hielt mich in den folgenden Jahren finanzieller Unsicherheit aufrecht, in denen wir fast alles verloren, außer einem Auto, unseren Möbeln und unserer Kleidung. Alles, was wir uns so mühsam erarbeitet hatten, war weg. Doch Gott war der Meinung, dass ich mit ihm zusammen damit fertig werden konnte, also packten wir es an. Gott hat immer Recht, und seine Wege sind höher als meine und seine Gedanken höher als meine Gedanken – und das, obwohl ich eine tiefgründige Melancholikerin bin."

## Selbstprüfung

Pam Christian sagt, dass sie immer noch dabei ist zu lernen, dass Gottes Gedanken höher sind als unsere Gedanken (Jes. 55,9). Wir fanden ihre Geschichte typisch für die vielen anderen Geschichten der von uns befragten perfekten Melancholiker.

Melancholiker sind sehr tief schürfende Menschen, und das spielt auch in ihrer Beziehung zu Gott eine sehr wesentliche Rolle. Beim Durchsehen der vielen Fragebögen, die wir zurückbekommen haben, ist uns aufgefallen, dass im Leben von Melancholikern ständig wieder von Selbstprüfung die Rede war.

Georgia Shaffer sagte: „Wenn ich mir etwas wünschen dürfte, dann wäre das, dass ich so sehen könnte wie Gott sieht und Klarheit über seinen Willen hätte. **Es ist eine Sache, seinen Willen zu tun, aber manchmal, wenn ich bete und die Dinge nicht perfekt werden, dann zweifle ich an mir. War das wirklich eine Anweisung von Jesus? Habe ich irgendwo nicht richtig zugehört? Im**

**Grunde lässt es sich auf meinen Wunsch reduzieren, perfekt zu sein. Also muss ich an meinen Erwartungen arbeiten. Ich arbeite daran, Jesus zu erlauben, dass er mir zeigt, wie ich auf seine Art glücklich sein kann, ohne mich ständig nur anzustrengen und abzumühen."**

Immer wieder bekamen wir Kommentare zu hören wie den von Irene Carloni: „Meine Beziehung zu Gott ist gut ... aber sie könnte noch besser sein! Ich möchte gerne mehr über meinen Gott erfahren und wissen. Ich habe mich zwar im Laufe der Jahre entwickelt, aber ich bin immer noch nicht zufrieden."

Barbara Anson hat das Gefühl, „dass meine Beziehung zu Gott immer in Arbeit ist, weil ich stetig im Glauben wachse und Gott immer besser gehorchen kann. Ich lerne endlich, Gott im Blick zu haben, sein Wesen, seine Eigenschaften und besonders seine Souveränität, statt meiner eigenen Situation."

## Kopf oder Herz?

Melancholiker werten wegen ihres Wunsches nach Vollkommenheit ihr Wissen oft höher als ihre Gefühle. Uns fiel auf, dass viele darüber sprachen, wie lange es bei ihnen dauert, bis ihr Kopfwissen sich in eine Herzensbeziehung zu Jesus verwandelt.

Pat Sikora berichtete: „Nach einer ersten ‚Flitterwochenzeit', als ich im Alter von 28 Jahren Christ geworden war, vertrocknete alles, und meine Beziehung zu Jesus war insgesamt ziemlich kopflastig. Im Laufe der folgenden 20 Jahre habe ich unglaublich viel Wissen angehäuft, aber mir fehlte immer Kraft und Freude und Gefühl. Ich weiß, dass wir nicht nur für gute Gefühle leben sollen, aber ich schaue mich um und sehe, dass alle anderen eine emotionale Beziehung zu Gott haben, intensive Gebetszeiten, und ich stehe da, kalt und allein. Ich habe alles versucht, verschiedene Gemeinden, verschiedene Bibelausgaben, verschiedene Arbeitsmethoden. Viel Dienst, Machen, Nachfolge. Alles!

Nichts hat funktioniert! Ich fühlte mich wie ein Stiefkind. Ich fühlte mich minderwertig, nicht gut genug, unsichtbar. Es war schrecklich! Ich fühlte mich immer wie eine Versagerin. Aber ich leitete weiter Bibelarbeitsgruppen, schrieb Bibelarbeiten, betete für andere, immer gebend, nie empfangend – selbst wenn die betreffende Arbeit eigentlich für mich gedacht war."

Pat erzählte weiter, wie ihr inzwischen klar wird, dass ein großer Teil ihres Kampfes mit ihrer eigenen Vergangenheit zu tun hat und mit ihren Schwierigkeiten zu fühlen, wenn jemand sie liebt. Außerdem ist ihr inzwischen klar, dass der Schritt vom Kopfwissen, nämlich all dem, was Gott sagt, hin zum Glauben dieser Aussagen und zu der Entscheidung, ihm ihr Leben anzuvertrauen, Glauben in jeder Hinsicht bedeutet, und das macht ihr manchmal richtig Angst.

## Hohe Erwartungen!

Pat war nicht die Einzige, die ausdrücklich sagte, wie viel Mühe es ihr machte, die Liebe in der Beziehung zu Jesus wirklich zu fühlen. Becky Gilkerson schreibt:

„Ich war schon seit 30 Jahren Christin, als ich die Gnade Gottes wirklich real erlebte und zum ersten Mal in meinem Leben merkte, wie wenig ich sie verdient hatte. In der Gnade Gottes zu leben und das immer mehr zu erkennen, hat mich dazu geführt, dass meine Beziehung zu ihm noch enger und intensiver geworden ist. Ich musste lernen, dass es nicht um mich geht, sondern um *ihn*. Je näher ich meinem Erlöser komme, desto klarer wird mir, wie viel mehr es in dieser Beziehung noch zu erfahren und erleben gibt. Ich bete, dass ich auch weiterhin positiv überrascht werde von Gottes Gnade mir gegenüber und dass ich mich weiter nach einem intensiveren Weg mit ihm ausstrecke. Ich war Gott noch nie so nah wie jetzt. Gott hat mir in letzter Zeit auf ganz reale Weise gezeigt, wie sehr er mich liebt und dass er etwas mit mir vorhat."

**Überhöhte persönliche Erwartungen und Maßstäbe hindern Melancholiker immer wieder daran, die Liebe und Annahme, die Gott ihnen anbietet, konkret zu erfahren. Ihr starkes Bedürfnis nach**

**persönlicher Vollkommenheit macht sie überkritisch sich selbst und anderen gegenüber. Weil sie in erster Linie die Bereiche im Blick haben, in denen sie versagen, sind sie immer wieder frustriert, was wiederum zu Mutlosigkeit oder sogar Depressionen führen kann.**

Pam Christian beschreibt ihre Gefühle so: „Als Kind und Jugendliche war ich oft enttäuscht und verletzt, wenn andere Leute nicht an meine Erwartungen oder Ideale heranreichten. Ich war eine normale Jugendliche, also dachte ich, alle wären wie ich! Ich konnte nicht verstehen, warum andere nicht dasselbe für wichtig oder dringlich hielten wie ich oder dass sie nicht sahen, wie notwendig es war, genau zu sein oder etwas ‚richtig' zu machen. Ich wurde oft als zu idealistisch bezeichnet oder als perfektionistisch und oft von Leuten deshalb auch abgelehnt. Das hat mich sehr verletzt und dazu geführt, dass ich mich immer mehr zurückgezogen habe. Es änderte aber nichts an meiner Sichtweise. Mit der Zeit und zunehmenden Erfahrungen wurden meine Ideale durch Weisheit, Wissen und Mitgefühl gemäßigt – vielleicht auch wegen der Verletztheit und Frustration, die ich so oft bei anderen hervorrief, aber ganz sicher durch Jesus."

Dieser Hang von Melancholikern zum Perfektionismus wurde ganz deutlich in der Geschichte, die Marjorie Chandler uns schrieb. Sie sollte auf einem großen Kongress für Singles ein Seminar abhalten. Als sie morgens aufwachte und sah, dass alles unter einer dicken Schneedecke lag, war sie ganz sicher, dass viele Leute sich drinnen aufhalten und an ihrem Seminar teilnehmen würden. Ihre Veranstaltung, die direkt vor und nach der Mittagspause stattfinden sollte, wurde in einem Raum abgehalten, der 400 Personen fasste. Man stelle sich ihre Enttäuschung vor, als nur ein paar wenige Leute dort auftauchten. Beim Mittagessen entdeckte Marjorie dann, dass die Leute lieber draußen Eishockey spielten als an ihrem Seminar teilzunehmen.

„... Aber diejenigen, die am Vormittag die Chance hatten verstreichen lassen, an dem Seminar teilzunehmen, würden ja bestimmt am Nachmittag kommen, dachte ich. Ich beeilte mich, den Raum wieder herzurichten, ordnete meine Folien für den

Overheadprojektor neu, legte die Arbeitsblätter zurecht, überprüfte die Heizung, das Licht, die Mikrofone und betete. Ja, alles war bereit.

Es verging eine Viertelstunde, eine halbe. Niemand kam. Vielleicht trödelten sie beim Mittagessen. Ich sah aus dem Fenster: kein Mensch in Sicht. Ich ging durch die Reihen und betete. Langsam sammelte ich mein Material wieder ein, immer noch hoffend. Weitere zehn Minuten später zog ich Jacke und Stiefel an, schaltete das Licht aus und fragte mich, wieso ich mich zu diesem Zeitpunkt an diesen Ort berufen gefühlt hatte."

Eine solche Situation ist für einen Melancholiker eine echte Prüfung. Sie schwanken hin und her zwischen Zorn und Verletztheit, wenn andere nicht die „Ernsthaftigkeit" oder den „Wert" dessen zu würdigen wissen, was sie anzubieten haben. Und mit genau solchen Gefühlen hatte Marjorie an jenem Nachmittag zu kämpfen, als sie die verschneiten Bergpfade entlangging und Gott erlaubte, die „vertane" Zeit zu nutzen, um ihr zu zeigen, was er sich von ihr am meisten wünschte, nämlich dass sie sich ihm einfach nur zur Verfügung stellte.

„Wenn ich allein irgendwo spazieren gehe, rede ich oft laut, manchmal schreie ich, vergieße die eine oder andere Träne, bitte um etwas, stelle Fragen, äußere meinen Frust, meine Wut und meinen Kummer und komme dann fast immer mit neuer Hoffnung wieder nach Hause zurück. Ich hatte ein einstündiges Seminar geplant und vorbereitet, aber Gott wollte einfach, dass ich da war, zur Verfügung stand, um an diesem Wochenende jederzeit und an beliebiger Stelle einsatzbereit zu sein. **Ich habe damals gelernt, nicht zu erwarten, dass die Dinge auf eine ganz bestimmte Weise passieren müssen, nicht so, wie ich es anweise und regele, und stattdessen jeden Tag so zu nehmen und zu genießen, wie er kommt. Gott hat mit allem etwas vor."**

Pam Christian stimmt darin zu: „Ich bin oft verblüfft darüber, warum andere nicht merken, welch ‚schwer wiegende' Konsequenzen ihr Benehmen oder ihre Aussagen haben. Melancholiker können vielleicht als perfekt bezeichnet werden, allerdings in dem Sinne, dass sie wollen und sich wünschen, dass alles perfekt sein soll. Mir wird jetzt klar, dass ich von Natur aus einen sehr hohen Maßstab anlege. Ich habe aber auch erfahren, dass Gott mir meine Fehler genauso gern vergibt und genauso viel Mitgefühl mit mir hat, wie er es sich bei mir in meiner Beziehung zu anderen wünscht. Statt nirgends dazu zu passen und übersensibel zu sein, wie es mir in meiner Kindheit und Jugend oft signalisiert wurde, kann ich jetzt meine Gaben auf positive Art und Weise nutzen."

Pam findet ihre Freude am Leben im Vermitteln des Wortes Gottes. Melancholiker mit ihrem starken Wunsch, „richtig" zu sein, ergründen nicht nur die Motive anderer, sondern ihnen ist auch sehr bewusst, dass sie immer wieder ihre eigenen überprüfen müssen. „Ich tue so viel aus eigener Kraft, wo es gar nicht nötig wäre. Wenn ich doch weiß, dass meine eigene Kraft gleich null ist, wäre es töricht sich eher auf mich selbst zu verlassen als auf Gott", sagte Jim. „Ich weiß, dass ich nicht realistisch bin, wenn ich mich selbst nach meinen guten Absichten beurteile, dazu kenne ich mein eigenes Herz zu genau. Ich muss wahrhaftig und echt handeln, indem ich aktiv meine Motive untersuche, viel mehr, als das bis jetzt der Fall ist (obwohl ich es schon ziemlich viel tue, weil ich mir sehr wünsche, vor Gott so demütig zu sein, wie er es möchte)."

In dem inneren Kampf dieses Mannes wird das für Melancholiker so typische Prüfen und nochmals Prüfen deutlich, das häufig völlig unnötige Ängste nach sich zieht.

## Glaube oder Furcht

„Es ist mein Wunsch, mich immer völlig Gott auszuliefern, aber manchmal weiß ich einfach nicht, wie ich das machen soll. Ich habe Angst, ihn zu enttäuschen, was ja zwangsläufig der Fall ist. Ich habe Angst, seinen Willen für mich nicht so zu verstehen, wie ich es gern hätte. Ich habe Angst, nicht so auf ihn ausgerichtet zu sein, wie es eigentlich richtig wäre, und zwar nicht, weil ich dafür keine Zeit investiere – sondern vielleicht, weil ich nicht mein ganzes Herz einsetze!"

Diese Ängste erstreckten sich auch auf die Zukunft. Becky sagt weiter: „Ich wusste, welche Lebensbereiche ich Gott nicht überlassen hatte, und ich hatte Angst vor dem, was ich vielleicht würde aufgeben müssen, wenn ich regelmäßig Zeit mit ihm verbringen und auf ihn hören würde. Je näher ich meinem Erlöser komme, desto klarer wird mir, wie viel mehr es im Rahmen dieser Beziehung noch zu erleben gibt. Ich bete dafür, dass ich weiterhin positiv überwältigt werde von der Gnade, die Gott mir erweist, dass ich mich noch mehr ausstrecke nach einem intensiveren und innigeren Weg mit ihm. Jetzt, wo ich anfange, regelmäßig Zeit mit Gott zu verbringen, fängt er an, mich zu verändern, und ich bin bereit, ihm weitere Bereiche meines Lebens auszuliefern. Dass ich nicht mehr so schwere Lasten mit mir herumschleppe, ist das freudige Resultat dessen, dass ich meine Ängste an Gott abgegeben habe. Dabei muss ich gar nichts aufgeben, sondern Gott gestattet mir vielmehr, es ihm zu überlassen, damit er es an meiner Stelle tragen kann."

Die meisten Melancholiker haben den Wunsch nach einer starken Gottesbeziehung, wie sie in der Bibel gelehrt wird, aber ihr eigenes kritisches Denken gibt ihnen oft das Gefühl ständiger Unzulänglichkeit.

## Am Erfolg gemessen

Alle Melancholiker erwähnten die innere Sehnsucht, durch die sie motiviert werden, Gott auf immer neue und tiefere Weise zu erleben und zu erfahren. Neben ihren hohen Erwartungen, wie sich ihre Beziehung zu Gott „anfühlen" soll, stand das Gefühl, dass andere Menschen hohe Erwartungen in Sachen Verbindlichkeit und Engagement an sie hatten. Das zeigte sich in einem etwa gleichmäßig aufgeteilten Bedürfnis nach „mehr Wissen" und „mehr Einsatz". Oft schienen sie fälschlicherweise die Intensität ihrer persönlichen Beziehung zu Gott daran zu messen, wie vielen „frommen" Aktivitäten sie nachgingen.

Ein Geistlicher, der lieber anonym bleiben möchte, berichtete uns, wie er wegen seines Erfolgs in seinem geistlichen Amt scheiterte: „Vielleicht hört es sich merkwürdig an, aber mein geistliches Scheitern lag auch teilweise an meinem weltlichen Erfolg. Ich arbeite beim Rundfunk. Jesus hat viele Türen geöffnet und uns in unserer Arbeit dort Erfolg geschenkt. Aber meine Werke sind eben kein Ersatz für Beziehung. Manchmal gehe ich durch zu viele Türen, die gerade offen sind. Die Folge ist dann, dass ich zwar viele gute Dinge tue, durch die dann aber auch die Zeit beschnitten wird, die nötig ist, um eine Beziehung zu Jesus aufzubauen und zu pflegen. Es ist nicht seine Schuld, das weiß ich. Ich kann bezeugen, dass er in solchen Situationen immer wieder barmherzig zu mir ist. Ich liebe ihn von Herzen. Die Bibel spricht von Menschen, die am Jüngsten Tag vor ihm stehen und ihn Herr nennen. Sie führen zu ihren eigenen Gunsten ins Feld, dass sie in seinem Namen wunderbare Dinge getan haben. Der Herr widerlegt ihr Anliegen nicht, aber er schickt diese Gruppe engagierter Mitarbeiter weg, weil sie ihn nicht kennen. **Der Punkt ist nicht, was ich tue, sondern warum ich es tue. Man kann den Karren nicht vor das Pferd spannen. Wir sollen für ihn tätig werden, weil wir ihn lieben, und nicht, um uns seine Gunst und sein Wohlwollen zu verdienen. Manchmal versuche ich das trotzdem. Es macht mir auch Spaß, zu viel zu arbeiten.‟**

Diese Art der Selbstanalyse ist gleichzeitig eine Schwäche und eine Stärke der Melancholiker. Das Maß der Mitarbeit eines Menschen wird oft nach dem Erfolg in dieser Arbeit beurteilt. Dabei gelangt man dann leicht zu der Überzeugung, dass unsere Beziehung zu Gott schon allein dadurch ein Erfolg ist, dass wir in unserem Tun für ihn erfolgreich sind. Auf einem Fragebogen, den der Autor und Geistliche Derek Prince beantwortete, heißt es: „Die schwerste Prüfung, mit der ich als Christ konfrontiert wurde, beruht auf meinen eigenen Erfahrungen in fünfzig Jahren Dienst. Es mag Sie überraschen, aber die schwerste Prüfung ist Erfolg, und es ist auch gleichzeitig die Prüfung, bei der die Wahrscheinlichkeit zu bestehen am geringsten ist.‟

Leider kommt mit dem Erfolg auch oft der Stolz. Sally ist eine Melancholikerin, die genau so eine Entwicklung selbst erlebt hat. Sie war als Autorin und Referentin tätig und wurde immer bekannter und gefragter. Ihre Bücher verkauften sich sehr gut und sie bekam mehr Einladungen zu Vorträgen, als sie annehmen konnte. Sie war in ihrem „Dienst" so beschäftigt, dass es ihr immer schwerer fiel, Zeit für die Stille vor Gott zu reservieren. Es war gar nicht so schwierig, dieses Problem wegzudiskutieren mit der Begründung, dass die Vorbereitung und das Lesen für ihre Bücher, Referate und Artikel ja „eigentlich auch persönliche stille Zeit waren." Mit zunehmender Beliebtheit und Bekanntheit nahm jedoch auch Sallys Gefühl zu, besonders wichtig zu sein. Es kamen so viele Leute zu ihr, die Hilfe in persönlichen Fragen bei ihr suchten, und sie bekam viel Lob für ihre Weisheit. Sally begann, ihren eigenen „Presseerklärungen" zu glauben, nämlich dass Gott ihr eine besondere Fähigkeit geschenkt hatte, die Probleme von Menschen zu sehen und zu lösen.

Das Problem war nur, dass Sally böse wurde, wenn andere die Dinge nicht so beurteilten wie sie selbst. Ihr Herz, das einmal das „Herz einer Dienerin" gewesen war, verwandelte sich jetzt in eines, das meinte, gewisse „Sonderrechte" zu haben. Ihre Haltung wurde fordernd. Ihre Erwartungen in Bezug auf Sonderbehandlung, Zugeständnisse und Privilegien standen immer mehr über ihrem Anliegen, anderen zu dienen. Sie wollte gemeinsam mit anderen betriebene Arbeitszweige kontrollieren oder neu organisieren. Oft griff sie Freunde oder Leiter an, die ihre Standpunkte nicht teilten, und untergrub deren Autorität mit negativen Kommentaren. Sie entfremdete sich langsam von guten Freunden und Partnern. Ihre Popularität nahm ab, und damit gingen auch die Buchverkäufe zurück.

Zunächst gab Sally die Schuld dafür Kollegen, die ihrer Meinung nach nur neidisch auf ihren Erfolg waren. Dann suchte sie die Schuld bei ihren Zuhörern, die „sich keinen geistlichen Herausforderungen stellen" wollten. Und schließlich fiel Sally in eine Depression und gab Gott die Schuld. Aber Gott, der so geduldig mit uns ist, hörte nicht auf, sie behutsam anzusprechen. Dann kam sie an den Punkt, an dem sie grundsätzlich zugab: „Ich kann mich selbst nicht ausstehen." In ihrer Verzweiflung und weil sie inzwischen wieder viel freie Zeit hatte, nahm Sally ihre alte Gewohnheit auf, Tagebuch zu schreiben. Als sie dort ihre Wut, ihren Frust, ihre Ängste und Einsamkeit ausschüttete, merkte sie, dass sie die Beziehung wieder entdeckte, die sie früher zu Jesus gehabt hatte. Sie erkannte und bekannte ihre selbstgerechte Haltung, bat

Gott und auch diejenigen, die sie kritisiert und verletzt hatte, um Vergebung. Sally und Gott sind sich wieder sehr viel näher und sie wird inzwischen auch wieder von Gott eingesetzt. Sie weiß jetzt jedoch um die Gefahren des Erfolges und sorgt dafür, dass ihr Zeitplan immer genug Raum für ihre ganz persönliche Zeit mit Jesus lässt.

## Starr oder gerecht?

Bei einer Zusammenkunft christlicher Leiter stellte sich Sally kürzlich als „genesende Pharisäerin" vor. Die Pharisäer waren die religiösen Führer im Neuen Testament. Sie waren stolz darauf, mehr zu wissen und zu tun als alle anderen. Natürlich waren nicht alle Pharisäer Melancholiker, aber die Persönlichkeitsstruktur des Melancholikers hat ebenfalls immer mit den Themen Stolz, Wissen und Leistung schwer zu kämpfen. Außerdem waren die Pharisäer bekannt für ihre Gesetzlichkeit. Der Apostel Paulus sagt in Philipper 3,4-14 über sich selbst, dass er ein Pharisäer gewesen ist, hervorragend ausgebildet, konsequent im Praktizieren der Regeln und Konsequenzen seines Glaubens und mit vielen Erfahrungen im Rücken, die seine Vollmacht und Autorität bestätigten. Er wusste allerdings auch sehr genau, welche Gefahren es birgt, sich ganz und gar auf das perfekte Einhalten der Regeln und auf persönliche Leistungen zu verlassen. Deshalb erinnerte er seine Zuhörer daran, dass all das nichts bedeutet, wenn man nicht aus Liebe zu Jesus und den Menschen handelt.

**Gesetzlichkeit ist für Melancholiker eine gefährliche Falle. Durch ihre tiefe Sehnsucht nach Perfektion machen sie sich auf die Suche nach den „richtigen" Methoden. Das kann zu einer Strenge und Starrheit führen, die davon ausgeht, dass man nur geistlich ist, wenn man einem festgesetzten, disziplinierten Raster folgt.** Wenn es Melancholikern dann gelingt, sich an dieses Schema zu halten, fühlen sie sich vielleicht stolz und selbstgerecht. Wenn es ihnen allerdings Probleme bereitet, ihre eigenen Überzeugungen oder die „richtige" Methode des geistlichen Lebens zu praktizieren, dann kann sie das in eine tiefe Depression stürzen.

Pam Christian hat ihren Kampf mit den „Du musst" und „Du solltest aber" gelöst, indem ihr klar wurde: „Wenn ich sagen würde: *Ich muss jeden Morgen um sechs aufstehen, um zu beten*, dann kann ich das mit Sicherheit tun, aber es würde schon bald sinnlos werden – kein bisschen echt. Ich möchte aber immer echt sein, und ich kenne einfach so viele Leute, die es nicht sind. Sie sagen, du *musst* dies oder das tun. Es ist so, als ob sie eine ernsthafte stille Zeit weniger schätzen, wenn man keinen täglichen regelmäßigen Ablauf hat. Routine um der Disziplin willen scheint die Ernsthaftigkeit der Sache an sich zunichte zu machen. Ich fühle mich weniger eng mit Gott verbunden, wenn ich versuche, mich an ein so starres Raster zu halten."

Und auch hier kann man wieder den ständigen Kampf der Melancholiker erkennen zwischen dem Richten und Verurteilen anderer und der Angst, dem eigenen Maßstab nicht gerecht zu werden. Pam möchte, dass ihre Begegnung mit Gott frisch und bedeutungsvoll ist und nicht einfach nur Routine; aber irgendwie hat sie auch Angst, dass andere (vielleicht sogar auch Gott) ihre stille Zeit nicht ernst nehmen oder anerkennen könnten, wenn sie sich nicht an vorgegebene Abläufe hält.

Oswald Chambers schreibt über die Gefahr starrer Routine bei Melancholikern: **„Deine kleine christliche Angewohnheit kann zu deinem Gott werden, beispielsweise die Gewohnheit des Betens zu festgesetzten Zeiten. Gib Acht, wie dein himmlischer Vater diese Zeiten umstoßen wird, wenn du anfängst, deine Gewohnheit zu verehren, statt dessen, wofür sie stehen.** ‚Ich kann dies jetzt nicht tun, ich bete gerade; dies ist meine Stunde mit Gott.' Nein, es ist eine Stunde deiner Gewohnheit. Es gibt eine Eigenschaft, die dir noch fehlt. Erkenne diesen Mangel und füge die Eigenschaft hinzu, und dann suche nach Gelegenheiten, dich darin zu üben."*

---

* Oswald Chambers, *Mein Äußerstes für sein Höchstes* (Berchthold Haller Verlag, Bern, 1983, 21.Aufl.), Eintrag vom 12. Mai

Das war Pams Erfahrung. Andere Christen stellen dagegen fest, dass der Tag einfach so verrinnt und sie keine Begegnung mit Gott haben, wenn sie dafür nicht eine bestimmte Zeit reservieren.

Wir möchten Ihnen Mut machen zu experimentieren, neue Zeiten auszuprobieren oder andere Orte, wo Sie ihm begegnen können. Sie sind einzigartig, und er wird Ihnen die für Sie ‚perfekte' Methode zeigen.

Melancholiker geben meist sich selbst die Schuld, wenn es mit ihrer stillen Zeit nicht so klappt, wie sie es sich vorstellen. Deshalb tun sie alles, um eine „perfekte" Methode zu finden, jeden Tag Gott zu begegnen, und ebenso eine „perfekte" Methode zu beten, in der Bibel zu lesen und die Erwartungen zu erfüllen, von denen sie meinen, dass Gott sie hat. Weil Melancholiker Pläne und Organisation lieben, sind sie sowohl Verfasser als auch Käufer des größten Teils der angebotenen Andachtsliteratur. Ihr disziplinierter Zugang zur „perfekten stillen Zeit" wird allen anderen Persönlichkeitstypen als beispielhaft dargestellt. Das einzige Problem dabei ist, dass die meisten perfekten Melancholiker bereits übervolle Terminkalender haben und dass sie ständig den Eindruck haben, dem von ihnen selbst aufgestellten Maßstab nicht gerecht zu werden.

Melancholiker, bitte entspannt euch! Gott liebt euch, nimmt euch an und möchte euch dazu befreien, euch selbst zu lieben, mitsamt all eurer Unvollkommenheit, und er möchte, dass ihr seine Liebe erwidert.

## *Gott begegnen*

Wir wollen im Folgenden etwas genauer betrachten, wie andere Melancholiker gelernt haben, sich nicht mehr so abzumühen und Gott jetzt ganz frisch und neu auf einer neuen Ebene begegnen.

Mark Reed, der für die Zeitschrift *Decision* (Entscheidung) schreibt, spricht über seine Erfahrungen: „Manchmal bin ich so sehr damit beschäftigt, Gott zu sagen, was ich alles brauche, dass ich ganz vergesse, auf ihn zu hören. Bei allem, was um mich her los ist, erfordert es ziemlich viel Mühe und Konzentration, Gottes Stimme zu hören. Ich habe einige Grundsätze entdeckt, die mir dabei helfen, ihn und seinen Willen im Blick zu behalten. Die Zeit, in der ich zuhöre, ist in Stein gemeißelt. Ich lasse mich dabei von nichts unterbrechen. Während meines einstündigen Morgengebets konzentriere ich mich ganz auf das Wort Gottes – ich lese, lerne auswendig, meditiere und schreibe Tagebuch. Ich erinnere mich während dieser Zeit daran, dass Gott durch sein Wort zu mir spricht. Nachdem ich in der Bibel gelesen habe, schicke ich Gedanken weg, die von außen kommen, damit ich mich ganz auf Jesus konzentrieren kann. Jede Woche versuche ich außerdem, mir Ruhepunkte zu verschaffen, Zeiten, in denen ich am Strand spazieren gehe oder mich in meinem Büro einschließe und Zeit in der Gegenwart Gottes verbringe. Ich stelle fest, dass ich alles in meinem Leben einplanen muss, wenn ich meine Prioritäten leben will."*

Auch Marjorie Chandler liebt Zeitpläne, aber dadurch, dass sie so viel unterwegs ist, geraten diese Pläne ständig durcheinander, und das frustriert sie. Sie hat sich ihre ganz persönliche Liturgie ausgedacht: „Ich beginne jeden Tag, indem ich die Arme ausbreite und laut sage: ‚Dies ist der Tag, den der Herr gemacht hat, ich will mich freuen und mein Haus putzen (oder andere konkrete Aufgaben, die auf meinem Plan stehen) und fröhlich sein.' Danach vertraue ich dann meinen Verstand, meinen Körper und meine Gefühle Gott an. Das ist dann die Kulisse für die Rolle, die ich an diesem Tag in Gottes Inszenierung spiele."

Becky Gilkerson, die ebenfalls Pläne liebt, musste lernen, auf ganz neue Weise mit Gott in Verbindung zu treten. Als Ehefrau und Mutter von drei Kindern, als Mitarbeiterin in ihrer Gemeinde, Regisseurin, Schriftstellerin und Produzentin von Kindermusicals musste sie ihre Zeiten mit Gott neu an ihre Lebenssituation anpassen. „Die unterschiedlichen Arten, wie ich zu ihm komme, sind intensiv, spontan und nie eingefahren. Den spontanen Aspekt musste ich allerdings erst lernen ... aber dass ich mein Gebetsleben weniger reglementiert und geordnet gestalte, wird mir jetzt zum Segen. Ich versuche, jeden Tag Zeit für diese Begegnung mit Gott zu reservieren. Wenn ich morgens keine Gelegenheit habe,

---

* Mark Reed, *Decision* Magazine (Januar 1997)

mit ihm allein zu sein, komme ich abends zu ihm, wenn der Rest der Familie fernsieht."

Zwar ist das Aufstellen und Einhalten von Zeitplänen für alle Persönlichkeitstypen ein Problem, aber Melancholiker machen eher als andere einen Unterschied zwischen persönlicher Bibellese und dem Lesen zum Vorbereiten von Bibelarbeiten und Ähnlichem. John bemerkt dazu: „Es ist ein großer Unterschied, ob ich Bibel lese, um mich auf eine Predigt vorzubereiten, oder ob ich sie in meiner stillen Zeit ohne feste Zielvorgabe lese. Ich habe nicht das Gefühl, wirklich in der Bibel gearbeitet zu haben, wenn ich etwas vorbereiten musste oder es rein beruflich war. Das Gefühl, wirklich gearbeitet zu haben, habe ich nur, wenn es keiner weiß."

Georgia Shaffer hat ihren eigenen Ablauf, der ihr dabei hilft, „in seinem Willen" zu bleiben. Sie betet jeden Morgen zusammen mit ihrem Sohn, bevor er in den Schulbus steigt, und nachdem sie dann in der Bibel gelesen und ihr Gebetstagebuch geschrieben hat, schaut sie sich ein paar Karteikarten an, die sie im Laufe der Jahre geschrieben und gesammelt hat. Das sind Lieblingsgedanken, die ihr in der Vergangenheit gute Dienste geleistet haben: „Gnädiger Jesus, ich komme zu dir, weil ich deine Kraft in Bereichen meines Leben brauche, in denen ich schwach bin. Mach du meinen zerbrechlichen Geist stark durch deine heilende Kraft. Bitte forme mich nach deinem Geist durch deine Gnade, deinen Frieden und deine Barmherzigkeit."* Oder noch eine Aussage von Oswald Chambers: „Wenn wir uns der Sache der Menschheit widmen, werden wir bald untergehen und innerlich gebrochen sein... doch wenn die Liebe zu Gott unser Beweggrund ist, kann uns keine Undankbarkeit daran hindern, unseren Mitmenschen zu dienen."** Solche positiven Gedanken sind ihr eine Hilfe, ihren Zweck und ihr Ziel im Blick zu behalten. Sie sagt: „Durch meine Erfahrungen mit meiner Krebserkrankung und der Knochenmarkstransplantation habe ich selbst erfahren, wie wahr es ist, was in Jesaja 40, 6 steht: ‚Die Menschen sind wie das Gras, und ihre Schönheit gleicht den Blumen: Das Gras verdorrt, die Blumen verwelken, aber das Wort unseres Gottes bleibt gültig für immer

---

* Robert Schuller, *God's Minute,* Eintrag vom 7. Januar
** Oswald Chambers, a.a.O., Eintrag vom 23. Februar

und ewig! Ich versuche wirklich, mein Leben so zu leben, wie
Jesus es will."

## Lobpreis, aber wo?

Auf die Frage, wann und wie sie sich Gott am nächsten fühlen,
haben wir bei allen vier Persönlichkeitstypen festgestellt, dass sie
in irgendeiner Form über die Natur mit ihm in Verbindung treten.
Melancholiker suchen häufiger als andere Persönlichkeitstypen
die Stille; fernab von Dingen und Menschen.

„Eine schöne, friedliche Umgebung, besonders im Freien, gibt
mir das Gefühl, Gott nah zu sein, besonders wenn ich mir die Zeit
nehme, einmal langsamer zu machen und mir die Schönheit wirklich anzusehen, die er geschaffen hat", sagte Barbara Anson. „Das
Szenario, das mich ganz schnell in seine Gegenwart bringt",
schreibt Becky, „ist die majestätische Schönheit seiner Schöpfung
– der Himmel, die sonnenbeschienenen Wolken, schneebedeckte
Berggipfel, die Farben des Herbstes, die Frische des Frühlings und
so vieles mehr. Die Berührung seiner Hand ist immer gegenwär-
tig. ... derselben Hand, die nicht nur die gesamte Natur geschaffen
hat, sondern auch mich, und die sich dann für mich mit Nägeln hat
durchbohren lassen."

Jo Franz sagte: „In den Bergen oder am Meer, eigentlich überall, wo ich mich in Gottes ehrfurchtgebietender Schöpfung auf-
halte, bin ich überwältigt von seiner Gegenwart und seinen Eigenschaften. Ich komme am schnellsten in seine Gegenwart, wenn ich
ihn lobe und mich auf ihn statt auf mich konzentriere."

Lobpreis wird oft auch in Form von Musik intensiv erlebt.
Diana James berichtet: „Am schnellsten komme ich durch Musik
in Gottes Gegenwart. Ich leite meine persönliche Gebetszeit oft
ein, indem ich einfach leise ein Lied singe mit Texten, die mich in
eine offene innere Haltung bringen." Marianne Lambert bestätigt
das. „Musik spielt eine große Rolle dabei, mir die Gegenwart Gottes bewusst zu machen. Viele der neuen Anbetungslieder, aber
auch alte Choräle helfen mir, ihn in den Mittelpunkt zu stellen und
mich darauf zu konzentrieren, was er mir bedeutet."

Viele der Befragten benutzen Lobpreismusik als Brücke von

der Hektik des Alltags zur Ausrichtung auf Gott. Auf die Musik eingestimmt zu sein, beruhigt den Geist und sorgt dafür, dass nicht die drängenden persönlichen Nöte und Bedürfnisse im Mittelpunkt stehen, sondern Gott selbst.

## *Aufzeichnungen*

Melancholiker sind vielleicht vom Typ her disziplinierter beim Tagebuchführen als die anderen Persönlichkeitstypen, aber dennoch gibt es bei ihnen eine große Vielfalt beim Wann und Wie.

Pat Daily hat uns folgende Geschichte aus ihrem Leben erzählt: „Vor ungefähr zehn Jahren war meine stille Zeit staubtrocken geworden. *Jeder erlebt solche Dürrezeiten*, sagte ich mir, aber es ging nicht vorbei, sondern wurde immer schlimmer. Wo war nur die spannende Begegnung mit Gott geblieben, von der in der Bibel die Rede war? Ich verschlang jedes Buch und jeden Artikel zu dem Thema und versuchte es gleichzeitig mit verschiedenen Methoden der stillen Zeit, um wieder die Nähe und positive Spannung zu erleben, die ich früher erlebt hatte. Nachdem ich alle möglichen Methoden ausprobiert hatte, bat ich Gott, mir zu zeigen, was ich tun sollte, um ihn besser kennen zu lernen und ihn mehr zu lieben.

,Schreib deine Gebete in Form von Briefen auf', war die Antwort, die mir in den Sinn kam, als ich mich das nächste Mal hinsetzte, um zu beten. Weil ich eine begeisterte Briefschreiberin bin, gefiel mir dieser Gedanke sofort. An diesem Tag machte ich mich auf einen Weg mit Gott, der mich nie mehr in diese dürre Wüste gebracht hat, wo meine Gedanken abschweiften zu all dem, was ich an dem Tag noch zu tun hatte. Und ich erlebte auch nicht mehr diese Müdigkeit, die mich einnicken ließ, bevor ich es überhaupt merkte. Und ich klappte nicht mehr meine Bibel zu und ging zum Tagesgeschehen über, ohne Verbindung zu meinem himmlischen Vater bekommen zu haben, wie das vorher immer der Fall war – und das, obwohl ich schon seit Jahren Christin war."

Manchmal ist das, was wir an Gott schreiben, voller Lob und Dank, wenn im Leben anscheinend alles gut läuft. Aber es gibt auch Zeiten, in denen unsere Briefe an Gott tiefen Schmerz und

Frustration zum Ausdruck bringen, so wie der folgende, den eine andere Freundin uns zeigte: „Lieber Gott, wo bist du? Was ist los? Warum??? Warum, Gott, haben sie den Krebs nicht früher festgestellt? Wieso passiert das gerade uns ... und gerade jetzt? Was wird die Zukunft bringen? Für welche Therapieform sollen wir uns entscheiden? Wird er leben oder sterben?" Dieser Brief geht so weiter, schüttet Wut, Enttäuschung und Angst vor Gott aus.

In guten wie in schlechten Zeiten ist das Briefeschreiben an Gott eine Methode, um mit ihm in Verbindung zu bleiben. Becky Gilkerson sagt, dass der wichtigste Schritt in ihrem bisherigen Gebetsleben darin bestanden hat, ihre Gebete aufzuschreiben. „Ich habe herausgefunden, dass ich mich besser konzentrieren und meine Sturheit bearbeiten kann, wenn ich anfange, meine Gedanken und Gefühle an Gott zu schreiben. **Früher konnte ich mich etwa auf ein zehn Minuten langes Gespräch mit Gott einstellen. Als ich dann anfing zu schreiben, kam es nicht selten vor, dass ich über eine Stunde lang schrieb und mit ihm ‚redete‘. Nach einer solchen Zeit mit Gott bin ich in der Regel erfrischt und fühle mich ihm viel näher.** Dieses eine Prinzip, das ich vor neun Jahren von Becky Tirabassi gelernt habe, hat mein Leben mehr als alles andere verändert."

Bei manchen Christen werden aus solchen geschriebenen Gebeten Tagebücher. „Meine Schublade ist voll mit Gebetstagebüchern, angefangen 1978", sagte Jo Franz. „Ich teile ihm meine innersten Gedanken mit, meine Hoffnungen, Träume, Verletzungen, meine Wut und meine Fragen, und ich lobe und preise ihn. Ich habe im theologischen Seminar davon gehört, dass man Gebete aufschreiben kann, und von da an haben sich meine Gebete sofort zu einem Tagebuch ausgeweitet. Ich mag es, mein Leben auf diese Weise mit Jesus zu teilen."

Diana James sagt, dass es für sie als Schriftstellerin ganz natürlich ist, sich schriftlich mitzuteilen. Obwohl sie nicht jeden Tag in ihr Tagebuch schreibt, findet sie es hilfreich, um sich auf der Spur zu halten, wenn ihre Gebete in Richtung ihrer „To-Do-Liste" abdriften.

Manche Leute benutzen ihr Tagebuch als Gebetsnotizbuch, andere, um Gedanken und Gefühle aufzuzeichnen, und viele berichteten auch, wie hilfreich es für sie war, mit Hilfe des Tagebuches zurückzublicken und zu sehen, wie Gott im Laufe der Jahre an ihnen gewirkt hat. Katheryn Haddad beschreibt ihre Erfahrungen mit dem Tagebuch: „Ich kann nach einem oder zwei Jahren noch einmal mein Tagebuch durchblättern, um

- zu sehen, was für mich so wichtig war, dass ich dafür gebetet habe, und was unwichtig wurde;
- zu sehen, welche Gebete nach und nach erhört wurden, so dass ich die Erhörung vielleicht gar nicht bemerkt habe;
- zu sehen, wie ich in einer bestimmten Zeit biblische Texte verstanden habe und wie ich etwas zu einer anderen Zeit vielleicht ganz anders gesehen oder aufgefasst habe;
- einen roten Faden zu erkennen, der sich durch mein Leben zieht und immer wieder zum Vorschein kommt;
- beim Schreiben zu merken, was ich vor mir selbst verberge.

Wenn ich diese Tagebücher nicht hätte, dann wäre mir nicht so bewusst, wie Gott ständig in meinem Leben wirkt, selbst wenn ich es gar nicht bemerke."

Für Linnea Seaman ist das Tagebuch der Ort, wo sie ihre Fragen und Bitten an Gott loswerden kann. Wenn sie dann Antworten bekommt, notiert sie auch die im Tagebuch. Es bestätigt ihr immer wieder, dass Gott Gebete erhört. Außerdem kann sie im Tagebuch gut nachvollziehen, wie sie von Gott geführt worden ist.

Wenn Sie noch nie Ihre Gebete aufgeschrieben haben und feststellen, dass es Ihnen schwer fällt, sich während der Gebetszeit zu konzentrieren, dann wäre diese Methode vielleicht einen Versuch wert. Möglicherweise macht Ihnen ja auch das Gebet viel weniger Schwierigkeiten als das Ausdrücken Ihrer tiefsten Empfindungen. Tagebücher können eine gute Methode sein, einmal alles ehrlich vor Gott auszubreiten, was in Ihnen vorgeht. Viele Befragte haben uns berichtet, wie Gott ihnen die Augen geöffnet hat, wenn sie anfingen, ihre Gefühle und Ängste aufzuschreiben.

Wir möchten Ihnen Mut machen, es einmal mit dem Tagebuchführen zu versuchen, sei es auf dem Computer, in einem schicken Tagebuch oder einem einfachen Heft. Das Wichtige ist, dass Sie Ihr Tagebuch gut aufbewahren und vor fremden Einblicken schützen. Ein Teil des Wertes vom Tagebuchschreiben besteht nämlich in dem Wissen, dass das, was Sie aufschreiben, nur für Sie selbst und Jesus bestimmt ist. Denken Sie daran, er weiß sowieso alles über Sie – weshalb also nicht die Gefühle vor ihm offen legen und ihn alles klären lassen?

Ein Vorschlag, den wir bekamen, stammte von einer Person, die es hasste, etwas mit der Hand zu schreiben, die aber von ihrer Persönlichkeit her so strukturiert war, dass sie alles, was sie auf dem Computer schrieb, zwanghaft in eine korrekte Form bringen musste. Weil sie wusste, dass es beim Tagebuchschreiben darum geht, Gedanken und Gefühle einfach einmal ungefiltert herauszulassen, ohne Rücksicht auf Rechtschreibung und Zeichensetzung, beschloss sie, den Bildschirm ihres Computers auszuschalten und eine halbe Stunde oder länger einfach blind drauflos zu schreiben. Das war sehr effektiv, und sie staunte nicht schlecht darüber, was sie alles über sich selbst erfuhr, wenn sie las, was sie geschrieben hatte. Vielleicht ist das auch für Sie eine Möglichkeit.

Der Pastor einer großen Gemeinde in Südkalifornien ist so sehr von der Wichtigkeit des Tagebuchschreibens überzeugt, dass es in seiner ersten Predigt im neuen Jahr immer um dieses Thema geht. Die Gemeinde kauft Tausende von DinA5-Spiralheften und klebt ein kleines Blatt mit einer „Gebrauchsanweisung" hinein, in der verschiedene Möglichkeiten des Tagebuchschreibens erläutert werden. Wenn man das Heft aufschlägt, wird vorgeschlagen, auf der linken Seite alles aufzuschreiben, woran man sich vom vorigen Tag erinnert; Entscheidungen, Gefühle, Beobachtungen und so weiter. Das Geheimnis besteht nun darin, einfach drauflos zu schreiben, aber nicht länger als zehn Minuten. In den letzten fünf Sekunden dieser zehn Minuten soll man dann den vorigen Tag auf einer Skala von 1-10 bewerten, und zwar in folgenden drei Bereichen: körperlich, emotional und geistlich.

Auf der rechten Seite sucht man sich einen Bibelabschnitt aus und nimmt sich fünf Minuten Zeit, um ihn zu lesen. Dann schreibt man seine Beobachtungen, Gedanken und Erkenntnisse in den folgenden fünf Minuten auf. Die nächsten zehn Minuten sind dem Gebet, dem Bekenntnis, dem Dank und der Fürbitte gewidmet. Man kann diese Gebete aufschreiben oder sich einfach nur Stichpunkte notieren, ganz wie man will. Zum Schluss konzentriert man sich dann ganz darauf, was Gott sagen möchte. Fragen Sie sich: Was ist als Nächstes dran in Bezug auf Ihren Charakter, Ihre Familie oder Ihre Mitarbeit in der Gemeinde? Was möchte Gott vielleicht von Ihnen? Verwenden Sie darauf etwa drei Minuten.

Das alles ist natürlich nur als Vorschlag gedacht, der vielleicht auch Ihnen eine Hilfe dabei sein kann, Ihr geistliches Leben neu zu beleben. Und auch hier gilt dasselbe wie für alle Vorschläge des Buches: Wir möchten Ihnen Mut machen, neue Möglichkeiten zu finden, mit Gott in Verbindung zu treten. Keinesfalls sind sie als neue „Druckmittel" gedacht.

## *Gebet*

Mary war Dienstmädchen bei einem Bischof. Eines Tages wurde bei einer Zusammenkunft prominenter Theologen im Hause des Bischofs die Frage aufgeworfen, wie ein Mensch das Gebot befolgen könne, „ohne Unterlass" zu beten. Nach einer langatmigen Diskussion wurde einer der Theologen beauftragt, sich mit der Thematik zu befassen und einen Aufsatz darüber zu schreiben, der dann bei der nächsten Zusammenkunft vorgelesen werden sollte.

Mary, die das Gespräch mit angehört hatte, konnte dazu einfach nicht schweigen. „Was, einen ganzen Monat warten, nur um den Sinn dieses Textes zu erklären, wo es doch eine der einfachsten und besten Stellen der Bibel ist?"

„Aber, aber", sagte der Bischof, „was willst du damit sagen, Mary? Wie verstehst du die Stelle denn? Kannst du denn ununterbrochen beten, wenn du gleichzeitig viel zu tun hast?"

„Ja, Sir. **Wenn ich morgens die Augen aufschlage, bete ich: ‚Herr, öffne mir die Augen meines Verständnisses'; wenn ich mich wasche, bitte ich ihn um innere Reinigung; und beim Anziehen bete ich, dass er mich mit Gerechtigkeit kleiden möge; wenn ich anfange zu arbeiten, bete ich, dass er mir die Kraft geben möge, meinen**

**Tag zu bewältigen; wenn ich das Feuer anfache, bete ich, dass sein Geist neu in mir brennen möge; wenn ich das Haus fege, bete ich, dass er mein Herz von aller Unreinheit reinigen möge; wenn ich das Frühstück zubereite und serviere, bete ich darum, von seinem Wort gesättigt zu werden; wenn ich dann mit den Kindern beschäftigt bin, sehe ich Gott als meinen Vater und bete darum, dass ich ihm wieder neu wie ein Kind begegne, und so weiter, den ganzen Tag. Alles, was ich tue, ist mir Anregung für das Gebet."**

„Amen!", sagte der Bischof. „Solche Dinge werden Säuglingen offenbart und bleiben den Weisen und Verständigen oft verborgen. Mach weiter so, Mary, bete ohne Unterlass."

Während Sanguiniker die ganze Zeit übers Beten reden, gibt es auch eine Zielstrebigkeit im Gebet, die, wie von dem einfachen Dienstmädchen Mary veranschaulicht wird, eine Hilfe dabei sein kann, unsere Gebete auf bestimmte Aufgaben in unserem Leben auszurichten. Manchmal verhelfen auch auswendig gelernte Gebete zu dieser Ausrichtung.

Pam Christian schrieb: „Das Gebet ist in meinem Leben sehr wichtig, aber so, wie es mir beigebracht wurde, gefällt es mir nicht. Als Erstes musste ich das Vaterunser auswendig lernen. Ich konnte es aufsagen und gleichzeitig an eine Million andere Dinge denken. Dann wurde mir beigebracht, dass Gebet ein Gespräch mit Gott ist, aber niemand lehrte mich zuzuhören. Dann lernte ich, dass ein Gebet bestimmte Elemente enthalten muss, um *würdig* zu sein ... dann, dass es einfach nur von Herzen kommen muss; dann, dass man am besten Bibelverse betet."

Für viele Christen ist Gebet anscheinend ein verwirrendes Thema. Auf den meisten Fragebögen wurde die Tatsache erwähnt, dass die Befragten auf vielerlei Weise alle den ganzen Tag beteten, dass ihre Gebete aber in der Regel einseitig waren. Sie redeten den ganzen Tag mit Gott über ihre Belange und Sorgen, hielten aber kaum einmal inne, um auf ihn zu hören.

Sören Kierkegaard beobachtete: „Ein Mann betete und dachte

zunächst, Beten wäre Reden. Aber er wurde immer stiller, bis ihm am Ende klar war, dass Beten Zuhören ist."*

Das entdeckte auch Joan Beach, als sie und ihr Mann ernsthaft nach dem Willen Gottes fragten und suchten, wo sie nach ihrem Theologiestudium arbeiten sollten. „Wir hatten die Wahl auf zwei Gemeinden eingegrenzt, konnten uns aber einfach nicht entscheiden. Wir nahmen uns zwei Tage frei, um zu beten, in der Bibel zu lesen und Gottes Willen für uns zu erfahren. Wir waren jeder für sich und trafen uns nur zum Mittagessen. Am Nachmittag war wieder jeder allein für sich. Am Ende des Tages waren wir beide zu derselben Entscheidung gekommen. Wir hatten Frieden darüber, wohin wir gehen sollten, und wir gingen mit der starken und tiefen Überzeugung, dass Gott uns an diesem Ort haben wollte. Das ist für uns von entscheidender Bedeutung gewesen, wenn es mal hart und schwer war oder entmutigend und frustrierend. Wir beriefen uns auf Gottes Verheißung aus 1. Thessalonicher 5,24: ,Gott hat euch das ja zugesagt; er ist treu, und was er verspricht, das hält er auch.' Diesen Ruf bekamen wir durch Gebet in den Blick – durch Hören, nicht durch Reden."

Natürlich erfordert Beten, Fragen und Zuhören auch, dass wir bereit sind, das zu tun, was wir hören. Ouida Shelton berichtet, wie sie persönlich entdeckt hat, dass wir uns gut überlegen müssen, worum wir bitten: „Ich bitte Gott, mich zu jedem Menschen zu schicken, dem auch immer ich zum Segen werden kann. Und oft läuft mir über kurz oder lang eine unangenehme Person über den Weg oder ruft mich an, um mir zum x-ten Mal eine Schluchz- und Seufzgeschichte zu erzählen. Vielleicht möchte sich diese Person zu allem Überfluss auch noch am nächsten Tag mit mir zum Mittagessen verabreden. Ich quäle mich da durch und komme völlig erschöpft wieder nach Hause. Manchmal möchte ich sagen: ,Nein, Herr, bitte das nicht.' Aber ich gehe und tue es, weil ich daran denke, dass ich schließlich selbst darum gebeten habe. Und wer bin denn ich, dass ich wählerisch bin, wenn Gott mir einen Menschen über den Weg schickt, dem ich in seinem Auftrag helfen soll?"

---

* Zitiert von Richard Foster in: *Theology News & Notes*, Fuller Seminary, Oktober 1982

Kathy Collard Miller erinnert uns daran, dass sie als Melancholikerin gelernt hat, wie notwendig es ist zu unterscheiden zwischen einer Gelegenheit, die ihr vor die Füße gelegt wird, und der allgemein besten Nutzung ihrer Zeit im Rahmen des umfassenderen Planes, in den Gott sie hineingestellt hat. Bei solchen Gelegenheiten müssen wir im Gebet vor Gott kommen und ihn in jeder einzelnen Situation um seine Weisung bitten. In Jakobus 1,5 wird uns versprochen, dass Gott uns gern und bereitwillig Weisheit schenkt, wenn wir ihn darum bitten.

Gebet ist praktisch. In der Zeitschrift *Leadership* war ein Interview mit Henri Nouwen und Richard Foster abgedruckt zum Thema: „Die Stimme Gottes hören". Eine der Fragen lautete: „Was ist Gebet?"

*Henri Nouwen*: **„Gebet ist zuallererst Hören auf Gott. Es ist Offenheit, sich öffnen. Gott spricht immer, er tut immer etwas. Gebet bedeutet, in dieses Tun einzutreten. Gebet bedeutet in diesem grundlegendsten Sinne die Frage zu stellen: ‚Herr, was willst du mir gerade sagen?'"**

*Richard Foster:* „Wenn das Gebet als Gespräch mit Gott beschrieben wird, impliziert diese Aussage, dass wir dabei letztlich selbst die Kontrolle haben. Aber wenn wir zuhören, lassen wir los. Echte Fürbitte entsteht einzig aus dem Hören."

*Henri Nouwen:* „Es gibt viel zu viele Christen, die glauben, dass Gebet bedeutet, geistliche Gedanken zu haben. Aber das ist nicht richtig. Gebet bedeutet, alles, was man ist, in die Gegenwart Gottes zu bringen. Man kann sagen: ‚Gott, ich hasse diesen Typ, ich kann ihn einfach nicht ausstehen', und das ist auch ein Gebet. Das Gebetsleben der meisten Christen ist zu selektiv. Sie bringen normalerweise nur das vor Gott, von dem sie wollen, dass er es weiß oder von dem sie glauben, dass sie damit nicht fertig werden. Aber Gott kann mit allem fertig werden. Gebet bedeutet, im Dialog zu denken. Es ist der Schritt vom selbstbezogenen Monolog zum Dialog mit Gott."*

---

* *LEADERSHIP Magazine,* Dialog zwischen Richard Foster & Henri Nouwen (Winter Quartal 1982).

Besonders Melancholiker versuchen oft, Gott zu zeigen, was sie alles tun. Auch Steven Curtis Chapman, einem bekannten christlichen Musiker, ist das nicht fremd: „Ich wusste, ich wollte ein Lied über das Gebet schreiben, weil das Gebet in meinem Leben immer zu den eher größeren Herausforderungen gehört hat. Ich habe das Gefühl, dass ich es nie richtig mache (eine typisch melancholische Reaktion). Ich habe Bücher gelesen, mit meinem Pastor geredet und nachgesehen, was in der Bibel über das Gebet steht, aber ich habe immer noch große Mühe damit. Deshalb wollte ich ein Lied über das Thema schreiben, darüber, wie man durch den Tag gehen kann und das Gebet so natürlich wird wie das Atmen."*

Sein Wunsch, es „richtig zu machen", hat dazu geführt, dass Chapmans Lied als Thema für den nationalen Gebetstag verwendet wurde.

Gebet bedeutet, ständig, den ganzen Tag mit Gott im Gespräch zu sein und auf seine Stimme zu hören. Jack Deere sagt, dass es drei Voraussetzungen braucht, um Gott reden zu hören. Die erste ist, dass wir uns Gott zur Verfügung stellen und ihn als denjenigen sehen, dem unser Tag gehört. Zweitens, dass Gott zu denen spricht, die bereit sind, wirklich alles zu tun, was er sagt. Drittens: Um Gott zu hören, müssen wir zur Demut bereit sein, denn Gott erhöht die Demütigen. Die höchste Erhöhung, die Gott uns zuteil werden lassen kann, ist die Freundschaft mit ihm. Zeit, die wir mit Gott im Gebet verbringen, schafft solche Nähe und Freundschaft.**

**Ein Hilfsmittel, um Gebet als Akt sowohl des Zuhörens als auch des Redens praktizieren zu können, besteht darin, sich für das Gebet einen festen Platz zu suchen. Wichtig ist, dass es ein Platz ist, den Sie sowohl körperlich als auch gedanklich mit Gebet in Verbindung bringen.** Indem man

---

* Steven Curtis Chapman, *Focus on the Family* Magazine (April 1997)
** Jack Deere, „God, Are You There?", in: *Charisma* (September 1996), S. 54-48

immer denselben Platz zum Gebet aufsucht, sagt man zu sich selbst und zu Gott: „Wenn ich an diesen Platz komme, versuche ich zu beten. Auch wenn ich abgelenkt bin und meine Gebete eher dürftig sind, allein meine Anwesenheit hier besagt, dass ich guten Willens bin."

Bettys Schwiegersohn Bill Gaultiere hat diesen Platz beim morgendlichen Joggen gefunden: „Neulich joggte ich morgens um den See und war fasziniert von der spiegelglatten Wasserfläche, die im Morgensonnenlicht funkelte und in der sich die grünen Bäume spiegelten – es war ein Bild des Friedens, ein Geschenk Gottes, durch das ich seine Schönheit tief in mich aufnahm. Ich hörte förmlich, wie Gott sagte: *Sei still und wisse, dass ich Gott bin.* Manchmal fühle ich mich völlig begraben in all meinen Verpflichtungen als Geistlicher und in Beziehungen bis hin zum Papierkram und E-Mails. Das sind an sich alles schöne Dinge, aber manchmal nehme ich sie zu wichtig, und ich vergesse, einen Schritt zurückzutreten und das in den Blick zu bekommen, was wirklich wichtig ist. An diesem speziellen Morgen konnte ich mich in Gottes liebenden Armen ausruhen, während ich dem Klang meiner Schritte auf dem Pflaster des Weges nachspürte. Mein Atemrhythmus und das regelmäßige Laufen helfen mir dabei, meine Seele still werden zu lassen und mich auf Gott auszurichten."

Diese Geschichten sollen Sie ermutigen, nach neuen Möglichkeiten Ausschau zu halten, mit Jesus zu reden und auf ihn zu hören – besonders nach einem Platz und einer Art, die zu Ihnen persönlich passt und die für Sie funktioniert.

## *Stabile Grundlage*

Das Gebet ist zwar ein entscheidender Bestandteil jedes sich entwickelnden Christenlebens, aber der Grundstein unseres Glaubens ist das Wort Gottes, die Bibel. Eine Umfrage von der *Barna Research Group* unter Menschen, die von sich behaupteten, „wiedergeborene" Christen zu sein, kommt zu dem Ergebnis, dass 18 Prozent, also nicht einmal zwei von zehn, jeden Tag in der Bibel lesen. Und noch schlimmer, 28 Prozent, also fast einer von vier, sagen von sich, dass sie *nie* in der Bibel lesen.* Melancholiker sind vielleicht disziplinierter bei der persönlichen Bibelarbeit als die anderen Persönlichkeitstypen, aber viele von ihnen geben zu, dass sie überwiegend nur dann in der Bibel lesen, wenn sie Bibelarbeiten vorbereiten müssen.

Viele gestehen jedoch auch ein, dass man eher darauf aus ist, die Sache hinter sich zu bringen, wenn man als Vorbereitung einer Andacht oder Bibelarbeit in der Bibel lesen muss, als wenn man die tägliche Bibellese in den ganz normalen Tagesablauf integriert. Barbara Anson gab zu: **„Ich glaube nicht, dass ich jeden Tag stille Zeit halten muss. Ich glaube nicht, dass ich bestraft werde, wenn ich es nicht tue. Aber meine persönliche Erfahrung ist, dass meine Tage besser verlaufen, wenn ich mich am Tagesanfang auf das Wort Gottes konzentriere und meine Gedanken auf ihn und seine Gedanken ausrichte. Das ist ein Ziel, das ich anstrebe.“**

Marianne Lambert schreibt uns folgende persönliche Erfahrung zu dem Thema, wie wichtig es ist, beim Wort Gottes zu bleiben: „Unsere Tochter hatte gerade mit dem Studium angefangen. Seit über 17 Jahren, seit dem Kleinkindalter also, hatte sie Krampfanfälle gehabt, die nicht vollständig unter Kontrolle zu bekommen waren. Weil die Häufigkeit dieser Anfälle wieder zunahm, wurden wir an einen neuen Arzt überwiesen. Nach Untersuchungen und Tests wurde festgestellt, dass sie einen Gehirntumor hatte. Auf Grund der Lage des Tumors glaubte man zunächst, ihn nicht entfernen zu können. Nach weiteren Tests wurde dann beschlossen, es trotzdem zu versuchen. Wir wurden aber vor schweren Folgeschäden gewarnt: Gedächtnisverlust sowie Verlust der Sehkraft.

Am Tag der Operation las ich Psalm 20, und die unglaublichen Verheißungen, die ich dort fand, halfen mir, die folgenden schweren Stunden durchzustehen. Auf dem Weg ins Krankenhaus gab uns unsere Tochter eine Schachtel mit Pralinen und sagte, sie hätte zwei von jeder Sorte herausgenommen, so dass für uns von jeder

---

* Cathy Lynn Grossman, Titelgeschichte in *USA Today*, 27. Mai 1998

Sorte noch eine übrig sei. Das schien ihr sehr wichtig zu sein. Ihre erste Frage nach der Operation war: ‚Erinnert ihr euch, dass ich euch eine Praline von jeder Sorte gegeben habe?' In dem Augenblick wussten wir bereits, dass sie die Operation nicht nur überlebt hatte, sondern dass auch ihr Gehirn in Ordnung war. Gottes Verheißungen von diesem Morgen hatten sich erfüllt.

Das ist jetzt elf Jahre her! Diese Verse, die an dem besagten Morgen so wichtig für mich waren, sind mir bis heute eine Kostbarkeit. Gott hat Barbara völlig geheilt, und sie und ihr Mann bereiten sich heute auf die Arbeit in der Mission vor. Ich denke immer daran, was ich versäumt hätte, wenn ich an diesem Morgen keine stille Zeit gehalten hätte."

Jeden Tag im Wort Gottes zu lesen, hat vielleicht nicht immer so unmittelbare und schnelle Auswirkungen, wie es Marianne in ihrer Geschichte erzählt, aber regelmäßig das Wort Gottes in unserem Herzen zu haben, bereitet uns auf alles vor, was auf uns zukommt.

Für Connie Witt ist das Bibellesen praktische Hilfe für ihre Arbeit. „Ich arbeite tagtäglich mit schwierigen Schülern, und ich stelle fest, dass Bibellesen eine ruhigere, geduldigere Einstellung mit sich bringt, die mir im Umgang mit diesen Schülern eine Hilfe ist."

In einer besonders leidvollen Zeit fand Georgia Shaffer im Wort Gottes Trost und Führung. Nachdem sie sich von ihrem Brustkrebs erholt hatte, fühlte sich Georgia berufen, anderen zu erzählen, wie Jesus sie durch diese schwere Zeit geleitet hatte. Das schien ganz eindeutig Gottes Wille für ihr Leben zu sein. Die Einladungen für Vorträge häuften sich, als unerwartet bei einer Routineuntersuchung ein Tumor an den Eierstöcken festgestellt wurde. Zwei Tage vor der Operation las sie morgens in der stillen Zeit 3. Mose 9, wo es in der Überschrift heißt: „Die Priester treten ihren Dienst an." Diese Worte sprangen sie förmlich an, und sie spürte, wie Jesus zu ihr sagte: „Schau auf meinen Willen. Konzentriere dich völlig darauf." Es war wirklich ein Glaubensakt von Georgia, diese Worte so anzunehmen, wo doch ihre Zukunft so ungewiss schien. Die Operation wurde durchgeführt, man entfernte den Tumor, und Georgia ist heute gesund und im ganzen Land unterwegs zu Vorträgen und Seminaren.

Zum Teil liegt der Wert des Bibellesens darin, dass Gott durch jedes Wort darin zu uns sprechen kann. Allgemein gesprochen ist das 3. Buch Mose nicht unbedingt das anregendste Buch der Bibel, aber Georgia, die es treu und ganz offen las, erlebte, dass Gott sie durch eine Kapitelüberschrift ansprach. Für Melancholiker, die „vollkommen" sein wollen, besteht die Quelle für unfehlbare Anweisungen darin, regelmäßig in der Bibel zu lesen.

## Methoden

Vorgefertigte Bibellesepläne sind bei Melancholikern offenbar beliebter als bei den anderen Persönlichkeitstypen. Becky Thompson hat festgestellt, dass Bibellesen ihr nicht nur gut tut, sondern dass es „von grundlegender Bedeutung ist. Es ist Nahrung, es ist Manna, es ist der Lebensatem für geistliche Entwicklung. Es ist meine Verabredung mit dem König, bei der ich Wegweisung für den Tag bekomme, Trost, Barmherzigkeit, Vergebung, Ermutigung und Heilung." Sie hat in ihrem Nähzimmer eine kleine Ecke eingerichtet mit einem Tisch für ihre Bücher. Sie steckt sich vor ihrer stillen Zeit Oropax in die Ohren, um Lärm und Ablenkung auszuschalten. Ihr hilft es, neben der Bibel spezielle Sachbücher und Bibellesehilfen zu benutzen.

Eine einzigartige Art der Bibelarbeit ist uns von Katheryn Haddad vorgestellt worden. Sie hat im Laufe der vergangenen zwei Jahre achtzig Kapitel über das Leben Jesu geschrieben: „Obwohl ich schon seit 1952 Christin bin, habe ich festgestellt, dass ich Jesus gar nicht richtig kenne. Jeden Tag, wenn ich nun also die Ereignisse im Leben Jesu aufschrieb, konnte ich seine Weisheit, seine Macht, seine Entschlossenheit und seine Erkenntnis sehen, die er jeweils eingesetzt hat. Ich merkte, wie ich ihm beim Schreiben mit übervollem Herzen dankte und ihn lobte. Ich kann jetzt zu diesen ganz besonderen Augenblicken zurückkehren, in denen es zwischen uns geknistert hat, weil ich sie festgehalten habe."

Vielleicht ist das eine Möglichkeit, unser geistliches Leben ganz neu zu beleben: Versuchen Sie doch einmal, biblische Ereignisse in Ihren eigenen Worten aufzuschreiben.

Die meisten befragten perfekten Melancholiker schienen am

liebsten Studienbibeln zu benutzen und daneben gute Nachschlagewerke. Zu den Lieblingsandachten von Melancholikern gehören die Schriften von Oswald Chambers, Hannah Hurnard, A.W. Tozer, J.I. Packer, C.S. Lewis, Dietrich Bonhoeffer, Catherine Marshall und anderen tiefgründigen Denkern. Melancholiker suchen nach Herausforderungen für ihren Kopf. Manchmal sind sie der Meinung, dass etwas umso geistlicher ist, je schwerer es zu verstehen ist. Sie lesen ihre Lieblingsautoren gern immer wieder. Jeanne Larsen sagt, dass sie die Bücher, die sie liest, immer datiert, damit sie später zurückverfolgen kann, in welchen Zeiten ihres Lebens sie davon beeinflusst wurde. „Wenn das nicht typisch melancholisch ist, weiß ich es auch nicht", war ihre Anmerkung dazu.

LouElla Dryer liest zu ihrer geistlichen Erbauung gern verschiedenste Bücher verschiedener Autoren neben der Bibel. Sie schreibt dazu: „Mir ging plötzlich auf, dass ich nur hinter Frieden her war – hinter der Gabe, aber nicht dem Geber. Das hat mich wirklich betroffen gemacht, und zwar zu Recht, wie mir klar wurde. Bei anderer Gelegenheit offenbarte mir Gott durch sein Wort, dass ich vor allem Angst hatte. Angst! Angst! Angst! Auch das war richtig, also übergab ich sie ihm, weil ich daran nichts ändern konnte, und jetzt habe ich nicht mehr so viel Angst. Auch wenn es einige Zeit gedauert hat."

## Gottesbild

Viele Melancholiker berichten, dass sie im Laufe der Zeit Gott immer mehr als jemanden gesehen haben, der Vollkommenheit von ihnen erwartete.

Debbie Minor antwortete auf unsere Frage nach ihrem Gottesbild: „Zuerst habe ich Gott eher als ein Wesen betrachtet, das irgendwie furchtsam verehrt werden muss. Ich dachte, dass ich auf alle Einzelheiten genau achten musste und er andernfalls schon dafür sorgen würde, dass ich wieder spure. Das hat mir Angst gemacht. Im Laufe der Zeit habe ich mehr seine Gnade in den Blick bekommen und mich darauf eingelassen. Irgendwann kommt man an den Punkt, wo man sagt: ,Oh je, jetzt sitze ich wieder in der Patsche! Gott, ich brauche deine Hilfe, und danke für deine Gnade!' Er wird unser Freund und ist nicht mehr nur dieses übermächtige Wesen, das jeden Lebensbereich kontrolliert, und man selbst ist nur immer dieser hilflose, traurige Sack. Das Lied ‚Welch ein Freund ist unser Jesus' hat eine ganz neue Bedeutung für mich bekommen."

Shelly Albanys Gottesbild besagt, „dass er überwältigend ist, größer und großartiger, als ich es mir vorstellen kann. Als ich jung war, habe ich mir Gott immer groß und dunkel und ohne Gesicht vorgestellt. Inzwischen weiß ich, dass er liebevoll ist, dass er vergibt und geduldig ist."

„Groß und stark, königlich und stattlich, sanft und zugänglich, sehr wie der Löwe Aslan in den *Chroniken von Narnia*", schrieb Pam Christian, und weiter: „Mein Bild hat sich im Laufe der Zeit und mit meiner Entwicklung verändert. Das Älterwerden hat wirklich viele Vorteile. Unser Geist ist im Unterschied zu unseren Gesichtern im Alter viel weniger zerknittert, vorausgesetzt wir werden im Glauben reifer."

**Wir haben festgestellt, dass sich bei den meisten Melancholikern das Gottesbild im Laufe der Zeit verändert, und zwar von einem Gott, der „sie schon kriegen wird, wenn sie nicht perfekt sind" zu einem, der sie trotz ihrer Unvollkommenheiten liebt, einem, der mit ihnen geht, damit sie die Personen werden, als die er sie gedacht hat.**

## Von Melancholiker zu Melancholiker

Melancholiker halten viele Ratschläge parat für Leute, die nach Möglichkeiten suchen, ihre persönliche Zeit mit Gott sinnvoller zu gestalten.

Sonia Bryan hielt es für am wichtigsten, sich verbindlich einer Kleingruppe anzuschließen. Debbie Minor sagte: „Als Erstes reservieren Sie sich regelmäßig Zeit, und zwar am besten zu einer Tageszeit, in der Sie besonders aufmerksam und aufnahmefähig sind und möglichst nicht unterbrochen werden. Halten Sie sich auch dann daran, wenn Ihnen absolut nicht danach ist; Sie werden reich belohnt werden."

Georgia Shaffer, die Wert auf Organisation legt, spricht als echte Melancholikerin, wenn sie sagt: „Setzen Sie Ihre organisatorischen Fähigkeiten ein und planen Sie eine Zeit ein, die Ihnen gut passt. Entscheiden Sie im Voraus, wie Sie diese Zeit dann nutzen wollen, und haben Sie dann auch Ihr Material wie Bibel, Tagebuch, Andachtsbuch etc. zur Hand."

Barbara Anson rät sogar: „Fangen Sie mit einer ganz kurzen Zeit an (mindestens fünf Minuten) und steigern Sie diese dann immer mehr (bis zu einem Minimum von 30 Minuten). Probieren Sie so lange unterschiedliche Methoden aus, bis Sie die finden, die am besten zu Ihnen passt, und bleiben Sie dann dabei. Machen Sie weiter. Halten Sie alle Materialien, die Sie benötigen, an einem Ort zusammen, an dem Ort, der sich am besten für Ihre stille Zeit eignet. Lassen Sie sich auch Zeit, auf Gott zu hören, selbst wenn es nur eine halbe Minute ist. Gestalten Sie Ihre stille Zeit als Dialog statt als Monolog (das ist für mich persönlich immer noch das Schwerste an der ganzen Sache)."

Pam Christian gab unsere Lieblingsantwort. Sie sagte: „Nehmen Sie alle guten Ratschläge zum Thema stille Zeit, etikettieren Sie sie und stellen Sie sie auf ein imaginäres Regal. Dann gehen Sie zu Gott und bitten ihn im Gebet, Ihnen Ihre ganz eigene Methode zu zeigen, mit ihm in Kontakt zu treten – schließlich geht es ja letztlich genau darum, und es gibt niemanden, der/die genau so ist wie Sie. (Genau, Pam, das ist der Zweck dieses Buches!) Dann gehe ich noch einmal alles durch, was ich gedacht habe und beschließe im Gebet, wie ich die guten Dinge einbeziehen und von da her aufbauen kann."

Melancholiker sind ordentliche, gewissenhafte, disziplinierte, gründliche und analytische Menschen. Sie sind Perfektionisten, die sich manchmal in den Details verlieren. Melancholiker haben ein großes Bedürfnis danach zu verstehen, wie sie etwas tun sollen. Sie möchten alle Fakten kennen und beziehen große Befriedigung daraus, Dinge richtig zu machen. Sie sind Menschen, die mutlos werden, wenn es den Anschein hat, dass sie missverstanden oder nicht wertgeschätzt werden.

„Elia war ein Mensch wie wir, und doch erreichte er durch sein Gebet, dass es drei Jahre und sechs Monate nicht regnete ... Dann betete er um Regen. Da regnete es" (Jakobus 5,17-18). Wir sind oft versucht zu meinen, dass die Menschen der Bibel irgendwie übermenschlich sind, nicht berührt oder behindert von ihren Lebensumständen. Aber Elias Geschichte, wie sie in 1. Könige in den Kapiteln 17,18 und 19 erzählt wird, zeigt uns etwas anderes.

Elia hatte im Mittelpunkt eines dramatischen Schauspiels gestanden, bei dem Gott als Antwort auf sein Gebet Feuer vom Himmel hatte regnen lassen. Die heidnischen Priester und ihre Götter waren als Schwindler entlarvt worden. Elia hätte eigentlich voller Lob und Dank sein müssen, aber das war nicht der Fall. Die Todesdrohungen der bösen Königin sorgten dafür, dass er die Beine in die Hand nahm. Die Angst laugte ihn körperlich und emotional völlig aus. Er war deprimiert und mutlos. Sinngemäß sagte Elia zu Gott: „Ich habe genug, Herr, nimm mein Leben...", und dann legte er sich unter einen Baum und schlief ein. Elia bedauerte sich selbst, und wie behandelte Gott ihn? Gott sagte nicht: „Nun reiß dich aber mal zusammen, Elia." Er sagte nicht: „Depression ist Sünde." Sondern Gott sagte: „Sei still und erkenne mich."

**Viele Melancholiker haben mit dem Gefühl zu kämpfen, missverstanden, nicht wertgeschätzt und unterschätzt zu werden. Gott wird Ihnen immer helfen, wenn Sie in einer Depression stecken. Wenn Sie unfähig sind, irgendetwas zu tun, dann beobachten Sie ganz still, wie Gott sich für Sie einsetzt. Es gibt Lektionen, die Gott uns nur im Dunkeln vermitteln kann.**

Elias „Nacht" dauerte vierzig Tage. Als er auf dem Berg Gottes ankam, war er völlig ausgedörrt. Und als seine eigenen Kräfte erschöpft waren, sprach Gott zu ihm. Er verdammte ihn jedoch nicht, sondern stellte nur leise flüsternd eine Frage: „Elia, was tust du hier?" Nachdem Elia seine Klage geäußert hatte, brachte Gott Heilung, indem er sich selbst offenbarte. Es kam ein starker Wind, dann ein Erdbeben und schließlich noch ein Feuer. Sie alle offenbarten Gott jedoch nicht; erst in der Stille, die folgte, war Gottes Flüstern zu hören.

Gott spricht noch immer mit leiser Stimme. Wir müssen bereit sein zuzuhören. Wir meiden die Stille, weil wir uns davor fürchten. Wir sind zu beschäftigt mit Laufen und Rennen, als dass wir zur Ruhe kommen und unser Herz bereit machen zu hören. Aber nur dann begegnet Gott uns durch sein Wort.

Gott hatte Elias Depression und Entmutigung sehr wohl bemerkt. Was typisch ist für Melancholiker, galt auch für Elia: Er hatte den Eindruck, er wäre der Einzige, der treu zu Gott stand, als es darauf ankam. Doch Gott erinnert Elia wie in einer Art Nachlese noch: „Übrigens, Elia, da waren noch ungefähr 7.000 andere, die nicht vor Baal auf die Knie gegangen sind und ihn angebetet haben."

Melancholiker sind nicht allein. Es gibt noch viele andere Menschen da draußen, unterschiedliche Persönlichkeiten mit ganz unterschiedlichen Glaubensstilen, die Gott aber auf ihre Art genauso treu sind.

Elia begegnete Gott. Er wurde erfrischt, wiederhergestellt und geheilt. Dann gab Gott ihm den Befehl: „Geh zurück." Es hatte sich nichts geändert. Elia hatte es immer noch mit der wutschnaubenden Königin zu tun. Gottes Marschbefehl war mit Gnade erfüllt. Er gab Elia eine zweite Chance.

**Unser Gott ist ein Gott der zweiten, dritten, vierten und tausendsten Chance. Vielleicht haben Sie versucht, Gott zu begegnen und Sie haben Ihre eigenen Erwartungen nicht erfüllt. Gott kennt Ihre Situation, er weiß, wo Sie gerade stehen. Er ist nicht sauer, weil Sie aufgegeben haben. Aber er möchte, dass Sie bei ihm sind. Gehen Sie zurück. Versuchen Sie es noch einmal. Es liegt Gott sehr viel mehr daran, einfach mit Ihnen zusammen zu sein, als an dem, was Sie Großartiges für ihn tun. Gott liebt Sie als Person viel mehr als all Ihre Bemühungen, Regeln einzuhalten.**

Melancholiker bemühen sich manchmal zu sehr. Auf ihrer Suche nach einem tiefen geistlichen Leben versuchen sie, die „perfekte" stille Zeit zu halten, aber Gott hat eigentlich viel mehr

Interesse daran, einfach mit ihnen zusammen zu sein, ob diese gemeinsame Zeit nun „perfekt" gestaltet ist oder nicht. Nehmen Sie für sich an, dass Gott Sie bedingungslos liebt. Die Verheißung in Hebräer 10,14 kann Melancholiker von ihrem Perfektionsstreben frei machen, indem sie ihnen versichert: „Für immer und ewig hat Christus mit dem einen Opfer alle Menschen, die Gott als seine Kinder annimmt, in eine vollkommene Gemeinschaft mit ihm gebracht." Gott weiß, dass der Melancholiker seine Hand an den Pflug legen und nie mehr zurückblicken kann, wenn er endlich die Tatsache erkennt und annimmt, dass Gott ihn bedingungslos liebt (Lukas 9,62).

Liebe Melancholiker, wir möchten Sie auch ermutigen, den anderen Persönlichkeitstypen gegenüber ein bisschen nachsichtiger zu sein. Denn Gottes Verheißung an uns alle, die in Philipper 1,6 steht, lautet, dass er es ist, der in uns alles anfängt und vollendet: „Deshalb bin ich auch ganz sicher, dass Gott sein Werk, das er bei euch durch den Glauben begonnen hat, zu Ende führen wird, bis zu dem Tag, an dem Jesus Christus wiederkommt."

# Kapitel 8

# Der Phlegmatiker

*Den Frieden lasse ich euch, meinen Frieden gebe ich euch.*

Johannes 14,27

Phlegmatiker sind von Natur aus gelassen. Sie haben eine ruhige, ausgeglichene Persönlichkeitsstruktur und sind bekannt als Beobachter des Lebens. Deshalb werden sie auch von den eher dominanten Persönlichkeitstypen leicht übersehen. Es ist jedoch seit jeher die Gabe der Phlegmatiker, auch in problematischen Situationen den Überblick zu behalten.

Abigajil, die Frau von Nabal, deren Geschichte in 1. Samuel 25 erzählt wird, ist eine solche Persönlichkeit. Nachdem David vor seinen Feinden geflohen war und sich mit seinen Leuten in der Wüste gesammelt hatte, hatte er dort die Herden eines reichen Landbesitzers namens Nabal bewacht. „Er hatte eine Frau namens Abigajil, die sehr schön und klug war. Nabal aber war grob und niederträchtig" (1 Sam 25,4). David hatte Nabal um Verpflegung für seine Männer gebeten, die Nabal ihm jedoch hochmütig verweigert hatte. Darauf reagierte David zornig und bewaffnete seine Männer, um Nabal und dessen gesamte Familie auszulöschen. Wir steigen in die Geschichte ein in 1. Samuel 25, 14-17:

„Inzwischen hatte einer von Nabals Knechten dessen Frau Abigajil berichtet: ‚David hat aus der Wüste Boten zu Nabal gesandt, um ihm alles Gute zu wünschen; der aber hat sie nur angebrüllt! Dabei waren diese Männer sehr gut zu uns. Als wir mit unseren Herden umherzogen, haben sie uns nie etwas zuleide getan; kein einziges Tier haben sie uns gestohlen. Im Gegenteil: Tag und Nacht umgaben sie uns wie eine schützende Mauer, solange wir unsere Herden in ihrer Nähe hüteten. Nun überleg doch, was zu tun ist! Unternimm etwas, sonst gibt es ein Unglück! Dann ist Nabal verloren und wir alle mit ihm. Du weißt ja, wie niederträchtig er ist. Man kann mit ihm nicht reden.'"

Abigajil erfasste die Situation ganz schnell und übernahm das Kommando. Sie bereitete ein großes Festmahl vor und ließ es David und seinen Männern schicken, die bereits unterwegs waren, um Rache an Nabal zu nehmen. Abigajil hatte Nabal allerdings nicht über ihr Vorgehen informiert. (Phlegmatiker, die Auseinandersetzungen vermeiden wollen, handeln oft, ohne zuvor mit anderen über ihre Pläne zu sprechen.) Im Schutz des Berges ritt sie auf einem Esel den Bergpfad hinunter. David und seine Leute waren schon in der Nähe; bald musste sie ihnen begegnen. David war immer noch wütend. „Für nichts und wieder nichts habe ich die Herden beschützt, die dieser Schuft in der Wüste weiden ließ! Sorgfältig habe ich darauf geachtet, dass ihm nichts gestohlen wurde. Und was ist der Dank? Eine unverschämte Abfuhr! Gott soll mich hart bestrafen, wenn ich morgen früh auch nur einen seiner Männer am Leben lasse!"

„Als Abigajil David auf sich zukommen sah, stieg sie schnell von ihrem Esel und warf sich vor ihm nieder. Dann begann sie: ‚Ich alleine bin schuld, mein Herr. Bitte laß deine Dienerin reden, und hör, was ich dir sagen will! Ärgere dich nicht über diesen boshaften Menschen! Er ist genau das, was sein Name bedeutet: Nabal, ein unverbesserlicher Dummkopf. Leider habe ich die Boten nicht gesehen, die du, mein Herr, uns geschickt hast. Doch so gewiß der Herr lebt und so gewiß du lebendig vor mir stehst: der Herr selbst hat dich aufgehalten. Er will nicht zulassen, daß du dich rächst und so zum Mörder wirst. Nabal wird seine gerechte Strafe schon bekommen. Und wie ihm soll es auch deinen Feinden ergehen und allen, die Böses gegen dich im Schilde führen. Sieh doch, ich habe dir Geschenke mitgebracht, mein Herr. Deine Leute sollen sie mitnehmen und unter sich aufteilen. Vergib uns, daß wir dich so schlecht behandelt haben'" (Verse 20-28).

Dann erinnert Abigajil David daran, dass der Herr ihn gewiss belohnen wird, weil er ein unschuldiger Mann ist, dass es aber schwer auf seinem Gewissen lasten würde, wenn er Nabal und seine Familie ermordete. Abigajil entschärft eine Situation durch ihre ruhige friedfertige Haltung und bittet David, sich an sie zu erinnern, wenn er König ist. „David rief: ‚Ich danke dem Herrn, dem Gott Israels, daß er dich gerade in diesem Augenblick zu mir geschickt hat! Wie froh bin ich über deine Klugheit! Ich danke dir, daß du mich heute davon abgehalten hast, mich auf eigene Faust zu rächen und einen Mord zu begehen. Vor dem lebendigen Herrn und Gott Israels, der meinen bösen Plan durchkreuzt hat, muß ich gestehen: Keiner von Nabals Männern hätte den nächsten Morgen erlebt, wenn du nicht so schnell gehandelt hättest'" (V. 32-34). Als Abigajil zu Hause ankommt, findet sie ihren Mann inmitten einer Horde Betrunkener vor. Und wieder sehen wir die Geduld der Phlegmatikerin: Abigajil wartet bis zum nächsten Morgen, um Nabal zu sagen, was passiert ist. In der Bibel wird das folgendermaßen formuliert: „Erst am nächsten Morgen, als er seinen Rausch ausgeschlafen hatte, erzählte sie ihm alles. Da erlitt Nabal einen Schlaganfall und war völlig gelähmt. Nach etwa zehn Tagen ließ der Herr ihn sterben" (V.37-38).

Wir haben hier ein Beispiel der Weisheit eines Phlegmatikers vor uns. **Phlegmatiker haben die Fähigkeit zu sehen, was getan werden muss, und es auch zu tun, und zwar ohne etliche Ausschusssitzungen oder Planungstreffen.**

**Phlegmatiker scheuen zwar die direkte Auseinandersetzung, aber sie tun, was nötig ist, um den allgemeinen Frieden zu erhalten. Sie sind friedfertig und liebenswürdig.**

Was also ihre Suche nach einem persönlichen geistlichen Leben angeht, ist so ziemlich wahrscheinlich, dass sie sich mit allem einverstanden erklären, egal welcher Standard in der Gruppe herrscht, zu der sie gehören. Phlegmatiker passen sich zwar leicht einer bestimmten Umgebung an, aber es gibt ein paar grundlegende Dinge, die sie einfach brauchen. Zum Beispiel sind Gemeinde und Gottesdienst für Phlegmatiker wichtiger als für die anderen Persönlichkeitstypen. Ebenso wie die Zugehörigkeit zu einem Bibelkreis (darauf kommen wir später noch einmal zurück) bietet ihnen der Gottesdienst Struktur und Berechenbarkeit.

Zu einem für den Phlegmatiker idealen Gottesdienst gehört eher ruhige Anbetungsmusik. Linda Jewell erzählte uns, dass sie „zusammenzuckt", wenn in ihrer Gemeinde der Gottesdienst morgens um 8:00 Uhr mit einem „fetzigen" Lied anfängt. Sie sagt: „Dann muss ich an das Wort in Sprüche 27,14 denken:‚Wenn jemand seinen Nachbarn frühmorgens mit lauter Stimme grüßt, dann wird es ihm als Verwünschung ausgelegt.'"

Sie mögen auch Gottesdienste, in denen es Zeit für ein stilles Gebet gibt. Carol Johns, die eine Kombination aus Phlegmatikerin und Sanguinikerin ist, schilderte uns ein Erlebnis auf der Suche nach einer neuen Gemeinde: „Meine Suche endete damit, dass ich etwa anderthalb Jahre lang in zwei Gemeinden parallel ging. Damals wusste ich noch nicht, was für ein Persönlichkeitstyp ich bin, aber es erklärt, was ich da tat. Zum persönlichen Auftanken ging ich in die Episkopalkirche, und zwar frühmorgens in den ersten Gottesdienst. Dort wurde noch das alte Gebetbuch benutzt. Ich fühlte mich eng verbunden mit den Traditionen der alten Kirchenväter. Wir betraten schweigend die Kirche, knieten in der Kirchenbank nieder und beteten still für uns, bis die Glocken zu läuten begannen. Das und das wöchentliche Abendmahl, das von Pater Jerry vorn am Altar ausgeteilt wurde mit den Worten: ‚Carol, das Blut Jesu Christi, für dich vergossen', war jede Woche wieder mein Eingangstor für die Anbetung. Die Regelmäßigkeit, die Kontinuität, die persönliche Beziehung und der Friede zogen mich dorthin.

Ich blieb nach dem Gottesdienst aber nicht länger da, sondern machte mich direkt auf den Weg zur Baptistengemeinde, wo ich Mitglied im Lobpreis-Team war, Sonntagsschullehrerin, Begrüßungskomitee, Umarmerin und Helferin in eigentlich allen Sparten. Dort saßen wir vor dem Gottesdienst herum, redeten endlos und lachten und winkten uns zu. Abendmahl gab es dort einmal im Monat, wobei das Brot und der Wein auf einem Teller bzw. in einem Becher durch die Reihen gereicht wurden – also eher ein Kontrastprogramm zu dem, was ich nur eine Stunde zuvor erlebt hatte. Ich bezeichnete mich damals selbst als ‚Episko-Baptistin', und die Liturgie fehlt mir, denn inzwischen bin ich hauptsächlich in die Baptistengemeinde eingebunden. Oh, könnte ich doch eine ausgewogene Mischung aus beidem an einem Ort finden!"

Genau wie Carol haben viele Phlegmatiker auf dem Fragebogen erwähnt, dass für sie das Abendmahl ein wichtiger Bestandteil des Gottesdienstes ist. Interessant dabei ist, dass die Phlegmatiker die Einzigen waren, die das Abendmahl überhaupt erwähnten. „Das Abendmahl ist eine Beziehungsangelegenheit", sagte Evelyn. „Ich mache die Augen zu und stelle mir vor, dass Jesus mir das Brot reicht und den Kelch. Ich sage ihm, warum ich mich unwürdig fühle, es anzunehmen, und er erinnert mich daran, dass er am Kreuz alles für mich getan hat. Danach fühle ich mich erfrischt und erneuert mit einem noch stärkeren Gefühl, dass Jesus nicht nur mein Erlöser, sondern auch mein Freund ist." Linda Jewell stimmt ihr da zu und betont, dass Heiligabend und Karfreitag ihre Lieblingsgottesdienste sind.

Carol ist alleinstehend, also hat sie die Möglichkeit, auch zwei Gemeinden zu besuchen, wenn sie das braucht, um ihre persönlichen geistlichen Bedürfnisse erfüllt zu finden. Aber im Einklang mit ihrer „pflegeleichten" Persönlichkeitsstruktur lassen sich verheiratete Phlegmatiker in aller Regel auf die Gemeinde ein, die ihr Ehepartner aussucht. Sharon Merritt sagt über ihren phlegmatischen Mann: „Es wird ihm jetzt langsam klar, dass es den Leuten wirklich gefällt, beim Lobpreis die Hände zu heben und dass das auch ganz in Ordnung ist."

Weil Phlegmatiker fast immer eher reagieren als agieren, können sie ähnlich wie Chamäleons fast immer allen alles sein. Sie können sich an fast jede Persönlichkeit und auch jede Gemeinde anpassen, mit der sie gerade zu tun haben. Wenn sie jedoch die Möglichkeit der Wahl haben, mögen die meisten Phlegmatiker Gottesdienste mit persönlichen Zeugnissen und genügend Freiraum, um Freunde zu begrüßen und sich auszutauschen. Dieses Austauschen über das Wirken Gottes im Leben anderer wurde auf den Fragebögen immer wieder von ihnen erwähnt. Viele sagten, wie sehr es sie persönlich aufbaute, vom Handeln und Wirken Gottes im Leben anderer zu erfahren. Andere erwähnten Gottesdienste mit einer „persönlichen Stille" oder „Gebetszeiten". Phlegmatiker mögen keine Höllenfeuer-Predigten, Aufrufe zum Altar oder zu temporeichen Gottesdienste. Viele erwähnten, dass es für sie hilfreich sei, wenn der Gottesdienst Bestätigung und Trost ausdrückte. Die „sanftere" Art der Predigt gefiel Phlegmatikern durch die Bank besser als aufrüttelnde Botschaften mit dem Ziel der Sündenerkenntnis.

Evelyn sagte dazu: **„Ich frage mich, ob wir Phlegmatiker vielleicht dazu neigen, die Anteile Jesu zu ignorieren, die in unserer** eigenen **Persönlichkeitsstruktur** nicht vorhanden oder nur schwach ausgeprägt sind (denn er hat sie ja alle in Vollkommenheit). Wir hätten eigentlich alle gern, dass Jesus so ist wie wir! Auf diese Weise sehen wir keine Notwendigkeit, uns zu entfalten und ihm ähnlicher zu werden!"

Beim Nachdenken über den idealen Gottesdienst brachte eine phlegmatische Pastorenfrau den Wunsch zum Ausdruck, die Menschen möchten sich doch mehr Gedanken darüber machen, welche Art von Anbetung und Lobpreis wohl *Gott* am besten gefallen würde und nicht so sehr ihnen selbst. „Ich habe schon so viel Streit über den Musikstil und sogar die Farbe der Wände in der Kirche erlebt!"

LouAnne erklärt ihre Gefühle folgendermaßen: „Der Sonntagsgottesdienst in der Gemeinde ist einzigartig, weil jeder seinen Herrn ganz für sich persönlich anbetet, aber gleichzeitig auch gemeinsam mit allen anderen. Ich genieße den Lobpreis besonders, wenn auf meiner einen Seite mein Mann steht und auf der anderen Seite meine Gebetspartnerin, mit der ich eine sehr intensive Beziehung habe. Wenn wir zusammen anbeten, dann liegt darin so viel Kraft und Einheit, und unser Leben ist so miteinander verbunden, während wir füreinander und für andere beten. Mein idealer Gottesdienst besteht nicht nur aus den einzelnen ‚Programmpunkten', sondern er bedeutet auch die Einheit mit nahe stehenden Menschen."

## *Entspannt und ruhig*

Wir waren fasziniert davon, für wie viele der befragten Phlegmatiker Gott ein Ort der Ruhe und des Friedens ist. Ihrer Persönlichkeit gemäß haben die Phlegmatiker offenbar keine Angst vor Gott, sondern suchen Trost bei ihm.

Sarah sagte: „Gott stellte sich mir irgendwann in meinen ersten drei Lebensjahren als liebevoller Vater dar. Meine erste Erinnerung ist die, dass ich jeden Abend zum Einschlafen auf seinen Schoß krabbelte. Ich kann mich nicht erinnern, dass mir jemand dieses Bild von Gott vermittelt hätte. Auf seinen Schoß zu krabbeln, um zu reden oder einfach nur in seiner Nähe zu sein war jedoch das Muster meiner Kindheit. Ich glaubte, dass er mein ,wirklicher, eigentlicher' Vater sei."

Anne Greers Erfahrung mit Gott ist die, dass er zwar jetzt sehr viel größer ist als damals in ihrer Wahrnehmung als Kind, aber immer noch jemand, „bei dem ich mich sehr entspannt fühle, nicht locker oder lässig, aber ganz in Frieden." Diese Sehnsucht nach Frieden wird auch in Jerry Ozees Aussage deutlich: „Gott möchte, dass wir mit allen Menschen Frieden haben, also ist Gott friedvoll."

Evelyn Sloat ist mit einem Pastor verheiratet und empfindet, dass ihr Leben völlig beherrscht wird von den Anforderungen, die an sie gestellt werden: „Aber Gott ist ganz anders. Er kommt nicht und fordert, dass ich Zeit mit ihm verbringe." Dieses Gefühl der Freiheit in ihrer Beziehung zu Gott hat aber auch dazu geführt, dass es immer wieder Zeiten gibt, in denen sie ihm nur sporadisch begegnet. „Oft tauchen plötzlich irgendwelche dringenden Dinge auf und dann reagiere ich in der Regel eher auf solche Hilferufe als auf seinen Ruf, zu ihm zu kommen und mich aufbauen zu lassen. Ich habe immer den guten Vorsatz: ,Morgen stehe ich ganz bestimmt früh auf und halte stille Zeit.' Ich kämpfe immer zwei Schlachten mit einem solchen Plan. Ich kann mich nicht besonders gut an Pläne halten, und ich rebelliere bei dem Gedanken, dass mein Leben eintönig werden könnte."

Beziehungen sind sehr wichtig für Evelyn, und sie erkennt Gott darin. „Wenn wir über unser Gottesbild sprechen, dann weitet sich unser aller Blick von Gott – der unendlich mehr ist, als wir alle zusammen erfassen könnten."

Andere Phlegmatiker betrachten Gott als distanziert und unpersönlich. Sie haben eher eine Herr/Knecht-Beziehung zu ihm, leben eher Religion als Beziehung. Ein Pastor sagte: „Ich tat nur das unbedingt Nötige, um mit Gott im Gespräch zu bleiben, aber Gott war eigentlich für mich weit weg, unpersönlich, irgendwie bedrohlich. Eines Tages entdeckte ich, dass Gott wirklich etwas an mir liegt, dass er sich wünscht, dass ich bete und in der Bibel lese, weil er eine Beziehung zu mir will. Meine Zeit mit ihm wurde besser und intensiver, und Gott wurde lebendig, auch wenn meine Beziehung zu ihm immer noch nicht so sehr persönlich und intensiv war. Langsam wurde mir dann klar, dass Jesus viel mehr für mich sein und unsere Beziehung nur wachsen konnte, wenn ich einen Ort für uns schuf. Einen Ort, wo wir zusammen redeten und wo er für jeden Lebensbereich wichtig werden konnte. Das hat dazu geführt, dass ich jetzt wirklich gern mit ihm zusammen bin."

Noch ausgebaut wurde diese Entdeckung, als der Pastor aufhörte, die Erwartungen, die er selbst und andere an ihn stellten, auf Gott zu projizieren. Er begann zu verstehen und zu akzeptieren, dass Gott ihn als Phlegmatiker geschaffen hatte und ihn im Bereich seiner natürlichen Gaben einsetzen wollte. Jetzt sieht er Gott als den Vater, der geduldig an ihm wirkt, als fürsorglichen Freund, der ihn Tag für Tag leitet und führt.

Terri Geary hat es eine Zeit lang ähnlich empfunden, nämlich dass sie Gott so, wie sie ist, nicht genügt. „Oft denke ich, dass ich mich ganz besonders anstrengen muss, damit Gott mir seine Gnade nicht entzieht oder ich sie wiederbekomme, oder dass ich ihm irgendwie beweisen muss, wie wichtig er mir in meinem Leben ist, selbst wenn ich an dem betreffenden Morgen keine stille Zeit gehalten habe, wie es dieses innere Tonband mir immer wieder zu tun aufträgt.

Als mein Mann 1980 nach einem Unfall querschnittsgelähmt war und ich plötzlich ihn und drei noch nicht schulpflichtige Kinder versorgen musste, kamen Gefühle in mir hoch, von denen ich bis dahin keine Ahnung gehabt hatte. Diese Gefühle bedrohten den Kern meiner Beziehung zu Gott. Die Furcht vor Gott und die mühsame Anstrengung, ihm zu gefallen, weil es sich so gehörte, halfen mir jetzt nicht weiter und ich zweifelte total an ihm.

Aber um es kurz zu machen: Die Jahre, die dann folgten, waren die Grundlage für eine völlige Veränderung meiner Beziehung zu Gott. Sie veränderten nämlich meine Sicht davon, wie ich in seinen Augen sein sollte. Er war nicht nur der Allmächtige, der alles kontrollierte, sondern meine Zuflucht und mein Tröster, der mich einlud, mein gebrochenes Herz bei ihm auszuschütten. Diese Seite hatte ich bei ihm zuvor noch nicht erfahren."

Die Phlegmatikerin Sue Roberts bekannte: „Jahrelang habe ich Gott als anspruchsvollen König gesehen und hatte immer den Eindruck, dass ich mich wirklich anstrengen musste, um seinem Maßstab gerecht zu werden. Zur Zeit versuche ich, ein neues Bild von Gott zu bekommen, indem ich nach einem sanfteren Gott suche, der mich nicht nach meiner Produktivität beurteilt, sondern nach meinen Beziehungen."

## *Beständig unbeständig*

Beim Betrachten der stillen Zeit oder dem persönlichen Bibelstudium von Phlegmatikern haben wir festgestellt, dass sie beständig unbeständig sind. Die „typischen" (ich schreibe das typisch in Gänsefüßchen, weil unsere Befragungen ergeben haben, dass dieser Stil absolut nicht die Norm ist, sondern eher die Ausnahme) dreißig oder sechzig Minuten stille Zeit jeden Morgen wurde von den meisten Befragten als zu große Anstrengung und einfach nur „erschlagend" empfunden.

Sarah beschreibt ihre Erfahrungen folgendermaßen: „Als junge Erwachsene war mein Leben beherrscht von den verschiedensten Ansprüchen an mich, die in erster Linie durch das motiviert waren, was andere über mich dachten. Ich gehörte zu einem Frauenbibelkreis in meiner Gemeinde und außerdem nahm ich noch an einem überkonfessionellen Bibelkreis teil. In beiden Gruppen war das Gottesbild von der Vorstellung geprägt, dass Gott ‚fromme Leistung' erwartet. Neben gemeinsamer Anbetung, dem Zehnten und dem Gottesdienst gehörte zu dieser Frömmigkeit eine tägliche stille Zeit. (Eine Bemerkung am Rande: Eigentlich gefällt mir die Bezeichnung stille Zeit nicht mehr, weil ich damit eine von Gesetzlichkeit bestimmte Lebensphase verbinde. Meine Zeit mit Gott ist jetzt häufig alles andere als still.)

Das Modell, das mir nahe gelegt wurde, sah eine bestimmte Zeitspanne am frühen Morgen vor, und zwar mindestens 30 Minuten, möglichst immer am selben Platz. Die Zeit sollte mit Bibellesen, Gebet und dem Hören auf Gott ausgefüllt werden. Das war aus mehreren Gründen schwierig für mich. Erstens hatte ich kleine Kinder, die gerade morgens viele Bedürfnisse hatten. Zweitens fiel es mir gerade morgens schwer, mich zu konzentrieren, auch ganz unabhängig von den Kindern, und drittens fand ich all diese Vorgaben ausgesprochen einengend. Schuldgefühle trieben mich dazu, es dennoch zu versuchen, aber meistens war es eher ein Fiasko. Und es fühlte sich kein bisschen konstruktiv an. Ich empfand mich als Versagerin und irgendwie auch als Schwindlerin."

Wie oft haben Sie sich schon eine so erfüllte stille Zeit gewünscht, wie sie von anderen immer wieder beschrieben wird? Dazuzugehören, Teil einer Gruppe zu sein, regelmäßig Gott zu begegnen, seinen Willen für das eigene Leben zu erfahren, das alles ist uns ein tiefes Bedürfnis. Für den Phlegmatiker jedoch scheinen der Einsatz und die Anstrengung, die dazu nötig wären, oft überwältigend. Eine der grundlegenden Schwächen der Phlegmatiker besteht darin, dass sie sich eher schwerfällig in Bewegung setzen. Kathy Johnston schreibt ganz ehrlich: „Es gab Zeiten, da bin ich vor der stillen Zeit aus mangelndem Ehrgeiz zurückgeschreckt oder aus der Haltung ‚das funktioniert ja sowieso nicht'. Aber tief in mir wusste ich immer, dass das nicht wahr war. Gott sei Dank zieht er einen immer zurück."

Evelyn hatte ähnliche Sorgen: **„Viele Phlegmatiker bestrafen sich selbst mit Schuldgefühlen dafür, dass sie ihre stille Zeit nicht so halten, wie es allgemein gutgeheißen wird, nämlich systematisch, regelmäßig und planvoll (auch wenn die Schuldgefühle anscheinend noch nicht ausreichen, um sie dazu zu bewegen, eine solche stille Zeit zu entwickeln). Ich stelle in meinem Leben fest, dass Schuldgefühle keine gute Motivation sind, sondern eher ein Abschreckungsmittel. ‚Ich werde das nie schaffen, warum soll ich es dann überhaupt versuchen?'** Und Phlegmatiker sind so ruhig und so wenig motiviert, dass sie kaum mit jemandem darüber reden werden, wenn etwas, das ihnen als ‚normal' verkauft wird, bei ihnen nicht funktioniert, sie aber eine andere Methode für sich selbst entdeckt haben."

Die Sanguinikerin Vickey Banks berichtete uns über ihren phlegmatischen Mann: „Er ist ein Mann von kompromisslosem

Charakter und einer ebensolchen Integrität. Er ist ein hingebungsvoller Christ und ein hoch geachteter Leiter. Aber er hat Schwierigkeiten mit Dingen wie Bibelleseplänen oder mit dem regelmäßigen, systematischen Auswendiglernen von Bibelversen. Tatsache ist, dass er zum zweiten Mal versucht, die Jahresbibel wirklich in einem Jahr durchzulesen! Er sagt: ‚Ich wünsche mir immer, dass es irgendwann einfacher wird, aber das wird es nie!‘"

Genau wie Brian können Phlegmatiker die Disziplin entwickeln, am Ball zu bleiben, auch wenn es nie einfach wird und sie dazu länger brauchen als andere.

Der Pastor Steve Hays hat uns erzählt: „Ich halte mich nicht an eine bestimmte Methode oder an eine bestimmte Zeit, in der ich in der Bibel arbeite. Manchmal befasse ich mich über einen längeren Zeitraum mit einem bestimmten Thema, und das dann sehr gründlich, und dann wieder gibt es Phasen, da lese ich hier ein bisschen in der Bibel und bete dort ein wenig, und zwar immer gerade dann, wenn ich Zeit habe. Ich bin in dieser Hinsicht beständig unbeständig. Weil ich Pastor bin, arbeite ich viel mit der Bibel und mit Sekundärliteratur, um meine wöchentliche Predigt vorzubereiten, aber es macht mir keinen Spaß, stundenlang über griechischen und hebräischen Büchern zu hocken und zu meinen eigenen Schlussfolgerungen zu kommen. Stattdessen benutze ich Kommentare von Fachleuten, die neue Möglichkeiten gefunden haben, die biblischen Grundideen und Wahrheiten im Leben anzuwenden. Ich mache die Bibel für die Leute gern real und lebendig."

Die Phlegmatiker halten sich zwar normalerweise nicht an die „typischen" vorgefertigten Formeln, aber sie wollen Gott dennoch auf einer intensiven Ebene begegnen. Das geschieht oft durch Gebet und Bibellesen oder durch geistliche Musik.

Chuck Alt liebt die Bestätigung aus Jakobus 4,8: „Wendet euch Gott zu, dann wird er zu euch kommen." Er stellt fest, dass er oft spätabends, wenn alle anderen schon im Bett sind, seine Zeit mit Gott voller Wärme, Bestätigung und Angenommensein erlebt. Als phlegmatischer Pastor stellt bei ihm diese Zeit die Zuversicht wieder her, dass Gott immer noch da ist und ihn liebt und annimmt, egal wie hektisch und frustrierend der Tag auch gewesen sein mag.

Die Bibel selbst wurde als „Andachtsmittel" von Phlegmatikern häufiger erwähnt als von allen anderen Persönlichkeitstypen.

Sarah gestand: „Ich stellte fest, dass es Zeiten gab, in denen es mich zur Bibel zog, weil ich hoffte, dort Trost, Wegweisung, Bestätigung zu finden oder auch einfach um Gott nah zu sein. Diese Zeiten liefen nicht nach einem bestimmten Schema ab. Sie fanden auch wöchentlich statt, nicht täglich – manchmal nachmittags, wenn die Kinder ihren Mittagsschlaf hielten, manchmal auch spätabends, wenn schon alle im Bett waren. Diese Zeiten hatten weder eine bestimmte Dauer noch einen festgelegten Inhalt. Manchmal wurde ich durch die pure Not in die Stille getrieben, während einer Krise beispielsweise. Ich lese bis heute nicht regelmäßig täglich in der Bibel.

Als Kind habe ich viele Bibelverse auswendig gelernt, und das macht mir bis heute Spaß. Wenn ich besondere Probleme habe, schreibe ich auf dem Computer Verse auf, die zu dem Thema passen, und drucke sie mir aus, um sie immer bei mir zu haben, damit ich weiß und mir einpräge, was Gott über mein Problem denkt. Auf all diese Arten hilft mir die Bibel und zieht mich in die Gegenwart Gottes. Aber das alles passiert nicht täglich und regelmäßig oder irgendwie nach Vorschrift oder Plan, sondern es entspringt ganz natürlich meinem Lebensrhythmus und meinem großen Bedürfnis nach Gott."

Mary Seiber sagte: „Wenn ich erst einmal angefangen habe, in der Bibel zu lesen, merke ich, dass ich mehr Zeit damit verbringen möchte, als ich eingeplant habe. Es gibt einfach so viele Dinge, die zu tun sind, dass ich Schwierigkeiten habe, überhaupt anzufangen."

Chuck Alt hat festgestellt, dass er seine besten Bibellesezeiten dann hat, wenn er einen Bibelabschnitt heraussucht, der ihm einmal geholfen hat, ihn noch einmal liest und dann gedanklich durchspielt, wie er in dieser speziellen Situation anders reagieren könnte. Am Ende jeder Woche schaut er sich dann an, welche Fortschritte er gemacht hat und sieht, welche Bereiche noch besser und intensiver bearbeitet werden müssen.

Die Bibel gestattet es Phlegmatikern, einfach nur zu „sein" und in Gottes Gegenwart zur Ruhe zu kommen. Phlegmatiker mögen gern über Gottes Wort nachsinnen – weil sie ja eine Person verehren und nicht einen Gegenstand oder ein System.

Linda Jewell berichtete: „Eine Freundin gab mir ein Heft, in das ich meine Gebetsanliegen schreiben sollte. Einen Abschnitt darin habe ich ‚Gedanken zur Bibel' überschrieben. Ich schreibe gern einen Vers oder einen Abschnitt aus der Bibel ab und stelle Gott dann alle möglichen Fragen dazu. Ich versuche, mich in die Situation hineinzuversetzen und schlage die Bedeutung von Worten nach. Ich will immer mehr erfahren, wie Gott ist, und sein Wort anwenden."

In seinem Buch *Sacred Pathways* („Heilige Pfade") beschreibt Gary Thomas einen solchen Menschen mit Hilfe von 5. Mose 33,12: „Der Geliebte des Herrn wird sicher wohnen; allezeit wird er die Hand über ihm halten und wird zwischen seinen Höhen wohnen." Thomas schreibt dazu: „Beim Herrn und in seiner Gegenwart zu wohnen und zur Ruhe zu kommen ist die Lieblingsbeschäftigung des kontemplativen Menschen. Er oder sie möchte sich an Gott freuen und lernen, ihn noch tiefer zu lieben. Die Rolle des Nachsinnens erinnert uns daran, dass Gott nicht in erster Linie unseren Gehorsam will, er will uns nicht als leidenschaftslose Knechte, sondern er will eine leidenschaftliche Liebe, die so stark ist, dass sie alle anderen Bindungen verbrennt."\*

In ihrer Kontemplation neigen Phlegmatiker nicht unbedingt dazu, nach neuer Bedeutung zu suchen oder Texte miteinander in Verbindung zu bringen, sondern einfach still zu sein in der Gegenwart Gottes. Dietrich Bonhoeffer schrieb: **„Das biblische Wort sollte ständig in uns nachklingen und den ganzen Tag in uns wirken, so wie die Worte eines Menschen, den man liebt. Und ebenso wenig, wie man die Worte eines Menschen, den man liebt, analysiert, sondern sie so annimmt, wie sie kommen, soll man auch das Wort Gottes annehmen und es in seinem Herzen bewegen, wie Maria es getan hat. Das ist alles. Das ist Meditation. Halten Sie nicht nach neuen Gedanken und Verbindungen im Text Ausschau, so wie Sie es tun würden, wenn Sie predigen sollen. Fragen Sie: ‚Was**

---

\* Gary Thomas: *Sacred Pathways*, Thomas Nelson Publ., 1996

**will mir das sagen?' Dann bewegen Sie das Wort so lange in Ihrem Herzen, bis es in Ihnen ist und von Ihnen Besitz ergriffen hat."***

Es ist zwar einfach für Phlegmatiker, „über das Wort nachzusinnen", aber Craig Brian Larson spricht dennoch von den Schwierigkeiten der Phlegmatiker, über die gedankliche Beschäftigung hinaus zur praktischen Anwendung des Wortes im Leben und Dienst zu gelangen: „Ich mag nicht andere Leute oder Dinge kontrollieren oder organisieren. Verwaltung hält mich von dem ab, was ich gern mag und tue. Ich bin ein Ideenmensch, ein Wortmensch, eher ein Denker als jemand, der Dinge praktisch umsetzt. Ich analysiere, hinterfrage, lese, erkläre und versuche zu verstehen, und zwar ständig. Ich mag deshalb zwar gern Ideen und Gedanken ordnen, aber nicht Dinge – wie beispielsweise Geld oder Papiere. Außerdem liebe ich es, die Gegenwart Gottes zu suchen. Ich muss mich wirklich zwingen, meine stille Zeit zu beenden. Ich lerne zwar nach und nach aus reiner Notwendigkeit, mich zu organisieren und zu verwalten, auch einfach aus dem Wunsch heraus, ein guter Haushalter zu sein, aber normalerweise tue ich da nur das absolute Minimum."**

Eine wirkungsvolle Methode, das Wort wirklich ins Herz zu bekommen und zu festigen, gab uns Mary Seiber weiter. Sie hat diese Methode bei den „Navigatoren" gelernt. Sie schlägt vor, damit anzufangen, über einen Zeitraum von zwei Monaten zwei bis drei Psalmen pro Tag zu lesen und dann mit Hilfe eines Tagebuches das Wort wirklich tief im Leben ankommen zu lassen. Bei dieser Art des Tagebuchführens werden drei Punkte bearbeitet:

1. *Inhalt:* Was sagt der Text? Schreiben Sie auf, was das Gelesene Ihnen persönlich sagt.
2. *Wichtigster Vers:* Schreiben Sie den Vers, der Ihnen am besten gefällt oder der Sie am meisten anspricht, wörtlich ab, und notieren Sie die genaue Bibelstelle.
3. *Anwendung:* Enthält es ein Gebot, das befolgt werden soll, eine

---

\*    Dietrich Bonhoeffer, *Letters & Papers from Prison,* Macmillan, 1982
\*\*  Craig Brian Larson, *Leadership Magazine* (Winter 1998), S.52

Haltung, die es einzunehmen oder zu überdenken gilt, eine Verhaltensweise, die man meiden sollte? Was werde ich angesichts des Gelesenen praktisch tun? Danach schreiben Sie ein Gebet auf, in dem Sie sich zu etwas verpflichten, das im Zusammenhang mit dem Gelesenen steht.

Die meisten Phlegmatiker haben keine fest strukturierte stille Zeit, aber sie sind anscheinend oft einfach so in der Gegenwart Gottes, auch während sie ihren alltäglichen Pflichten und Aufgaben nachgehen. Ihre Beziehung zu Gott bezeichnen sie oft als „eine ganz besondere Zeit mit meinem liebsten Freund. Ich freue mich darauf, mit ihm zusammen zu sein, und ich ziehe die gemeinsame Zeit soweit wie möglich in die Länge."

Sue Roberts fasst das gut zusammen, wenn sie sagt: **„Für mich persönlich ist das Wichtigste in meiner täglichen Beziehung zu Gott, einfach bei ihm aufzutauchen und zu sagen: ‚Okay, Gott, ich bin jetzt hier, und ich weiß, dass du auch hier bist.' Ich versuche zu glauben, dass er wie ein Freund ist, dem es egal ist, ob man einen guten oder einen schlechten Tag hat, sondern ich sitze einfach nur da und höre hin.** (Raten Sie nie einem kraftvollen Choleriker zu so etwas, es treibt ihn zum Wahnsinn.) Im Laufe der Jahre habe ich erkannt, dass es besser ist, irgendetwas zu tun als gar nichts. Wenn also meine Gedanken ein bisschen umherschweifen, dann ist das in Ordnung – wenigstens bin ich gekommen und habe gesagt, dass ich seinen Willen tun will."

## *Gebet*

Das Gebet hat eine hohe, wenn nicht oberste Priorität im geistlichen Leben der meisten Phlegmatiker. „Gebet ermöglicht mir, alles an Gott abzugeben, was ich selbst nicht tun kann", schrieb Chuck. „Es ist gut zu wissen, dass Gott mich liebt und mein Gebet erhören wird. Ich muss mit Gott reden – niemand sonst braucht zu wissen, was ich zu ihm sage. Das tut mir gut."

Ceanne Richards sagt: „Gebet ist mein Lebenselixier, das mir einen unglaublichen inneren Frieden gibt. Ich habe meine Gebetspraxis entwickelt, indem ich Psalmen gelesen und anderen beim Beten zugehört habe."

Marilyn Heavilin, eine Melancholikerin, schilderte uns ihre Versuche, wie sie und ihr phlegmatischer Mann Glen am Anfang ihrer Ehe versuchten, gemeinsam stille Zeit zu halten: „Zu Beginn unserer Ehe hatte ich das Gefühl, die stille Zeit und deren Organisation sei Glens Sache. Es funktionierte nie. Glen wollte es auf den Abend verschieben, normalerweise auf den Zeitpunkt, wenn wir ins Bett gingen, und ich war immer so müde, dass ich an vielen Abenden beim Beten einschlief. Ich war eher Zuschauerin als Beteiligte. Vor ein paar Jahren haben wir uns dann auf einem Eheseminar gegenseitig gesagt, wie frustriert wir über unsere stille Zeit sind. Glen ließ sich schließlich darauf ein, morgens ein bisschen früher aufzustehen – ich war dann schon eine Weile auf –, um zusammen mit mir zu beten. Wir haben herausgefunden, dass wir jetzt nicht nur zusammen beten können für Dinge, die uns jeweils betreffen, sondern dass es auch eine tolle Zeit ist, um über unseren jeweiligen Tag zu reden. Wir versuchen nicht mehr, eine ‚ordnungsgemäße' stille Zeit zusammen zu halten."

„Was das Gebet betrifft, so lerne ich immer noch", sagte Barbara Amavisca. „Früher dachte ich immer, dass es darauf nicht so sehr ankam, weil für Gott sowieso schon feststand, was er tun würde. Aber die Jahre im Missionsdienst haben mir gezeigt, dass es nicht darum geht, Gott dazu zu bringen, seine Meinung zu ändern, sondern darum, *mich* zu verändern. Wenn ich bete und sehe, wie Gott wirkt, werde ich wieder an seine unglaubliche Liebe zu mir erinnert, aufgrund derer er mich an seinem Wirken teilhaben lässt."

Suzzi Marquis sagte: „Gebet hat schon immer zu meinem Alltag gehört. Ich wachte mit Gebet auf, schlief mit Gebet ein und betete den ganzen Tag: dankend, bittend und in Not. Gebet ist immer noch wie Atmen für mich: lebenswichtig, stetig, natürlich, spontan."

Sich daran zu gewöhnen, auch mitten in den hektischsten Zeiten des Lebens zu beten, hat sich für Ceil Sharman wirklich ausgezahlt: „Meine erwachsenen Söhne und ich beten manchmal am

Telefon, besonders, wenn sie Stress haben wegen irgendetwas. Es ist eine erstaunliche Möglichkeit, mit unserem innersten Kern und mit uns selbst in Berührung zu bleiben. Dieses wunderbare Geschenk meiner Söhne an mich hat seinen Ursprung in ihrer Kindheit, wenn ich trotz meiner Erschöpfung nach einem langen Tag des Unterrichtens, Ehefrauseins, Hausfrauseins mit jedem von ihnen fast jeden Abend noch las und betete. Was für eine Dividende Gott seit damals ausgeschüttet hat!"

Einzigartig beim Phlegmatiker: Vorformulierte oder auswendig gelernte Gebete bieten vielen Befragten ein gewisses Maß an Trost. Carol John hat ja bereits an anderer Stelle erwähnt, dass sie ein altes Gebetbuch benutzte. Viele andere Befragte erwähnten auswendig gelernte Gebete aus der Kindheit, manche so einfach wie: „Ich bin klein, mein Herz mach rein...". Sue Roberts, die katholisch erzogen wurde, sagte: „Vorgegebene Gebete waren sehr wichtig, auch wenn man sie nicht immer verstand. Als ich älter wurde, habe ich irgendwann den Wert sowohl vorformulierter als auch freier Gebete erkannt."

Sheena Fleener hat uns von den Gebeten ihres phlegmatischen Mannes Pat berichtet. Sie sagte: **„Er betet immer dasselbe, wenn wir laut zusammen beten, besonders wenn es um den Segen vor dem Essen geht. Ich habe immer gedacht, es wäre einfach nur Faulheit, aber ich glaube inzwischen, dass er sich mit diesem Gebet einfach wohl fühlt und dass ich es für den Rest meines Lebens hören werde."**

Mary Seiber sagte, dass sie sich von den auswendig gelernten Gebeten aus der Kindheit weiterentwickelt hat „hin zum Lobpreis durch das Singen und Beten der Texte alter Choräle beim Spazierengehen."

## Tagebuch führen

Etwa die Hälfte der befragten Phlegmatiker gab zu, dass sie nicht Tagebuch führten und die, die es taten, schrieben nur unregelmäßig. „Ich habe viele Tagebücher angefangen, und ich schreibe auch Dinge auf in besonders stressigen und verwirrenden Zeiten", schrieb Barbara Amavisca, „aber meistens trage ich nicht jeden Tag etwas ein. Ich bin meist zu abgelenkt, und wenn ich es dann noch einmal lese, klingt es immer blöd. Ich habe aber festgestellt, dass es eine Hilfe für mich ist, wenn mir etwas innerlich wehtut."

Terri Geary benutzt ihr Tagebuch, um Gedanken festzuhalten und ihre Gebete aufzuschreiben, aber wie ihre Mitphlegmatiker tut sie das nicht regelmäßig. Sie schreibt: „Ich habe anfangs versucht, beim Tagebuchführen regelmäßig und formal vorzugehen, aber inzwischen gebe ich mich damit zufrieden, nur zu schreiben, wenn es etwas gibt, was mich gefühlsmäßig stark berührt oder was ich nicht vergessen möchte. Anders ausgedrückt, zurzeit habe ich nicht den Eindruck, dass ich jeden Tag etwas schreiben *muss*, sondern ich schreibe, wenn ich das Gefühl habe, an etwas dranbleiben zu müssen, was ich gehört habe oder worüber ich später nachdenken möchte. Ich habe jetzt damit angefangen, mein Tagebuch mit in den Gottesdienst zu nehmen, für den Fall, dass mich etwas besonders anspricht, so dass ich später darauf zurückkommen kann. Inzwischen macht es mir Spaß, Gebete aufzuschreiben, damit ich später verfolgen kann, ob und wie sie erhört wurden."

Viele Phlegmatiker, die mit Kommentaren wie „Ja, das bin ich" reagierten, konnten Terris Gefühle nachvollziehen. Evelyn Sloat bemerkte dazu: „Obwohl ich gern schreibe, geschieht ironischerweise der größte Teil meines Tagebuchschreibens per E-Mail. Wenn ich etwas Besonderes erlebe, gebe ich es an jemand anders weiter. Ich teile die Sorgen mit, die ich gerade habe, und spreche über meine Erlebnisse und Erfahrungen! Noch einmal: **An jemanden zu schreiben ist viel unterhaltsamer und anregender für mich, als einfach etwas in ein Buch zu schreiben, das ich vielleicht irgendwann noch einmal lese, vielleicht aber auch nicht. Ich stelle außerdem fest, dass das Mitteilen meiner Sorgen und das Lernen dazu beiträgt, mir selbst gegenüber ehrlich zu bleiben, außerdem bekomme ich Rückmeldung auf das, was ich denke."**

Mary Seiber nutzt das Schreiben noch auf eine andere für sie hilfreiche Weise: „Manchmal ist es gut, Briefe zu schreiben, ohne sie abzuschicken. Der Prozess des Schreibens wird zum Gebet, in dem die betreffende Situation Jesus dargelegt wird statt der Person, an die der Brief ursprünglich gerichtet war. Das ist ein guter Umgang mit einem Problem, das doch eigentlich am besten bei dem aufgehoben ist, der Probleme am besten lösen kann – Jesus Christus."

Suzzi Marquis bezeichnet das, was sie tut, nicht gerade als Tagebuchführen. Aber sie hat festgestellt, dass es ihr hilft, ihre Gedanken zu ordnen, wenn sie alles in den Computer tippt, als eine Mischung aus Gespräch mit Gott, Durchdenken von Problemen und einfach Herauslassen von Gedanken.

Gemäß ihrem relativ entspannten Lebensstil machen sich Phlegmatiker meist nicht die Mühe, regelmäßig ihre Gebete aufzuschreiben oder Tagebuch zu führen. Wenn das also ein Punkt ist, weshalb Sie Schuldgefühle haben, dann möchten wir Ihnen Mut machen, das loszulassen, denn der Gott, der Sie geschaffen hat, versteht Sie und holt Sie dort ab, wo Sie gerade stehen.

## Das Gefühl, etwas geschafft zu haben

Uns gefielen die Antworten auf unsere Fragen: *Wann arbeiten Sie für sich persönlich in der Bibel? Wie sieht das praktisch aus? Wie häufig arbeiten Sie für sich persönlich in der Bibel?*

Evelyns Antwort lautete: „Treten Sie mir ruhig auf die Füße! Ich habe immer noch mit Schuldgefühlen darüber zu kämpfen, dass ich dafür nicht jeden Tag eine bestimmte Zeit reserviere. Diese Bibellesezeit ist umso mühsamer, weil sie die Kraftanstrengung erfordert, mit dem aufzuhören, was ich gerade tue und etwas zu tun, was ich eben nicht tue!"

Die meisten Phlegmatiker kennen diesen Kampf mit Schuldgefühlen. Deshalb nutzen viele genau wie Diana James Bibelkreise, um regelmäßig Bibel zu lesen. Sue Roberts stimmt zu: „Eine bestimmte Ordnung ist immer gut für mich, weil ich dann nicht selbst so viele Entscheidungen zu treffen brauche. Wenn ich einfach tue, was in dem Material steht, habe ich schon das Gefühl, etwas geschafft zu haben."

Sheena Fleener, eine sanguinische Cholerikerin, schreibt über ihren phlegmatischen Mann: „Pat liebt Strukturen in der Gemeinde und auch in unserem kleinen Hauskreis. Ohne eine Gruppe ist es für ihn wirklich ein Problem, sich überhaupt zu irgendeiner Form der stillen Zeit zu motivieren." Vielleicht rührt das von dem typischen Wesenszug der Phlegmatiker her, eher unbeteiligt zu bleiben, nicht aktiv mitzumachen. **Phlegmatiker erfahren besonders gern, wie Gott im Leben anderer Menschen wirkt. Erkenntnisse und Erfahrungen anderer zu hören gibt ihnen neue Sichtweisen, ohne dass sie sich dafür in Form persönlichen Bibelstudiums anstrengen müssen.** Andere gaben zu, dass sie durch ihre Teilnahme an Bibelstudienprogrammen gezwungen waren, die Disziplin aufzubringen, regelmäßig in der Bibel zu lesen.

LouAnne empfand ihre Teilnahme an einem Gruppenstudium der Bibel als Möglichkeit, sich wirklich auf die Bibel zu konzentrieren und darin zu arbeiten. „Ich versuche, mich jede Woche intensiv mit dem Abschnitt zu beschäftigen, der gerade dran ist. Ich muss mich immer völlig in Gottes Wort vertiefen, damit mein Denken von seinen Gedanken durchdrungen wird und ich auch entsprechend handele. Ich habe auch schon das Gegenteil getan und kenne die Folgen."

Wenn Sie zur Zeit nicht in einem Bibelkreis oder einer Bibellesegruppe sind, dann möchten wir Ihnen Mut machen, sich eine zu suchen.

Zu den weiteren Methoden, die für Phlegmatiker offenbar anziehend sind, gehört das Praktizieren der „*Lectio Divina*". Das ist eine alte Methode christlicher Meditation, die Jahrhunderte lang von den Kirchen praktiziert wurde. Die *Lectio Divina* ist ein betendes Hören mit dem erklärten Zweck, uns selbst für die verwandelnde Wirkung des lebendigen Wortes zu öffnen. Sie ist ein Prozess des Loslassens und Offenwerdens für Gottes Liebe. „Sie ist benutzerfreundlich wie Regen, der auf dürres Land fällt. Es vertieft das Bewusstsein des Heiligen Geistes, hat beruhigende Wirkung und vereint Christen miteinander." So beschreibt Judy Nill die *Lectio Divina*: „Die *Lectio Divina* ist zwar kein Bibelstudium, aber eine Ergänzung dazu. Wenn sie in einer Gruppe praktiziert wird, ist für die *Lectio* typisch lautes Vorlesen von Bibeltexten, persönlicher Austausch über die Auswirkungen dieses Abschnitts auf das Leben der Anwesenden, meditative Stille und Gebet für die Gruppenmitglieder. Es wird zwar auch zur individuellen *Lectio* ermutigt, aber zu mehreren praktiziert führt sie zu engeren Beziehungen zu Gott und anderen Mitgliedern der Gruppe sowie zu einer tiefen Dankbarkeit und Anwendung der heiligen Schrift."*

Diese Übung hat vier grundlegende Bestandteile. Wir möchten sie Ihnen nennen und kurz erläutern als Vorschlag, wie Sie dadurch näher zu Jesus kommen können:

- *Lectio:* Beginnen Sie, indem Sie sich Zeit nehmen, still zu werden vor Jesus, damit Sie mit voller Aufmerksamkeit bei seinem lebendigen Wort sind. Beten Sie um Führung durch den Heiligen Geist. Suchen Sie einen kurzen Bibelabschnitt heraus. Hören Sie auf den Abschnitt, während Sie ihn laut lesen, und zwar mit erwartungsvoller Haltung und dem Wunsch, die Stimme Gottes darin zu hören. Setzen Sie alle Sinne ein, um den Text wirklich wortwörtlich aufzunehmen. Lassen Sie den Text lebendig werden. Versuchen Sie nicht, ihn zu analysieren, darauf zu reagieren oder Schlussfolgerungen zu ziehen; nehmen Sie einfach dankbar jedes Wort auf.
- *Meditatio:* Nach einer kurzen Stille verschiebt sich der Fokus hin zur aktiven Reflexion. Lesen Sie den Abschnitt noch einmal. Sinnen Sie darüber nach, was der Herr Ihnen damit sagen will. Gibt es ein spezielles Wort oder einen Satz, der etwas tief in Ihrem Innern berührt? Wenn das der Fall ist, bleiben Sie dort. Lassen Sie das Wort Ihr ganzes Wesen einnehmen und erfassen. Kommunizieren Sie mit Jesus, und lassen Sie ihn Ihre Gedanken, Hoffnungen, Ihre Erinnerungen und Verletzungen berühren. Vielleicht ist es Ihnen eine Hilfe, an dieser Stelle Ihre

---

* Judy Nill, *Praying the Scriptures*, Presbyterians Today (März, 1998), 88:2, S.18f.

Gedanken aufzuschreiben. Lassen Sie zu, dass das Wort Ihr tiefstes Inneres anspricht.

- *Oratio:* Der dritte Schritt ist die Reaktion, die Antwort an Gott. Lesen Sie die Bibelstelle ein weiteres Mal und gehen Sie dann zu einem Hingabegebet über. Geben Sie dem Herrn alles hin, was er in Ihnen angerührt hat. Vielleicht sind Sie bewegt zum Dank oder zur Buße, zu ganz neuer Verbindlichkeit oder tief greifenden Entschlüssen. Lassen Sie sich darauf ein, dem Heiligen Geist zu folgen und Ihr Innerstes verwandeln zu lassen.
- *Contemplatio:* Lesen Sie den Text ein letztes Mal. *Seien* Sie einfach. Ruhen Sie in der Gegenwart Gottes. Bleiben Sie still, sagen Sie nichts und lassen Sie den Heiligen Geist durch Sie beten.

Das mag Ihnen zwar die ersten paar Male ein bisschen unnatürlich vorkommen, aber Sie werden überrascht sein, was Gott Ihnen alles zeigen kann, wenn Sie sich nur auf einen einzigen Bibelabschnitt konzentrieren.

Kleine verbindliche Gruppen sind für Phlegmatiker eine große Hilfe. Barbara schrieb: „Ich habe aus solchen vorbereiteten Bibelarbeiten sehr viel gelernt, weil ich dadurch gezwungen war, mehr mitzudenken und weil ich vor eine echte Herausforderung gestellt wurde. Ich lerne, mich auf die richtigen Beziehungen zu konzentrieren und mit Gott ins Reine zu kommen. Außerdem stelle ich fest, dass ich in Bezug auf Prioritäten und Disziplin besser auf der richtigen Spur bleibe, wenn ich mich mit Menschen austausche, die Jesus nachfolgen wollen."

## Lehren

Viele Phlegmatiker stellen fest, dass das Unterrichten für sie eine wirkungsvolle Methode ist „sich zu konzentrieren und diszipliniert zu bleiben". Beverly Stone hat für sich festgestellt, dass das Übernehmen von Verantwortung in Form eines Kurses für werdende Eltern „mich bei der Stange hält und herausfordert, meinen Weg weiterzugehen, damit ich den jungen Eltern, mit denen wir arbeiten, eine Hilfe sein kann."

Evelyn hat festgestellt, dass es ihr eher gelingt, regelmäßig Bibel zu lesen, wenn damit ein konkretes Ziel verfolgt wird. Deshalb hat sie bei den Navigatoren eine Kleingruppe geleitet. Außerdem arbeitet sie in der Sonntagsschule ihrer Gemeinde mit. „Obwohl ich das alles mache, um es an andere weiterzugeben, erlebe ich bei der Vorbereitung, dass Gott mich direkt und persönlich anspricht! Ich habe das Gefühl, dass ich dann das, was ich dort erlebe, an andere weitergeben kann."

Vickey Banks berichtete uns: „Brian und ich bieten gemeinsam einen Kurs für Verlobte und jung Verheiratete an. Eine Möglichkeit, diese gemeinsame Arbeit zu tun und trotzdem verheiratet zu bleiben, besteht darin, Material zu benutzen, das wir nicht selbst erarbeitet haben. Brian ist das so lieber. Weil Phlegmatiker gern Dinge aufschieben, könnte es sein, dass das gemeinsame Unterrichten sich für seine sanguinische Ehefrau als zu nervenaufreibend erweist, wenn wir nicht auf fertige Materialien zurückgreifen, die uns beiden gefallen. Auf diese Weise kann ich mich immer vorbereiten, wenn ich es nötig habe und kann es dann im Kurs selbst mit meinen bunten Geschichten noch ausschmücken."

Gruppenarbeit erlaubt es Phlegmatikern, von den Erkenntnissen und Sichtweisen anderer zu profitieren, ohne selbst allzu viel recherchieren und vorbereiten zu müssen. Predigten von christlichen Radiosendern, Bücher oder Vortragskassetten bringen den meisten Phlegmatikern auch viel. Solche Themen beschäftigen sie nicht so sehr, dass sie dafür stundenlang persönlich recherchieren würden. Gemäß der Haltung vieler Phlegmatiker: „Ich schaue lieber zu", merkten viele in unserer Umfrage an, dass für sie auch die Geschichten anderer oder das Beobachten des Wirkens Gottes im Leben anderer eine Quelle der Inspiration ist.

Natürlich ist es ein bisschen gefährlich, so vorzugehen, wenn man nicht auch sorgfältig prüft, ob und wie solche Lehren mit der Gesamtaussage der Bibel übereinstimmen. Wir ermutigen Sie also zwar zu fast jeder Methode, wir raten aber auch gleichzeitig dringend dazu, die Bibel als Haupt- und letztgültige Quelle der Wahrheit zu sehen.

## Gott lieben, indem man anderen hilft

Der Wunsch, anderen Menschen zu helfen, ist in der Tatsache begründet, dass die meisten Phlegmatiker sehr fürsorglich und mitfühlend sind.

Evelyn hat gefragt: „Wann ich mich Gott besonders nah fühle? Wahrscheinlich wenn ich weiß, dass er mich gebraucht, um andere zu trösten oder ihnen zu helfen. Kürzlich habe ich eine Freundin besucht, die ich im Internet kennen gelernt habe und noch nie zuvor gesehen hatte. Sie erzählte mir: ‚Ich habe zu Gott gebetet, dass er mir eine Freundin schickt.' Ich war ziemlich überrascht, dass Gott ausgerechnet mich auserkoren hatte, aber ich fühlte mich auch bestätigt."

Diana James sagte: „Ich fühle mich Gott am nächsten, wenn ich intensiv für andere bete."

Eine kreative Phlegmatikerin sagte: „Meine Fürbittezeiten bestehen aus ‚Erinnerungen', die ich überall in meiner Wohnung angepinnt habe. Ein bestimmtes Herz an der Wand erinnert mich daran, für einen Freund zu beten. Um den Bildschirm meines Computers kleben lauter Zettel als Erinnerungen an die Anliegen meiner Freunde."

## „Que sera, sera"

Viele Choleriker wehren sich gegen den Gedanken der Souveränität und Allmacht Gottes, Phlegmatikern ist genau dieser Gedanke ausgesprochen sympathisch, und sie nehmen ihn gern an. **Der alte „Que-sera-sera"-Ansatz („Es geschieht, was geschehen soll") gefällt Phlegmatikern. Sie sind froh, wenn sie mit dem Strom schwimmen können, und gehen dabei gern davon aus, dass Gott sie genau da haben will, wo sie gerade sind. Manche Phlegmatiker benutzen das aber auch als Entschuldigung, um keine Verantwortung für ihr eigenes Handeln zu übernehmen – oder für mangelnde Initia-**

**tive insgesamt. Die Phlegmatiker meiden von Natur aus Verantwortung und mischen sich lieber nicht ein.**

Wir möchten Sie herausfordern, die Souveränität Gottes nicht als Entschuldigung für mangelndes Verantwortungsbewusstsein zu benutzen. Gott möchte Ihnen mehr geben und zeigen!

In einem Artikel in der Zeitschrift *Decision* vergleicht Elizabeth Carlson ihren geistlichen Weg mit einer Wanderung, die ihr Mann und sie vor kurzem in England auf dem Land unternommen hatten: „Am Fuße des Hügels war uns die Aussicht versperrt durch Autos und Wohnwagen und einen überfüllten Campingplatz. Der Gegensatz zwischen diesem Gewusel und der umliegenden landschaftlichen Schönheit fiel mir besonders stark auf, während wir den Hügel hinaufstiegen." Sie berichtet weiter, wie sie im Lauf der Zeit so müde wurde, dass sie sich einfach hinsetzen und die Schönheit genießen wollte, ohne überhaupt weiter den Versuch zu unternehmen, ganz nach oben auf die Kuppe des Hügels zu gelangen. Ihr Mann nahm sie nach einer kurzen Rast bei der Hand und sagte: „Lass uns noch ein bisschen weiter gehen." Nach einem weiteren kurzen Anstieg waren sie dann oben, wo der Ausblick einfach phantastisch war.

„Ich war sofort wieder putzmunter, als ich das Panorama vor unseren Füßen und den weiten Himmel über uns sah. Wie oft lebe ich mein geistliches Leben, ohne eine Ahnung zu haben, welche Belohnung sich mir bietet, wenn ich die Anstrengung nicht scheue, in die Höhe zu klettern. Ich lasse mich irgendwo nieder und gebe mich mit dem Umfeld zufrieden, das ich gewohnt bin, wo es doch noch so vieles mehr zu entdecken gibt.

Meine Welt kann – wie der überfüllte Campingplatz – so beengt sein durch Gerümpel, dass ich nicht mehr die Freiräume erkenne, die Gott für mich bereit hält. Dann muss ich zu ihm gehen und ihn bitten, mir die Augen zu öffnen für den Reichtum, den er mir geben möchte. Manchmal habe ich mich an den Aufstieg gewagt, aber dann wurde es mir zu mühsam. Wie dankbar bin ich, dass der Heilige Geist mich immer wieder anspricht: ‚Komm noch ein bisschen weiter nach oben!' "*

---

\* Elizabeth Carlson in: *Decision Magazine* (Juni 1997), S. 15

Gott möchte Sie näher zu sich ziehen. Er wartet auf Sie, und die Mühe, die dieser Weg mit sich bringt, wird sich lohnen. Phlegmatiker ergeben sich ziemlich schnell in ihr Schicksal. Die Wahrscheinlichkeit ist relativ groß, dass sie sich in der Position einnisten, die am wenigsten Mühe erfordert. Wenn Choleriker oder Melancholiker hartnäckig darauf beharren, dass es nur eine Methode gibt eine „sinnvolle stille Zeit" zu halten, werden Phlegmatiker zustimmend nicken ... und dann nach ihrer ganz persönlichen Methode weitermachen wie bisher. Sie investieren weder Zeit noch Kraft, um sich darüber zu streiten, und sie lassen sich auch nicht in die Selbstverdammung hineinmanövrieren (was ja auch gut so ist!).

**Die Gefahr dabei besteht allerdings darin, dass Phlegmatiker auch gegen die leisen Anschläge des eigenen Gewissens relativ gut „gepolstert" sind. Ihr ruhiger, klarer Intellekt hilft ihnen, gekonnt alle Schläge des Schwertes der Wahrheit zu parieren und ihren eigenen Moralkodex sowie ihre Frömmigkeit zu verteidigen. Das kann zu einem Hang zur Selbstgerechtigkeit und einem Gefühl der Überlegenheit führen.** Die Fähigkeit der Phlegmatiker, Konflikte und Gespräche von Menschen mit anderem Temperament distanziert zu betrachten, ohne die Notwendigkeit zu empfinden, sich einzumischen, führt leicht dazu, dass sie sich moralisch überlegen fühlen.

Während Melancholiker viel Zeit mit Selbstprüfung verbringen, sind Phlegmatiker zufrieden damit, ein relativ „anonymes" Leben zu leben. In Ole Hallesbys Buch *Temperament and the Christian Faith*\* heißt es: „Der Phlegmatiker ist leicht versucht, ein ‚anonymer' Christ zu werden, weil er möglichst wenig Störungen verursachen möchte und weil er weiß, dass ein offenes Bekenntnis Unbequemlichkeiten mit sich bringen kann. Er muss als Erstes gegen seine Trägheit angehen, denn sie ist es, die ihn dazu verführt, Kompromisse in Bezug auf seine Ideale zu schließen und

---

\* leider vergriffen

sich mit einem niedrigeren Maßstab zufrieden zu geben. Deshalb kann das christliche Leben eines Phlegmatikers durchaus wie ein tadelloses, ausgewogenes Leben aussehen, nichtsdestotrotz aber Egoismus und Unterlassungssünden verbergen, die ganz typischen Sünden des Phlegmatikers."*

## *Von Phlegmatiker zu Phlegmatiker*

Oft raten Phlegmatiker ihren Brüdern und Schwestern zur Verbindlichkeit in Bezug auf Zeit. Anne Greer hält es für wichtig, „sich Dinge vorzunehmen, aber dabei nicht gesetzlich zu werden. Geben Sie Jesus Priorität." Anne beispielsweise erlaubt es sich selbst nicht, Zeitungen oder Zeitschriften zu lesen, bevor sie nicht in der Bibel gelesen hat. Genauso handhabt sie das Fernsehen. Das hat mit Disziplin zu tun, aber Anne erinnert uns auch gleichzeitig daran, uns nicht selbst zu verurteilen, wenn wir es nicht schaffen, denn Tatsache ist ja, dass wir alle immer wieder versagen. Das Wichtigste ist ihrer Meinung nach, dass wir nicht aus Pflichtgefühl, sondern aus Liebe Zeit mit Gott verbringen.

Barbara stimmt Anne darin zu. „Wenn wir diesen Schritt nicht tun und nicht die Disziplin aufbringen, Zeit für Gott zu reservieren, dann bekommt er in unserem hektischen Alltag wahrscheinlich kaum oder gar keine Aufmerksamkeit. Es gibt so viele Dinge, die unsere Aufmerksamkeit fordern. Wenn es da nicht eine umstößlich reservierte Zeit für Gott gibt, weiß ich nicht, wie es sonst gehen soll."

Ken Klassen formuliert das sehr eindeutig: „Wenn man sich keine Zeit nimmt für die Gemeinschaft mit Gott, geschieht auch nichts. Bitten Sie Gott, aus Ihnen einen Menschen nach seinem Herzen zu machen – ein Herz, das wie der Hirsch nach frischem Wasser lechzt."

Weil Phlegmatiker ausgesprochene Mutmacher sind, sagten selbst diejenigen, die große Mühe damit hatten: „Versuchen Sie es immer wieder, finden Sie eine Zeit, die am besten in Ihren persönlichen Tagesablauf passt. Am besten ist es morgens, um einen guten Start zu haben, aber wenn für Sie eine andere Zeit besser ist, dann nehmen Sie die." Diana James schlug vor: „Finden Sie eine

Zeit, die am besten zu Ihrem Alltag und zu Ihren Gewohnheiten passt, in der sie allein und ungestört sind. Selbst wenn es nur ein paar Minuten sind, nehmen Sie sich jeden Tag Zeit, um in Gedanken bei Gott zu sein, in der Bibel zu lesen und zu beten. Geben Sie nicht auf, selbst wenn es am Anfang anscheinend nicht so richtig funktioniert. Versuchen Sie es weiter. Gott wird Ihre Bemühungen segnen."

Der Pastor Chuck Alt rät „nicht in aller Eile durch ein biblisches Buch zu hasten, um es abzuhaken. Lesen Sie so lange, bis Sie ein ‚Goldstück' finden, das Ihr Herz anspricht. Meditieren Sie darüber; nehmen Sie seine ganze Bedeutung auf. Wenden Sie es auf Ihre Vergangenheit an, damit Sie es für die Zukunft nutzen können. Sorgen Sie dafür, dass Sie einen Platz haben, an dem Sie nicht gestört werden."

„Setzen Sie eine Zeit und einen Ort fest, wo Sie ein paar Minuten mit Gott allein sein können. Halten Sie sich unbedingt an diesen verabredeten Termin, so wie an eine Verabredung mit Ihrer besten Freundin, weil es sich ja um genauso eine Verabredung handelt", sagte Mary Seiber. „Denken Sie daran, dass auch Ihr Freund Jesus sich mit Ihnen treffen möchte und geben Sie auch ihm Zeit zum Reden, wenn Sie sich treffen. Wenn Sie eine Verabredung mit Ihrer Freundin nicht einhalten können, dann rufen Sie sie doch an, oder? Wenn Sie also Ihre stille Zeit nicht halten, dann rufen Sie doch im Laufe des Tages auch Gott an und versprechen Sie, es beim nächsten Mal besser zu machen."

Linda Jewell ermutigt ihre Mit-Phlegmatiker, einen besonderen Ort zu finden, einen „heiligen Ort" für ihre stille Zeit. Sie sagt: „Jeden Morgen gehe ich in mein Arbeitszimmer, ziehe die Vorhänge auf, zünde eine Kerze an, singe ein Lied, setze mich in meinen Schaukelstuhl, schreibe meine Gebete auf und denke über einen Bibeltext nach. Auf dem niedrigeren Bücherregal habe ich eine kleine Lampe mit einem selbst gemachten Schirm, ein paar Bücher, die mir viel bedeuten und einen gerahmten Bibelvers: ‚Seid still und erkennet, dass ich Gott bin!' (Psalm 46,11). Durch das Fenster kann ich den Efeu an der Mauer sehen, Zweige eines Feigenbaumes und wie die Nacht sich jeden Morgen neu wieder in einen Tag verwandelt."

Offenbar ist Zeit ein Faktor, der Phlegmatikern Mühe macht.

Ein weiteres Thema, mit dem wir in den Fragebögen immer wieder konfrontiert waren, war das Akzeptieren von Unterschieden. Weil in unseren Fragen die Worte „sinnvolle, regelmäßige Zeit mit Gott" so oft vorkamen, rät Suzzi Marquis: **„Akzeptieren Sie, dass ‚sinnvoll' und ‚regelmäßig' in jedem Lebensabschnitt etwas Unterschiedliches bedeuten kann. Vertrauen Sie darauf, dass Gott sich finden lässt, wenn wir ihn suchen. Und suchen Sie ihn als die Person, die Sie wirklich und jetzt gerade sind. Vertrauen Sie darauf, dass Gott Sie einzigartig geschaffen hat und dass er in seiner Größe auch die Vielfalt gewollt hat, die die Menschen ausmacht."**

Einen ähnlichen Rat gibt auch Terri Geary: „*Seien Sie echt!* Bitten Sie Gott, jedes Schauspielern und Vorgeben bei Ihnen zu beenden, das Sie sich vielleicht im Laufe der Zeit angewöhnt haben, und SEIEN SIE EINFACH ECHT."

Sue Roberts erinnert noch einmal an etwas sehr Wesentliches, wenn sie sagt: „Ich würde jedem mit meiner Persönlichkeitsstruktur den Rat geben, sich daran zu erinnern, dass er sich nicht mit einem Melancholiker vergleichen soll. Ich möchte mich ständig aufs Neue daran erinnern, dass Gott mich so ruhig und gelassen geschaffen hat und mich auch genau so akzeptiert. Ich möchte mich auf den zuverlässigen Aspekt meiner Persönlichkeit konzentrieren und ihn im Blick behalten: Lassen Sie sich einfach bei ihm sehen!"

Der Pastor Steve Hays sagt: „Mein bester Rat an Phlegmatiker ist der, Abläufe flexibel zu gestalten und nicht in Routine zu verfallen. Fühlen Sie sich nicht wie ein Versager, wenn Sie nicht jeden Tag zur selben Zeit stille Zeit halten, solange Sie stetig und regelmäßig Zeit mit Ihrem Herrn verbringen."

Und Ceanne Richard rät im Umgang mit anderen Menschen: „Sehen Sie eher weg von sich selbst. Arbeiten Sie daran, sich in die Lage anderer Menschen zu versetzen. Seien Sie mitfühlend und liebevoll; ehren und achten Sie alle Menschen."

Ole Hallesby ermutigt den Phlegmatiker mit folgenden Worten:„Weil er Frieden und Harmonie liebt, kann er besonders gut mit Menschen umgehen, die anders sind als er. Seine Gelassenheit und Haltung haben einen verbindenden, heilenden Einfluss. Der phlegmatische Christ ist für die Gemeinde sehr wertvoll. Sein Leben ist gekennzeichnet durch Eindeutigkeit und Ruhe. Er hat wirklich den Geist der Besonnenheit, von dem der Apostel in 2. Timotheus 1,7 spricht.

**Wenn Phlegmatiker anfangen, in ihrem Alltag einen Liebesdienst zu tun, dann öffnet sich ihr Herz nach und nach, und sie nehmen die Bedürfnisse und den Mangel anderer immer stärker wahr. Sie erleben dabei eine Freude, die das Vergnügen eines bequemen und ungestörten Lebens bei weitem übersteigt. Es wird ihnen zur Freude, andere glücklich zu machen.** Aber das erfordert einen harten Kampf. Vielleicht erleben sie viele Niederlagen dabei, weil ihr zurückhaltendes Wesen so ausgeprägt ist. Vielleicht werden sie auch nie besonders umtriebig, aber das bedeutet nicht, dass sie nichts tun. Sie sind hervorragende Leiter. Niemand hat bessere Verwalter-Fähigkeiten als sie."*

Weil Phlegmatiker so ruhig und gelassen sind, können sie Menschen und Situationen relativ leidenschaftslos betrachten. Das macht sie fähig, das umfassendere, größere Bild zu sehen und zu erkennen, was zu tun ist. Eine ihrer Stärken ist die Fähigkeit, verschiedene Gruppen von Menschen zusammenzubringen und ihre unterschiedlichen Begabungen dort zum Einsatz zu bringen, wo sie am dringendsten gebraucht werden – also bei Problemen zu vermitteln. Linda Jewell sagt: „Gott überträgt mir oft die Rolle der Friedensstifterin – der einen Seite zu helfen, den Standpunkt der anderen zu verstehen und einen gemeinsamen Nenner zu finden, Dinge zu beruhigen statt sie weiter zuzuspitzen."

Wenn Phlegmatiker sich erst einmal entschlossen haben, ein bestimmtes Projekt in Angriff zu nehmen, dann haben sie auch die Geduld, es durchzuziehen. Sie verfügen außerdem über Zähigkeit und Ausdauer, nicht aufzugeben, bevor das Ziel erreicht ist.

Evelyn Sloat hat eine Reihe guter Vorschläge. Wir möchten sie

---

* *Dein Temperament in Gottes Hand*, S. 92-96

Ihnen genauso weitergeben, wie sie sie formuliert hat. „Erstens: Handeln Sie nicht aus Schuldgefühlen heraus. Ich habe jahrelang versucht, stille Zeit zu halten, weil ich es *sollte*. Es hat nicht funktioniert, und ich habe zusätzlich noch negative Gefühle in Bezug auf Gott und auch auf mich selbst gehabt.

Zweitens: Machen Sie sich klar, dass Gott Sie so liebt, wie Sie sind! Er hat Sie mit Ihrer Persönlichkeit geschaffen, und er möchte, dass Sie ihn als diese Persönlichkeit anbeten. Er hat etwas mit Ihnen vor, und zwar so, wie Sie sind!

Drittens: Nehmen Sie sich Zeit für Ihn, weil Sie ihn lieben! Betrachten Sie ihn als Freund, nicht als Diktator oder als Richter. Lassen Sie zu, dass Ihre Anbetung ganz natürlich aus Ihnen herausfließt. **Lassen Sie sich nicht in das Denken hineindrängen, es gäbe nur eine mögliche und richtige Form, ihn anzubeten. Hören Sie nicht auf, unterschiedliche Methoden auszuprobieren. Schauen Sie, was funktioniert und was nicht. Wenn Ihnen langweilig wird, dann scheuen Sie sich nicht, etwas zu verändern. Bitten Sie Gott, Ihnen andere Möglichkeiten zu zeigen. Machen Sie es nicht jeden Tag gleich.** Meine Freunde erwarten das Unerwartete von mir. Sie lachen und sagen: ‚Na, was hat Evelyn wohl jetzt wieder vor?‘ Gott ist mein bester Freund, der mich sogar noch besser kennt. Er lacht nur und sagt: ‚Na, dann wollen wir mal wieder.‘ Er weiß, dass ich mich leicht langweile und verändert deshalb ständig die Szenarien.

Viertens: Überlegen Sie sich Möglichkeiten, verbindlich beim Bibellesen zu bleiben. Geben Sie irgendjemandem gegenüber Rechenschaft, damit Sie gezwungen sind, weiterzumachen. Rutschen Sie nicht ins Nichtstun ab (das ist mit Sicherheit einfacher). Hören Sie sich beim Autofahren Kassetten an. (Bücher kosten zu viel Zeit und Kraft, ich weiß.) Suchen Sie sich jemanden, der/die Begleitung und Beratung braucht, machen Sie sich das zum Ziel – und begleiten Sie ihn/sie durch ein biblisches Buch. Sie werden dadurch genauso viel lernen wie die andere Person. Lernen Sie jeden Monat ein neues Lied mit biblischem Text. Kleben Sie sich Bibel- oder Liedverse an den Badezimmerspiegel oder an den

Kühlschrank, damit Sie stets daran erinnert werden, wer Gott für Sie ist."

Guter praktischer Rat, Evelyn!

Gary Thomas sagt: „Es ist ganz üblich, dass kontemplative Menschen missverstanden oder von anderen beurteilt werden ... Aber Gott liebt, schätzt und belohnt die kontemplative Anbetung."*

Es gibt eine Geschichte über den heiligen Sarapion, den Sidoniter, einen der Wüstenväter, der im vierten Jahrhundert in Ägypten lebte. Als er einmal nach Rom pilgerte, hörte er dort von einer berühmten Einsiedlerin, einer Frau, die immer in einem einzigen kleinen Raum lebte, den sie auch nie verließ. Voller Skepsis über diesen Lebensstil, zumal er selbst ein großer Wanderer war, besuchte Sarapion sie und fragte: „Warum sitzt du hier?" Worauf sie antwortete: „Ich sitze nicht, ich bin unterwegs auf einer Reise."**

All den anderen Persönlichkeitstypen kommt der Phlegmatiker so vor, als ob er „einfach nur dasitzt", aber in Wirklichkeit ist er auf einer geistlichen Pilgerfahrt. Denken Sie daran, egal, was andere um Sie her vielleicht tun mögen: Sie sind auf Ihrer ganz persönlichen, eigenen Reise. Lassen Sie sich durch diese Reise auf Ihre ganz spezielle Art in eine engere und tiefere Beziehung zu Jesus führen.

---

\*   *Sacred Pathways*
\*\*  Erzählt von Bruder Kallistos Ware in: *The Orthodox Way*, St. Vladimirs, 1979, S.7

# Kapitel 9

# Kommt, wie ihr seid

*Wer sich einbildet, besser zu sein als die anderen, der betrügt sich selbst. Darum soll jeder sein eigenes Leben sehr genau überprüfen. Dann wird er nämlich erkennen, wie unberechtigt es ist, sich über andere zu erheben.*

Galater 6,3-4

Als wir anfingen, die Gedanken zu ordnen, aus denen schließlich das vorliegende Buch wurde, hatten wir das Gefühl, etwas Gutes auf den Weg zu bringen. Beim Besprechen unserer verschiedenen Perspektiven und auch im Gespräch mit anderen wurde es sehr spannend für uns. Wir hatten wirklich nicht gewusst, wie groß der Bedarf an Wegweisung und Austausch auf diesem Gebiet war!

Während wir mit Hilfe unserer Fragebögen und auch per E-Mail Geschichten sammelten, staunten wir immer wieder, wie intensiv die Reaktionen der Menschen waren, die Beiträge schickten. Und nicht nur die Menge der Antworten überraschte uns, sondern auch die Leidenschaft, die in den Geschichten zum Ausdruck kam. Wir zeigten die ersten Entwürfe für das Buch einigen der Leute, die Beiträge eingeschickt hatten, und ihre Begeisterung war eine große Bestätigung für uns, dass dieses Buch nicht nur eine weitere ganz nette Idee war. Wir vertrauen darauf, dass wir bei dem gesamten Projekt vom Heiligen Geist geleitet worden sind.

Vielleicht haben Sie gerade das Kapitel über das Persönlichkeitsprofil gelesen, das dem Ihren am ehesten entspricht. Zwar hat nicht jeder Aspekt des jeweiligen Persönlichkeitstypus auf Sie zugetroffen – wir sind schließlich alle einzigartig –, aber es sollte Ihnen doch vertraut vorkommen, wenn Sie über andere lesen, die mit Ihnen einiges gemeinsam haben. Wenn Sie wissen, dass Sie nicht der einzige Mensch sind, der so fühlt oder reagiert, wie Sie es tun, könnte das eine ziemlich befreiende Wahrheit sein. Und das ist ganz bestimmt eines unserer Ziele.

Wir hoffen, Sie teilen Jeanne Larsons Gefühl: „Es hat mir geholfen zu erkennen, dass nicht meine Fehlerhaftigkeit dazu führt, dass ich oft solche Mühe habe, sondern dass ich die Gefühle, die ich habe, mit vielen anderen Menschen gemeinsam habe und dass sie normal sind für den Persönlichkeitstyp, als den Gott uns geschaffen hat. Das zu wissen, hilft mir, mit mir selbst Frieden zu schließen und anzunehmen, dass Gott mich so liebt, wie ich bin, dass ich für ihn nicht erst *richtig* oder gar vollkommen zu sein brauche, sondern dass er versteht, warum ich es so sehr versuche."

Eine andere Leserin schreibt: „Zumindest weiß ich jetzt, dass ich nicht allein bin." Wir hoffen, dass Sie beim weiteren Lesen und Nachdenken über das Buch eine neue Freiheit bekommen, so zu sein, wie Gott Sie geschaffen hat, und dass Sie auch besser verstehen, warum andere so sind, wie sie eben sind.

Pam Christian sagt dazu: „Für mich war es sehr befreiend zu sehen, dass ich nicht die Einzige bin, die es nicht schafft, morgens um 5:00 Uhr stille Zeit zu halten, zu beten und täglich Tagebuch zu führen. Es gefällt mir zu erfahren, dass viele Melancholiker gar nicht so perfekt sind, wenn es um die ganz alltägliche praktische Disziplin bei der stillen Zeit geht."

Wie kommen wir eigentlich alle auf diese Idee? Irgendwie ist ein Maßstab festgesetzt worden, der wunderbar und erhaben klingt, aber ganz bestimmt nicht zu jedem passt! Wir möchten, dass Sie sich frei fühlen auszuprobieren, was für Sie persönlich funktioniert. Sich anzusehen, was bei anderen Leuten mit Ihrer Persönlichkeitsstruktur funktioniert hat, ist eine großartige Möglichkeit, damit anzufangen. Lösen Sie sich von dem Schema, von dem Sie bisher geglaubt haben, Sie müssten hineinpassen.

„Vergessen Sie die Regeln", sagt Julia. „Ich habe mich immer gefragt, warum ich eine so intensive Beziehung zu Gott habe, obwohl ich mich nicht an die ‚Jeden-Morgen-gleich-nach-dem-Aufstehen-eine-Stunde-Bibellesen-Stille-Gebet'-Regel halte. Wenn das Gespräch irgendwann auf die stille Zeit kommt, werde ich immer ziemlich schweigsam, weil ich offenbar ständig irgendwelche Regeln missachte.

Denken Sie daran: Gott ist immer für uns da, egal, wie wir zu ihm kommen! **Wir sind nicht dadurch angenommen, dass wir uns an die Regeln hal-**

**ten, sondern durch unsere Beziehung zu ihm. Kommen Sie so, wie Sie sind!** (Gal 2,19)."

Wir hoffen, dass Sie beim Lesen falsche Schuldgefühle loswerden konnten, die Sie sich selbst und andere Ihnen unwissentlich aufgebürdet haben. Suzy Reynolds sagte: „Früher habe ich mich selbst verachtet, wenn ich dem von mir selbst gesetzten Maßstab nicht gerecht werden konnte. Ich fühlte mich dann als Versagerin. Jetzt wird mir klar, dass Gottes Ziele erreicht werden, wenn ich ihm die Kontrolle überlasse. Ich kann die falschen Schuldgefühle loslassen."

Viele von Ihnen sind wahrscheinlich mit irgendeiner Form von Gesetzlichkeit aufgewachsen, die Sie jetzt als Erwachsene bearbeiten müssen. Wir vertrauen darauf, dass Sie in der Lage sein werden, diese Starrheit loszulassen und zur Freiheit in Ihrer Beziehung zu Jesus zu gelangen.

Brad Huddleston hatte Mühe, die Gnade Gottes anzunehmen: „Ich kann mich so gut in die anderen hineinversetzen, über die Sie geschrieben haben. Ich bin dankbar für Ihre Offenheit. Gott hat mir geholfen, mit einem großen Teil der Gesetzlichkeit, die wir perfekten Melancholiker oft erleben, Schluss zu machen. Dazu war ein depressiver Schub nötig, aber ich bin schließlich an den Punkt gelangt, an dem ich die Wahl hatte, entweder seine Gnade anzunehmen oder den Verstand zu verlieren. Ich bin froh, berichten zu können, dass ich mich für seine Gnade entschieden habe."

Ein anderer Leser schrieb: „Ich versuche, meine Zeit mit Gott nicht mehr so stark zu reglementieren, mich mehr auf ihn statt auf die Umstände zu konzentrieren und mehr zuzuhören. Es kostet Zeit, mich auf ihn einzustellen. In meinen Gebetszeiten kreise ich zu viel um mich selbst. Meckern ist, selbst Gott gegenüber, nicht gut. Wie alle Melancholiker konzentriere ich mich oft zuerst auf das, was nicht in Ordnung ist. Sogar meine Arbeit als Lektor ist ja darauf ausgerichtet, Fehler zu finden und sie zu verbessern. Ihr Kapitel war für mich Ermutigung und die Bestätigung, weiter in diese Richtung zu gehen."

**Wenn wir wissen, zu welchem Persönlichkeitstyp wir gehören, besteht ja leicht die Versuchung, eben das als Entschuldigung für anhaltendes Fehlverhalten zu**

**benutzen. Wir müssen einen ehrlichen Blick auf unsere Schwächen werfen und Jesus bekennen, wo wir versagt oder gar gesündigt haben.**

Linda Jewell erzählte uns: „Für mich ist es wirklich befreiend, meine Persönlichkeit zu verstehen, weil ich erkannt habe, dass aus meinen Schwächen Sünde geworden war. (Wichtig: Eine Schwäche an sich ist noch keine Sünde, führt aber möglicherweise dazu, dass wir nachlässig werden und der Sünde Tür und Tor öffnen.) Bei einem Seminar habe ich Gott um Vergebung für jede Sünde gebeten, die ich erkannt hatte. Gott ist so gut, denn er hat mich davon befreit, die Lüge zu glauben, dass ich mich nicht ändern kann bzw. mich nicht zu ändern brauche."

Wir müssen Verantwortung übernehmen, an unseren Fehlern zu arbeiten. Suzy Ryan hat herausgefunden, dass wir sogar Teile unserer Vergangenheit als Wachstumsschritte betrachten können: „Lange Zeit hatte ich das Gefühl, dass meine schlimme Kindheit ein Fluch war, aber nachdem ich jetzt mein Kapitel gelesen habe, denke ich anders darüber. Mir wird klar, dass dies der Weg ist, den Gott in seiner Gnade benutzt hat, um mir zu zeigen, dass ich ganz nah an ihm dranbleiben soll. Er hat selbst mein Temperament gemäßigt und mir den Sieg über viele Fehler der Sanguiniker geschenkt. Das wusste ich zwar schon, bevor ich das Kapitel las, aber es hat mir dabei geholfen, die Einzelteile des Puzzles zusammenzusetzen."

Was Ihre persönliche Beziehung zu Gott angeht, so hoffe ich, dass Sie ganz neu die Freiheit bekommen, die einmalige Persönlichkeit, mit der Gott Sie geschaffen hat, auch zu nutzen – dass Sie Ihre Liebe zu ihm auf eine Art zum Ausdruck bringen, die Ihnen ganz natürlich entspricht, dass Sie die Schuldgefühle loslassen können, die Sie vielleicht gehabt haben, weil Sie irgendeinem Maßstab nicht gerecht werden konnten, und dass Sie dieses Wissen einsetzen, um sich grenzenlos in Ihrer Persönlichkeit weiterzuentwickeln.

Pam Bianco erzählte uns dazu: „Es ist einfach toll zu wissen, dass an meiner Art der Anbetung nichts falsch ist. Daran erinnert zu werden, dass jeder Stil und jeder Persönlichkeitstyp von Gott kommt, hat mir geholfen zu begreifen, dass ich der Mensch sein kann, als den Gott mich geschaffen hat – statt mich in einen Rahmen pressen zu lassen, den andere für richtig halten. Wenn ich jedoch meine Schwächen kenne, ermöglicht mir das, Gott trotz dieser Schwächen die Ehre zu geben. Außerdem hilft es mir, meine Schwächen zu überwinden, statt mich ihnen einfach zu ergeben."

Hoffentlich haben Sie auch die Kapitel über die anderen Persönlichkeitstypen gelesen. Wenn nicht, dann holen Sie es am besten nach. Wenn Sie etwas über die Persönlichkeitsstruktur anderer Menschen erfahren und sehen, dass diese andere Wesensart auch zu einer anderen Form geistlichen Lebens führen kann, wird es Ihnen immer leichter fallen, Menschen zu akzeptieren, die anders sind als Sie.

Pam Christian sagt dazu: „Seit ich Ihr Buch gelesen habe, weiß ich die Unterschiede zwischen den einzelnen Persönlichkeitstypen noch mehr zu schätzen und bin dankbar dafür. Schon allein die Tatsache, dass wir als Christen alle unterschiedlich und durch Jesus trotzdem eins sind, ist ein Beweis dafür, dass Gott auf übernatürliche Weise im Herzen der Menschen wirkt."

Wir hoffen und wünschen uns, dass das vorliegende Buch Sie dankbarer macht dafür, wie unterschiedlich Menschen ihre Beziehung zu Gott gestalten, dass Sie diese Unterschiede annehmen und andere nicht verurteilen, weil sie ihr Christsein anders praktizieren. **Wäre es nicht wunderbar, wenn wir uns in unseren Gemeinden gegenseitig annehmen könnten wie wir sind, statt den Versuch zu unternehmen, eine Gemeinde zu finden, in der alle genau so sind wie wir?**

Wenn Ihre Gemeinde Menschen mit Ihrer Persönlichkeitsstruktur nichts bieten kann, dann denken Sie daran, dass es genau darum in Ihrer persönlichen stillen Zeit geht. Eine Gemeinde besteht aus allen möglichen Persönlichkeitstypen. Wir müssen alle aufpassen, dass wir uns nicht nur nach dem drängen, was wir brauchen, sondern auch die Tatsache akzeptieren, dass andere ebenfalls Bedürfnisse haben.

Maxine Holmgren sagte: „Als Cholerikerin habe ich oft Schuldgefühle, weil meine Begegnungen mit Jesus normalerweise nicht die lange, emotionale Zeit sind, wie andere sie erleben." Einerseits ist es unser Wunsch, dass Menschen wie Maxine entlastet sind und sich nicht mehr zu vergleichen brauchen, andererseits ist uns genauso wichtig, dass wir auch die anderen so akzeptieren, wie sie sind.

Tami Hay fügte noch hinzu: „Ich frage mich immer wieder, wie oft wohl jeder von uns jemanden betrachtet, der anders ist als er selbst und ihn/sie dann aus reinem Unwissen dafür kritisiert, dass er/sie Dinge nicht ganz genauso tut wie wir. Statt unsere Unterschiede zu feiern und uns darüber zu freuen, verurteilen wir uns gegenseitig. Ich glaube, Ihr Buch wird für viele Leute bestimmt eine Erleuchtung sein und eine befreiende Wirkung haben."

Besonders wichtig ist es, in unserer direkten Umgebung die Unterschiede zu erkennen, bei unseren Freunden, Eltern, Ehepartnern und Kindern. Normalerweise gehen wir automatisch davon aus, dass das, was bei uns funktioniert, auch bei anderen klappen muss. Wenn die es nur genauso machen würden wie wir, dann würde es schon klappen. Wenn unser Ehepartner jedoch eine andere Persönlichkeitsstruktur hat als wir selbst, was eher die Regel als die Ausnahme ist, dann wird auch sein geistliches Leben anders aussehen.

Nachdem sie den Abschnitt über ihre eigene Persönlichkeitsstruktur gelesen hatte und dann den über die ihres Mannes, schrieb uns Sheena Fleener: „Ich glaube, dass viele Eheleute die Gottesbeziehung ihrer Partner nach der Lektüre Ihres Buches besser verstehen werden. Die Cholerikerin in mir möchte meinen Mann zwingen, eine geregelte und disziplinierte stille Zeit zu halten, weil das bei mir so gut läuft. Danke, dass Sie mich daran erinnern, den Mund zu halten und zu beten!" Schon allein diese Erkenntnis von Sheena könnte so manche Ehe retten!

Die sanguinische Phlegmatikerin Janet Simcic machte eine ganz ähnliche Entdeckung: „Mein Mann ist halb Sanguiniker und halb Choleriker – wobei der cholerische Anteil eher dominierend ist. Die Folge ist, dass wir keine gemeinsame stille Zeit halten. Wir sind einfach zu abgelenkt! Weil ich zwei frisch bekehrte junge Mädchen geistlich begleite und mir das wirklich Spaß macht, versuchte ich, ihm klarzumachen, dass ihm eine solche Aufgabe bestimmt auch Spaß machen würde. Er war aber ganz anderer Meinung. Weil alles andere nicht klappte, betete ich darüber. In der darauf folgenden Woche wurde er zu einer Männergebetsgruppe eingeladen, die sich immer montags trifft. Er hat Spaß daran, aber als Choleriker packt er Dinge immer so an, dass dabei möglichst etwas herauskommt. Er sagte, es gibt dort eine gute Mischung aus den verschiedenen Persönlichkeitstypen, damit möglichst ein gewisses Maß an Ausgewogenheit existiert. Mir gefällt es, wie wir uns gegenseitig ergänzen. Wenn wir uns nur so stille Zeit halten und Gott anbeten lassen würden, wie jeder es kann und braucht, und wenn wir, denen Disziplin so schwer fällt, deshalb nicht so viele Schuldgefühle hätten – das wäre wunderbar! Vielen Dank, dass ich da durch Ihr Buch neue Freiheit bekommen habe."

Ihr Mann hat wahrscheinlich eine andere Persönlichkeitsstruktur als Sie, ebenso wie Ihre Kinder. Georgia Shaffer fand heraus, dass ihr sanguinischer Sohn gegen den Glauben seiner Mutter rebellierte, weil ihre melancholische Art bei ihm den Eindruck erweckte, dass Glaube absolut keinen Spaß machen konnte. Das Strukturierte und Disziplinierte, worin sie sich wirklich wohl fühlte, sprach ihn nicht an, sondern schreckte ihn eher ab.

Pamela Christian hat eine ähnliche Erfahrung gemacht: „Ich habe mir so sehr gewünscht, dass meine Kinder eine persönliche Beziehung zu Jesus bekommen. Jahrelang habe ich mich aufgerieben an der Befürchtung, dass mein Sohn und meine Tochter sich in ihrem Glauben vielleicht nicht so entwickelten, wie sie sollten. Beim Lesen des Buches kann ich jedoch erkennen, dass meine Kinder wirklich eine Beziehung zu Gott haben und mit ihm in Verbindung stehen, und zwar auf ihre ganz eigene Weise, sehr echt, sehr persönlich. Danke, dass Sie mir ein Werkzeug in die Hand gegeben haben, mit dessen Hilfe ich die Wahrheit meiner – Gottes – kostbaren Kinder besser erkennen kann."

Und wenn Pamela die Einzige wäre, die eine solche neue Sicht bekommen hat, hätte es sich bereits gelohnt, dieses Buch zu schreiben. Wir vertrauen aber darauf, dass auch Sie beim Lesen der verschiedenen Persönlichkeitsbeschreibungen erkennen, wie unterschiedlich Ihre Lieben mit Gott in Kontakt treten und Beziehung leben. Die sanguinische Suzy las das Kapitel über Phlegmatiker und reagierte so: „Das ist die Beschreibung meiner Halbschwester, die ich immer dafür verurteilt habe, dass sie nicht in einen Bibelkreis geht! Ich muss zulassen, dass sie Gott auf ihre Art dient und sie von meinen Erwartungen an ihr Leben als Christin befreien." Ob die Menschen, die so anders sind als Sie, nun bei Ihnen zu Hause leben oder sonstwo in Ihrem Umfeld – wir hoffen einfach, dass Ihnen dieses Buch dabei hilft, Menschen zu akzeptieren und toleranter zu werden. Genau wie Carol John glauben wir, dass es uns dabei helfen kann, uns gegenseitig mehr zu lieben, wenn wir wissen, wie unterschiedlich wir unsere Beziehung zu Gott leben und gestalten. Carol sagte: „Toleranz gehört zu meinen Lieblingsthemen und wäre eine Lösung für die meisten Probleme der Menschheit. Ich habe in meiner Gemeinde Kurse über die unterschiedlichen Persönlichkeitstypen abgehalten, und zwar als Hilfsmittel, damit wir uns gegenseitig besser lieben können. *Und so lautet mein Gebot: Ihr sollt einander so lieben, wie ich euch geliebt habe* (Johannes 12,15)."

Was den Gedanken der Liebe und des gegenseitigen Annehmens betrifft, so gefiel uns ganz besonders Anne Downings Reaktion. Schließen Sie sich ihrem Gebet an: „Auf dem Gebiet den Annehmens lerne ich, wie wichtig es ist, die Gnade Gottes zu verstehen, die uns allen gilt. Wir alle erfahren dieselbe Gnade, die uns in unserer Einzigartigkeit annimmt. Wie können wir da unseren Mitreisenden auf dieser Reise weniger zugestehen? Wir sind alle etwas Besonderes, ungeachtet unserer Unterschiede, und unser Gebet sollte lauten: ‚Herr, hilf mir, die Unterschiede anzunehmen, so wie du mich mit meinen Schwächen und meinen Stärken annimmst.'"

Wir möchten, dass Sie sich in der Art, wie Gott Sie geschaffen hat, frei fühlen. Wir müssen alle immer wieder daran erinnert werden, diejenigen zu akzeptieren, die anders sind als wir selbst. Genauso wie Christus uns angenommen hat. Evelyn Jimenez schrieb: „Die bedingungslose Liebe von Jesus nahm uns so an, wie wir sind. Wir mussten nicht erst unseren Kram in Ordnung bringen, bevor wir zu ihm kommen durften. Wir mussten nichts leisten, um von ihm in die Arme geschlossen zu werden. Wir konnten einfach kommen, und er nahm uns an, ohne Bedingungen zu stellen – mit einer Liebe, die nicht zu ermessen ist."

Wir können kommen, wie wir sind, und wir sollten anderen dieselbe Freiheit zugestehen. Statt sich jedoch in dem Wissen auszuruhen, wer Sie sind, möchten wir Sie herausfordern, Gott ganz neu zu erleben. Und wenn Sie dann erst einmal einen Stil entwickelt haben, der zu Ihnen passt und funktioniert, dann möchten wir Ihnen Mut machen, dabei nicht stehen zu bleiben, sondern weiterzugehen und neue Dinge auszuprobieren, die Ihr geistliches Leben noch mehr bereichern und vertiefen können.

Lesen Sie noch einmal die Abschnitte über die anderen Persönlichkeitstypen. **Achten Sie beim Lesen auf Techniken oder Hilfsmittel, die von den anderen Persönlichkeitstypen als hilfreich erwähnt werden. Wenn es dabei einen Ansatz gibt, der neu für Sie ist, dann probieren Sie ihn doch einfach einmal aus. Wenn Sie über das hinausgehen, was für Sie persönlich naheliegend ist, dann finden Sie dabei vielleicht etwas, wodurch Sie Gott auf einer ganz neuen Ebene erleben.**

Georgia Shaffer sagte: „Ich glaube, die Kraft dieses Buches liegt in der Tatsache, dass wir in den Geschichten und Zitaten uns selbst sehen, und das hilft uns, die Wahrheit zu sehen, ohne in Verteidigungsstellung gehen zu müssen – und dann sind wir offener für Veränderung."

Evelyn Jimenez schrieb uns Folgendes: „Manchmal versuchen Menschen, mich in eine Schublade zu stecken. Sie denken anscheinend, dass die Welt ein bisschen besser wäre, wenn ich ihren Vorstellungen entspräche. Aber Gott hat die Welt in einer Vielfalt von Farben, Formen und Unterschieden geschaffen. Diese Unterschiede sollen nicht miteinander konkurrieren, sondern sich gegenseitig ergänzen. Wir müssen die Freiheit haben, die Menschen zu sein, als die Gott uns gedacht hat. Wir sollen einander ergänzen wie eine Wiese voller bunter Blumen, die sich im Wind wiegen. Alle möglichen unterschiedlichen Höhen, Formen und Farben gibt es da – aber jede für sich ist schön und einzigartig, weil sie von Gottes Hand geschaffen ist."

# Zum Abschluss

An der *University of Chicago Divinity School* gibt es jedes Jahr einen Tag, der als „Baptist Day" („Baptistentag") bekannt ist. An diesem Tag werden alle Baptisten aus der Umgebung in die Schule eingeladen, weil die Schulleitung möchte, dass auch weiterhin „Baptistendollars" als Spenden für die Schule fließen. An diesem Tag bringt jeder sein Mittagessen mit, das als Picknick im Freien verzehrt wird. Und an jedem „Baptist Day" wird ein bekannter Redner eingeladen, um in der Abteilung für Religionspädagogik eine Vorlesung zu halten. In einem Jahr war der Theologe Paul Tillich eingeladen.

Tillich sprach 2 ½ Stunden lang und versuchte in dieser Zeit zu beweisen, dass die Auferstehung Jesu ein Irrtum sei. Er zitierte Wissenschaftler um Wissenschaftler, Buch um Buch. Er kam zu der Schlussfolgerung, dass, weil es so etwas wie die historische Auferstehung nicht gebe, die Glaubenstradition der Kirche haltlos, emotional, einfach Humbug sei, weil sie auf einer Beziehung zum auferstandenen Jesus beruhe, der *de facto* nie im wörtlichen Sinne von den Toten auferstanden sei. Dann fragte er, ob es irgendwelche Fragen gäbe.

Nach ungefähr einer halben Minute erhob sich ein alter schwarzer Prediger, mit weißem krausem Haar ganz hinten im Auditorium.

„Dokta Tillich, ich hab da eine Frage", sagte er, während sich alle Augen auf ihn richteten. Er griff in eine Papiertüte, holte einen Apfel heraus und begann ihn zu essen. „Dokta Tillich ....", es war ein lautes Kaugeräusch zu hören, „... meine Frage ist 'ne ganz einfache Frage." Lautes Kauen. „Ich hab keinen Schimmer von Niebuhr und Heidegger..." Lautes Kauen. „Alles, was ich wissen möchte, ist: Dieser Apfel, den ich gerade gegessen habe, war der sauer oder süß?"

Tillich überlegte einen Augenblick und antwortete dann in typischer Wissenschaftlermanier: „Die Frage kann ich unmöglich beantworten, denn ich habe Ihren Apfel nicht geschmeckt."

Der Prediger ließ das Kerngehäuse seines Apfels zurück in die Papiertüte fallen, sah Tillich an und sagte dann ganz ruhig: „Und meinen Jesus haben Sie genauso wenig geschmeckt."

Bei den über 1.000 Zuhörern gab es kein Halten mehr. Das Auditorium erbebte von Applaus und Jubelrufen. Tillich dankte den Zuhörern und verließ rasch die Bühne.*

Wir haben viel über die verschiedenen Arten gehört, wie die unterschiedlichen Persönlichkeitstypen „Jesus schmecken". In Psalm 34,9 heißt es: „Schmecket und sehet, wie freundlich der Herr ist. Wohl dem, der auf ihn trauet!" (Luther)

Es hat großartige, positive, unfassbare Auswirkungen, Zeit mit Gott zu verbringen. Weil wir sehr davon überzeugt sind, dass es unglaublich wichtig ist, eine persönliche Beziehung zu Jesus Christus zu haben, haben wir versucht zu vermitteln, wie es gehen kann, regelmäßig Zeit mit ihm zu verbringen. Uns ist klar, dass es nicht ausreicht, etwas über die unterschiedlichen Persönlichkeitstypen zu lesen und über die Methoden, mit Hilfe derer sie mit Gott in Verbindung treten. Wir möchten Sie deshalb dazu herausfordern, bewusst die Entscheidung zu treffen, sich regelmäßig Zeit für die Begegnung mit Jesus zu reservieren.

In 1. Petrus 2,2-3 gibt es folgende Anweisung: „Wie ein neugeborenes Kind nach der Milch schreit, so sollt ihr nach dem unverfälschten Wort Gottes verlangen. Dann werdet ihr im Glauben wachsen und das Ziel erreichen."

Uns liegt so viel daran, dass Sie die Freiheit bekommen, Gott Ihrer ganz individuellen Persönlichkeit entsprechend zu suchen – und zu finden. Wir wollten das Denkmuster durchbrechen, dem zufolge es nur eine „richtige" Methode, ein „Schema F" der stillen Zeit oder Andacht gibt. Wir wollen damit aber keineswegs sagen, dass eine solche Zeit nicht notwendig ist. **Beziehungen brauchen immer Zeit. Um eine Person wirklich kennen zu lernen, müssen wir Zeit mit ihr verbringen. Gott möchte, dass Sie ihn kennen. Er hat seinen Sohn Jesus gesandt, um uns sein Wesen und seinen Charakter zu offenbaren. Er hat sich die**

---

* Frank Ifuku, zitiert im Internet, per E-Mail erhalten

**Mühe gemacht, Männer und Frauen zu finden, die bereit waren aufzuzeichnen, was er in der Geschichte der Menschheit getan hat, damit wir etwas über ihn erfahren.** Er will sich durch sein Wort mit uns verständigen, durch Gebet, Predigt, Lehre, Musik, die Natur, die leise Stimme des Heiligen Geistes und durch unsere Freunde. Aber er wartet darauf, dass wir ihn in unser Innerstes einladen.

In dem Klassiker *The Pursuit of God* („Gottes Nähe suchen") sagt A.W. Tozer:

„Wir haben fast vergessen, dass Gott eine Person ist und als solche gepflegt werden kann wie jede andere Person auch. Es gehört zu den Eigenschaften einer Persönlichkeit, andere Persönlichkeiten kennen zu lernen, aber ein richtiges Kennenlernen einer anderen Persönlichkeit vollzieht sich nicht in einer einzigen Begegnung. Erst nach langem und liebevollem geistigem Austausch können die Möglichkeiten beider erkundet werden.

Alle zwischenmenschlichen Beziehungen sind eine Reaktion von Persönlichkeit auf Persönlichkeit, und zwar von einer zufälligen Begegnung zweier Menschen bis hin zur intensivsten Gemeinschaft, zu der die menschliche Seele fähig ist. Glaube, sofern er echt ist, ist im Wesentlichen die Reaktion geschaffener Persönlichkeiten auf den Schöpfer."[*]

Unsere Persönlichkeit, die auf die Persönlichkeit Gottes reagiert, der uns geschaffen hat ... einzigartig, besonders, einmalig. Unsere Persönlichkeit, die seiner Persönlichkeit ähnlicher wird, indem sie verwandelt wird aus den Schwächen, die bei jeder Person vorhanden sind, „durch die Erneuerung unseres Sinnes" (Römer 12,2). Das ist der Weg, die wirkliche Bedeutung unseres Selbst zu finden.

In dem Buch „Dienstanweisung an einen Unterteufel" von C.S. Lewis ermahnt der Oberteufel Screwtape den Unterteufel Wormwood, seinen „Patienten" nicht zu erlauben, echten Spaß zu haben oder das Leben sogar zu genießen. Seine Strategie beruht darauf, dass man Eitelkeit, Geschäftigkeit, Ironie und teure Lan-

---

[*] A.W. Tozer, *The Pursuit of God*, Camp Hill, Penn, Christian Literature Crusade, 1982, S.13

geweile als Spaß verkaufen muss, um einen „Patienten" vom „Feind" (Gott) abzuwerben.

„(Echtes Vergnügen) würde von seiner Vernunft die Art von Kruste ablösen, die du darauf gebildet hast, und ihm das Gefühl geben, zu Hause anzukommen, sich zu erholen. Als Vorlauf dazu, ihn vom Feind (Gott) wegzuziehen, wolltest du ihn sich selbst entfremden und hattest dabei ja auch schon Erfolg. Jetzt ist das alles wieder beim Alten.

Natürlich weiß ich, dass der Feind ebenfalls möchte, dass der Mensch Abstand zu sich selbst bekommt, allerdings auf andere Weise. Denke immer daran, dass er das kleine Ungeziefer wirklich mag und *einen absurden Wert auf die Verschiedenartigkeit jedes Einzelnen legt.* Wenn er davon spricht, dass sie sich selbst verlieren sollen, dann meint er damit nur, dass sie das Getöse des Eigenwillens aufgeben sollen; wenn das erst einmal passiert ist, gibt er ihnen ihre vollständige Persönlichkeit zurück und rühmt sich (ich fürchte allen Ernstes), *dass sie mehr sie selbst sein werden denn je,* wenn sie völlig Sein sind."*

Wir möchten alle gern mehr sein als wir sind, möchten gern alles sein, was möglich ist. Wir suchen Erfüllung, um unsere innere Leere auszufüllen. Um völlig die Persönlichkeit zu werden, als die Gott uns gedacht und geschaffen hat, müssen wir unseren Eigenwillen zu Gunsten seines Willens aufgeben.

Selbst Jesus musste das. Am letzten Abend seines Lebens betete er im Garten: „Mein Vater, wenn es möglich ist, so bewahre mich vor diesem Leiden! Aber nicht mein Wille soll geschehen, sondern dein Wille" (Matthäus 26,39). Jesus sagte ganz schlicht und einfach: „Und das allein ist ewiges Leben: Dich, den einen wahren Gott, zu erkennen und an Jesus Christus zu glauben, den du gesandt hast" (Johannes 17,3).

Die ganze Bibel hindurch wird der brennende Wunsch von Männern und Frauen deutlich, Gott kennen zu lernen. Im 2. Buch Mose schreit Mose zu Gott und bittet ihn, sich ihm zu zeigen. Und Gott verspricht: „Ich selbst werde vor dir hergehen und dich in ein Land bringen, in dem du in Frieden leben kannst" (2. Mose 33,14).

Die Psalmen sind voll von Davids Verlangen, den Herrn zu ken-

---

* C.S.Lewis, *Dienstanweisung an einen Unterteufel,* Herder 1999

nen, erfüllt sowohl von dem Schrei des Suchenden als auch dem Schrei der Begeisterung dessen, der gefunden hat. Paulus sagte, dass das brennende Verlangen seines Lebens sei, „ihn immer besser kennen zu lernen und die Kraft seiner Auferstehung zu erfahren" (Philipper 3,10).

All diese Leute wurden ganz und gar zu den Menschen, als die Gott sie gedacht hatte, während sie Gott immer intensiver kennen lernten, der sie geschaffen und berufen hatte. Und dann taten sie ihren Dienst mit Vollmacht. Wieder ist Jesus unser Beispiel. Charles Kraft, Autor des Buches *Tiefe Wunden heilen* (Projektion J, 2000) meint eben das, wenn er behauptet: „Ich glaube, dass geistliche Vollmacht direkt unserer Vertrautheit mit Jesus entspringt ... Deshalb sollten wir unser Bestes geben, um Jesu Ansatz nachzuahmen und die innige Vertrautheit mit dem Vater aufrechtzuerhalten. Obwohl er ein Sohn war, arbeitete er an der Vater-Sohn-Beziehung, indem er regelmäßig Zeit mit dem Vater verbrachte."*

Gott im Rahmen einer persönlichen Beziehung kennen zu lernen, die sich täglich weiterentwickelt, ist der Zweck unseres Lebens ... und dieses Buches. Die verschiedenen Berichte sind als Vorschläge zu verstehen, die Ihnen dabei helfen sollen, diesen Weg zu finden, mit Gott eine Verbindung einzugehen und auf eine lebenslange Entdeckungsreise zu gehen. Entdeckungen in Bezug auf ihn, sein Wesen, seine Wünsche für uns, seine Pläne und seine Methoden. **Gott ist ein Wesen, das denkt, will, genießt, fühlt, liebt, sehnt und leidet. Indem er sich uns selbst bekannt macht, benutzt er Persönlichkeit. Er kommuniziert mit uns durch unser Denken, unseren Willen und unsere Gefühle. Er möchte in den ganz weltlichen Angelegenheiten unseres Lebens mit uns zu tun haben – aber uns auch an höhere Orte heben, wo wir die Alltäglichkeit des Lebens aus seiner Perspektive betrachten und verstehen können.** Er möchte sich uns nicht nur in all seiner Herr-

---

* Charles H. Kraft, *Tiefe Wunden heilen*. Projektion J, 2000

lichkeit offenbaren, sondern er möchte uns auch offenbaren, wie er uns sieht und zu wem wir durch ihn werden sollen.

Die Bibel ist voller Wünsche, die er für uns hat. Er vergleicht sich selbst mit einer Glucke, die ihre Küken unter ihren Flügeln birgt. „Wie oft habe ich deine Kinder sammeln wollen, so wie die Henne ihre Küken unter ihre Flügel nimmt! Aber ihr habt es nicht gewollt!" (Matthäus 23,37). Er sagt, dass er nach uns sucht wie ein Hirte nach dem verlorenen Schaf. Wie ein Gärtner, der Pflanzen behutsam beschneidet, um eine bessere Ernte zu bekommen, wacht er liebevoll über unser Wachstum. Er wartet geduldig darauf, dass wir ihn suchen, und verspricht, dass wir ihn finden werden, wenn wir wirklich suchen. Er möchte uns begegnen, aber wir müssen auch bereit sein, ihm zu begegnen.

Eine Sonntagsschul-Mitarbeiterin erzählte mir von einer Übung, die sie kürzlich in ihrer Gruppe von Sechsjährigen gemacht hatte. Jedes Kind bekam Zahnstocher und anderes Bastelmaterial mit der Aufgabe, daraus ein Bild von den Eigenschaften Gottes zu machen. Die Kleinen hatten viel Spaß, während sie ihre ganz eigenen Vorstellungen von Gott umsetzten. Als alle fertig waren, bekam jedes Kind noch ein leeres weißes Blatt. Dieses zweite Blatt sollte jetzt auf das untere Klebebild gelegt werden. Dann sollten die Kinder mit einem Wachsmalstift vorsichtig über das leere Blatt reiben. Dabei wurde dann das untere Bild klar und deutlich auf dem oberen Blatt sichtbar.

„Das obere Blatt stellt euch dar, und wenn ihr ganz nah bei Gott seid und das Leben an euch reibt, dann kommt Gottes Wesen bei euch durch", wurde ihnen gesagt. Und so ist es auch mit unserem Leben. Was wir der Welt in unserem Alltag zeigen, ist das, was in uns ist. Damit sich das Wesen und der Charakter offenbaren können, müssen wir ihn gut kennen.

Ihn zu kennen bedeutet, eine persönliche Beziehung zu ihm aufzunehmen, vertraut mit ihm zu werden, Zeit mit ihm zu verbringen, zu lernen, zuzuhören, zu beobachten, zu vertrauen.

Die meisten von Ihnen, die das vorliegende Buch lesen, haben Gott bereits in ihr Leben und in ihr Herz eingeladen. Aber vielleicht ist er eher wie ein flüchtiger Bekannter dort, der nur kurz mal reingeschaut hat. Und er möchte Ihnen so viel mehr sein als das. Er möchte, dass Sie ihn kennen lernen mit allem, was er

Ihnen anzubieten hat, dass Sie, egal unter welchen Umständen, nie mehr allein sein werden; Sie sollen nie mehr Angst haben müssen. **Doch Gott kennen zu lernen kostet Zeit und Mühe, genau wie das Aufbauen einer wichtigen Beziehung zu einem Menschen. Ein kurzes „Hallo" im Vorbeigehen macht noch keine Beziehung aus. Eine gelegentliche gemeinsame Mahlzeit mit ein paar Minuten Gespräch offenbaren noch nicht das wahre Selbst eines Menschen. Es ist der ständige Kontakt über lange Zeit, der Bindungen schafft, die uns die Freiheit geben zu vertrauen und schließlich zu lieben.**

Es ist ein Wunsch, der unsere Entscheidung voraussetzt, einen Anfang zu machen. Prioritäten werden sich verändern und entsprechend auch unsere Terminpläne. Es werden Entscheidungen nötig sein.

Viele Leute haben vielleicht eine innere Beziehung zu der Frau am Brunnen, von der in Johannes 4 berichtet wird. Sie kam, um Wasser zu finden und ihren Durst zu löschen. Als Jesus ihr „lebendiges Wasser" anbot, nach dem man „nie wieder Durst bekommt", stürzte sie sich auf dieses Angebot. Weil sie etwas sah, das ihr Dauerproblem, nämlich jeden Tag zum Brunnen kommen zu müssen, lösen konnte, griff sie sofort zu. Aber Jesus bot ihr etwas, das noch weit über ihr unmittelbares Bedürfnis hinausging. Er bot ihr an, ihr zu zeigen, wer sie wirklich war. Sein Angebot forderte jedoch mehr von ihr, als sie zu geben bereit war. Vielleicht mit dem Gedanken, Jesus ablenken zu können, versuchte sie, ihre Sehnsucht zu verbergen, indem sie seine Vollmacht hinterfragte. Er wiederholte jedoch nur noch einmal sein ursprüngliches Angebot, das lebendige Wasser – sich selbst – den Messias! Und in dem Augenblick sah sie alles, was sie jemals in ihrem Leben gewesen war – und sie sah den Einen, der sie trotzdem liebte und annahm.

Jesus bietet uns an, uns alles zu zeigen, was wir je gewesen sind, und dann geht er in liebevoller Zartheit unseren Weg mit uns, jeden Tag, und formt uns um zu den Persönlichkeiten, als die er uns ursprünglich gedacht hat. Nehmen Sie seine Einladung an? Er wartet, ohne je unsere Freiheit zu beschneiden. Er hat uns einen freien Willen gegeben, und diese Freiheit nimmt er weder weg noch schränkt sie ein. Es ist eine Freiheit in Verbindung mit einer Garantie. Er hält uns die Vorteile hin, bietet die Geschenke an, zwingt uns aber nie zu einer Reaktion.

Er möchte Zeit mit uns verbringen, er wartet sehnsüchtig darauf, dass wir zu ihm kommen, aber er wird uns niemals dazu zwingen. Er sucht nach Wegen, um uns zu sich zu ziehen, und diese Wege entsprechen ganz genau unserer einzigartigen Persönlichkeit. Er kennt die Anforderungen, die das Leben an uns stellt, den Zeitdruck, die Verantwortung, und er möchte uns unsere alltägliche Last abnehmen, indem er sie für uns trägt. Jesus sagt: „Kommt alle her zu mir, die ihr euch abmüht und unter eurer Last leidet! Ich werde euch Frieden geben. Nehmt meine Herrschaft an und lebt darin! Lernt von mir! Ich komme nicht mit Gewalt und Überheblichkeit. Bei mir findet ihr, was eurem Leben Sinn und Ruhe gibt. Ich meine es gut mit euch und bürde euch keine unerträgliche Last auf" (Matthäus 11,28-30).

## *Wir entscheiden, ob wir kommen wollen*

Auch für Sie hat Gott einen eigenen, ganz auf Sie zugeschnittenen Plan. Wir möchten Ihnen Mut machen, unterschiedliche Möglichkeiten und Methoden auszuprobieren, bis Sie diejenige gefunden haben, die am besten zu Ihnen passt. Das ändert sich vielleicht in den unterschiedlichen Lebensabschnitten hin und wieder.

Wir beten, dass dieses Buch Ihnen die Tür zu neuen Möglichkeiten und Ideen öffnen möge, dass es Ihnen Mut machen möge, sich dafür zu entscheiden, Zeit zu investieren, um ihn kennen zu lernen, der Sie geschaffen hat und Sie liebt.

# DER GROSSE PERSÖNLICHKEITS-RATGEBER

Florence Littauer:

## EINFACH TYPISCH

Die vier Temperamente
unter der Lupe

Mit großem
Persönlichkeitstest

Haben Sie auch schon mal
Ihr Auto im Parkhaus vergessen? Oder sind
Sie mehr der Typ, der sogar den Urlaubskoffer nach einem
exakten Plan packt und nie etwas vergißt?

Von den vier Temperamentstypen – Sanguiniker, Choleriker,
Melancholiker und Phlegmatiker – haben Sie bestimmt schon
etwas gehört. Aber wußten Sie auch, daß es richtig Spaß
machen kann, etwas über Ihr eigenes Temperament herauszufinden?

Ein umfassender Temperaments-Test und viele humorvolle
Anekdoten führen Sie auf unterhaltsame Weise an jedes
Temperament und seine besonderen Eigenschaften heran.
Dabei können Sie auch Ihr ganz individuelles, unverwechsel-
bares Persönlichkeitsprofil erkennen. Einfühlsam und prägnant
verdeutlicht die Autorin, wie Sie Ihre persönlichen Stärken
ausbauen und die Schwächen abmildern können – und ganz
nebenbei wird auch Ihr Verständnis für die Eigenheiten Ihrer
Mitmenschen wachsen.

Dies ist kein Buch, durch das Sie sich mühsam hindurch-
arbeiten müssen, sondern auf anschauliche Art bekommen
Sie ganz verblüffende Erkenntnisse über das Wesen „Mensch"
vermittelt.

Les Parrott:

**EINFACH NERVIG!**

„Lebenskunst besteht zu 90 % aus der Fähigkeit, mit Menschen auszukommen, die man nicht leiden kann." (Sam Goldwyn)

Jeder kennt sie: die schwierigen Zeitgenossen, die einem in der Familie, am Arbeitsplatz oder im Gemeindeleben den letzten Nerv rauben. Doch wer nicht als Einsiedler leben will, muß nun mal auch mit ewigen Kritikern, Märtyrern, Schwarzsehern, Klatschbasen, Hobby-Diktatoren, Neidhammeln und anderen Nervensägen umgehen können, ohne ständig am Rande des Wahnsinns zu stehen.

Dieses Buch kann Ihnen helfen,
• verschiedene Nerv-Typen zu erkennen und zu verstehen,
• nervtötenden Verhaltensweisen angemessen zu begegnen,
• Machtkämpfe zu vermeiden und Grenzen zu setzen,
• aus eigenen Fehlern zu lernen und Gott Raum zum Wirken zu geben.

Der Bestseller-Autor, Psychologie-Professor und Beziehungsexperte Les Parrott kombiniert biblische Weisheit und praktikable Tips mit gesundem Menschenverstand und viel Sinn für Humor. Ein absolutes Muß-Buch für jeden, dessen Beziehungen nicht immer eitel Sonnenschein sind!

Paperback, 300 Seiten, Nr. 815 507